W0212672

LES
MILLORS
OBRES
DE LA
LITERATURA
UNIVERSAL

12

Director de la col·lecció:
Joaquim Molas
Assessors:
Josep M. Castellet i Pere Grimferrer

VOLTAIRE

CONTES FILOSÒFICS

Traducció de
Carles Soldevila,
C. A. Jordana
i Pere Gimferrer

Edicions 62, Barcelona

Aquesta col·lecció és una iniciativa conjunta
d'Edicions 62, s/a., i de la Caixa de Pensions
per a la Vellesa i d'Estalvis
de Catalunya i Balears, «la Caixa».

La traducció de les cinc primeres narracions d'aquesta obra
ha merescut una subvenció del Servei del Llibre
del Departament de Cultura i Mitjans de Comunicació
de la Generalitat de Catalunya.

Primera edició dins MOLU: març de 1982.
Disseny d'Enric Mir.
Drets exclusius d'aquesta edició:
Edicions 62, s/a., Provença 278, Barcelona-8.
Imprès a Gràfiques Instar, s/a., Constitució 19, Barcelona-14.
Fotocomposició: Tecfa, Pere IV 160, Barcelona-5.
Dipòsit legal: B. 3424-1982.
ISBN: 84-297-1834-X.

Presentació

Voltaire (1694-1778) és un exemple únic d'escriptor congelat per la seva pròpia fama, del qual tothom ha sentit parlar i de qui gairebé tothom parla de memòria. La mitologia del segle de les llums n'ha fet un símbol del racionalisme irònic i bel·ligerant, una abstracció situada més enllà de la literatura i que n'hi ha prou amb poder citar-la com a punt de referència. D'ací la paradoxa d'un escriptor que ha passat a la història i a la llegenda com pocs, que a penes és llegit, però al qual tothom al·ludeix com a quelcom molt ben conegut i inconfusible.

En llegir-lo, comprovem que és molt menys conegut del que sol creure's i, sobretot, que darrera d'aquest nom amb valor de bandera hi ha infinites ambigüitats. Voltaire, per raons de seguretat, pels sobresalts d'una atzarosa existència que fou sovint la d'un fugitiu o almenys la d'un sospitós, és el rei dels equívocs, el mestre de les màscares i de tota mena de recursos de disfressa. Però és que, a més, per ell ser burlescament ambigu era una manera de defensar-se dels excessos de la seva pròpia lucidesa: el filòsof de l'optimisme havia de conjurar les seves decepcions més íntimes amb desconcertants ganyotes d'histrió.

El d'histrió a seques fou el seu primer paper els darrers anys del regnat de Lluís XIV i durant la Regència. És el fill d'un avorrit i circumspecte notari que escarneix alegrement l'ordre, la serietat i l'autoritat, que oblida el cognom patern i s'inventa un pseudònim que no li recordi la seva família. Voltaire, molt millor que Arouet, és la guerra de la independència personal, el jove entremaliat i frívol que juga a ser irrespectuós sense oblidar el llatí i la sòlida cultura que li donaren els jesuïtes. Voltaire sempre tindrà quelcom de bufó, mai no renunciarà a les seves cabrioles; però aquesta és l'etapa més lúdica de la seva carrera.

No tardarà a descobrir que s'enganyava, que amb enginy i talent no és l'amo de París, que no tot li era permès. I ve la humiliant pallissa que li fa donar un noble per mà dels seus lacais, l'abandó dels seus amics aristòcrates, la Bastilla i el desterrament. Aquestes experiències forjaran un segon Voltaire més madur i cautelós, que s'instal·la al castell de Cirey tot alternant els libels incendiaris amb la lectura de Newton. Comença la seva fama internacional, és adulat per tota l'Europa il·lustrada, els prínceps estrangers li fan la cort, què més pot desitjar? Temut i admirat per tothom, tot fa pensar que prepara des del seu recés l'assalt final a la glòria.

No obstant això, li mancava encara la gran prova, que es produeix cap a mitjans de segle. En pocs anys s'acumulen les crisis i s'esmicolen les seguretats i les esperances: se l'acomiada de la Cort, en la seva vida s'encreua inesperadament la mort, la de la seva companya Madame de Châtelet, i les seves il·lusions respecte al dèspota il·lustrat s'estavellen a Prússia, perquè vist de prop Frederic el Gran és un tirà insofrible i mesquí. Hi haurà solucions per al món i per a ell? On pot anar? Prússia no és un paradís, però la Suïssa calvinista tampoc. El terratrèmol de Lisboa sotragueja fins al més profund de les seves conviccions, i el Voltaire que escriu *Càndid* és un home personalment i intel·lectualment acorralat.

Però no entra en la seva manera de ser donar-se per vençut, i així aprendrà a conviure amb un optimisme amenaçat i inestable. Comença l'època de Ferney, en terres de França, però molt a prop de la frontera suïssa, per tal d'assegurar-se la retirada per ambdós costats en cas de perill. Voltaire, vell i xacrós («sóc un esquelet de seixanta-quatre anys»), no amaga les seves desil·lusions: «No parlo de la felicitat perquè aquest fantasma no existeix.» I malgrat això, Ferney, que havia de ser un refugi, es converteix en una plataforma d'atac; són els seus anys més actius, més combatius, de sentinella de la Raó i quixotesc defensor de la justícia.

El patriarca de Ferney, centre de pelegrinatge de tot il·lustrat digne d'aquest nom, tot i que sensible a l'adulació, juga també a dur la contrària a tothom i inventa un munt de trapelleries per tenir enjòlit a mig món amb les seves sorpreses sempre renovades; sens dubte perquè ell interiorment també se sentia insegur, en contínua tensió, en un difícil equilibri que és l'aspecte més humà i més profund de la seva personalitat; també el menys conegut i el més incòmode per als qui volen utilitzar-lo a favor o en contra de les seves idees.

Totes aquestes facetes componen una imatge múltiple que
 és perfectament representada en el millor dels seus llibres,

anomenat *Romans et contes*. Voltaire s'hagués indignat davant d'aquest judici, ell que confiava passar a la posteritat pels seus versos i el seu teatre —obres que fa molts anys que ningú no llegeix—, o almenys pels seus estudis històrics. Però el lector modern no aprecia massa tot aquest embalum, relegat als erudits; i àdhuc molt més que els seus incomptables escrits polèmics s'interessa per aquestes obretes narratives a les quals el seu autor donava tan poca importància.

Des de 1737, data probable del primer d'aquests relats, fins al 1775, en què apareixen els darrers textos que s'inclouran en la col·lecció, a través de *Romans et contes* podem seguir el canviant itinerari de les inquietuds volterianes, comprovant un cop més els seus extraordinaris dots d'humorista, el seu estil àgil, clar i elegant, l'habilíssima concisió d'una prosa que sap ser alhora divertida, sarcàstica i torbadora.

Torbadora, també, perquè en aquestes narracions que començà a escriure com a entreteniment (només l'epopeia i el teatre en vers li semblaven formes perdurables en literatura) advertim l'evolució de les seves crisis íntimes. *Micromegas*, que cal datar pels anys trenta, proposa un ideal que combina la ironia i la sensatesa. L'home ha d'admetre les seves immenses limitacions, resignar-se amb el seu modest paper dins la creació i viure el més serè i confiat que pugui segons el que li permeti un destí misteriós. Voltaire ha establert els seus límits i sembla que se senti còmode dins d'ells. Cal viure raonablement, és l'ideal de Cirey.

Zadig (devers el 1745) és una història molt més dramàtica, arrodonida amb una moralitat segons la qual la felicitat és possible, tot i que s'ha de pagar a un preu elevat. Acceptem les coses tal com són, sense desesperar ni fer-se massa il·lusions, essent virtuós i constant. Heus ací un optimisme matisat i posat a prova que serà objecte de la mofa més cruel en el *Memnó* (1749), d'amarga filosofia: el qui cerca la perfecció i el bé s'atraurà paradoxalment tots els mals. Dominat pel més negre pessimisme, Voltaire renega de tot i parla de «la bogeria de ser assenyat».

Càndid (1758), treu la lliçó dels seus últims desenganys i fracassos; l'univers és absurd i estúpid, no cal buscar-hi explicacions filosòfiques, no cal fer metafísica ni desfer embolics, empresa de la que sempre hom surt malparat. Només cal cercar un recer de pau, conformar-se amb la pròpia sort i «conrear el nostre hort», dedicar-se a un treball modest i útil. Un missatge ombriu i desesperançat, al qual Voltaire, optimista incurable, farà seguir altres històries que s'entesta a fer acabar feliçment, com en *L'Ingenu* (1767). La selecció que presentem inclou també els relats *El món tal com va* (1748) i *Història dels viatges de Scarmentado* (1756).

El lector d'avui, fascinat per la personalitat i la ploma de Voltaire, segueix totes les seves alternatives endevinant en el fons de *Romans et contes* aquesta pugna interior tan volteriana que enfronta la lucidesa amb les ànsies de felicitat, l'ideal amb la ironia. Hi ha tot Voltaire en aquesta difícil síntesi.

Carles Pujol

CONTES FILOSÒFICS

ZADIG
O EL DESTÍ

Història oriental

Traducció de PERE GIMFERRER

EPÍSTOLA DEDICATÒRIA DE ZADIG A LA SULTANA SHERAA,[1] PER SADI[2]

18 del mes de xaual, l'any 837 de l'hègira.[3]

Encís de les pupil·les, turment dels cors, llum de la ment, no beso pas la polseguera que aixequen els vostres peus, perquè no camineu gaire, o bé camineu damunt catifes iranianes o damunt roses. Us ofereixo la traducció d'un llibre d'un savi del temps antic que, com que tingué la bona fortuna de trobar-se desvagat, tingué també la bona fortuna de divertir-se escrivint la història de Zadig*: una obra que diu més que no sembla que digui. Us prego que la llegiu i ho jutgeu: perquè, tot i que sou a la primavera de la vida, tot i que els plaers us empaiten, tot i que sou bella, i que els dons de talent s'afegeixen a la vostra bellesa; tot i que sou lloada del matí al vespre, i que per tots aquests motius us trobeu amb dret a no tenir sentit comú, tanmateix teniu la ment molt assenyada i el gust molt esmolat, i us he sentit discórrer més bé que molts vells dervixos barballargs i de capell punxegut. Sou discreta, i no pas malfiada; sou manyaga sense ésser feble; sou benefactora amb bon criteri; estimeu els vostres amics, i no us susciteu enemics. La vostra intel·ligència no manlleva mai els seus atractius del fibló de les enraonies; no dieu ni feu res de dolent, tot i la prodigiosa facilitat que tindríeu per fer-ho. I, al capdavall, sempre la vostra ànima m'ha semblat tan pura com la vostra beutat. Fins i tot teniu com una mena de petit rerafons de filosofia que m'ha fet pensar que us plauríeu més que qualsevol altra en aquesta obra d'un savi.*

1. Els contemporanis de Voltaire cregueren reconèixer madame de Pompadour sota el nom d'aquesta sultana.

2. Famós poeta persa del segle XII.

3. És el desè mes de l'any musulmà; el 837 de l'hègira equival si fa no fa al 1459 de l'era cristiana, gairebé dos-cents anys més tard de la mort de Sadi.

Fou escrita, de primer, en caldeu antic, que ni vós ni jo no comprenem. La traduïren a l'àrab, per tal de divertir el famós soldà Ulug-beg.[4] *Això era a l'època que els àrabs i els perses començaven d'escriure llibres de les* Mil i una nits, *dels* Mil i un dies.[5] *A Ulug li agradava més la lectura de* Zadig; *però a les soldanes els agradaven més els* Mil i un. *«Com pot ser que preferiu —els deia el savi Ulug— uns contes desraonats i que no volen dir res?» «Precisament és per això que ens agraden», responien les soldanes.*

Em gloriejo que no us assemblareu a aquelles soldanes, i que sereu Ulug de bo de bo. Fins i tot tinc l'esperança que, quan us sentiu lassa de les converses generals, que s'assemblen prou als Mil i un, *llevat del detall que no són pas tan divertides, podré tenir un minut per gaudir de l'honor de parlar amb vós enraonadament. Si haguéssiu estat Talestris, a l'època d'Aliscànder, fill de Filip;*[6] *si haguéssiu estat la regina de Saba en el temps de Solimà,*[7] *haurien estat aquests reis, i no pas vós, els qui haurien viatjat.*

Prego a les potències celests que els vostres plaers no es vegin entelats per res, que la vostra bellesa sigui durable i que la vostra felicitat no tingui fi.

SADI

4. Nét de Tamerlà que regnà a la primera meitat del segle XV i, a l'època de Voltaire, era considerat un arquetipus del sobirà il·lustrat.

5. La traducció francesa de les *Mil i una nits* per Galland s'havia publicat entre el 1704 i el 1717, i la dels contes perses dels *Mil i un dies*, per François Pétis de la Croix, entre el 1710 i el 1712.

6. Segons Quint Curci, Talestris era la reina de les amazones, i anà en percaça d'Alexandre Magne per tenir-ne un fill (Aliscànder, forma arabitzada d'Alexandre).

7. Solimà, nom àrab del rei Salomó.

EL BORNI

En el temps del rei Moabdar hi havia a Babilònia un jove que es deia Zadig, nascut amb un bon natural enfortit per l'educació. Tot i que era ric i jove, sabia moderar-se les passions; no tenia cap afectació, no volia pas tenir sempre raó, i sabia respectar la feblesa humana. Tothom estava astorat de veure que, amb molt d'enteniment, no insultava mai amb escarnis en aquelles xerrades tan difuses, tan a batzegades, tan tumultuoses, en aquelles enraonies temeràries, en aquelles decisions ignorants, en aquelles bromes xarones i grolleres, en aquell brogit va de paraules que a Babilònia rebia el nom de *conversa*. Zadig havia après, en el primer llibre de Zoroastre,[8] que l'amor propi és una bomba inflada de vent, de la qual, en punxar-la, surten tempestats. Per damunt de tot, Zadig no es gloriava pas de menysprear les dones i de dominar-les. Era generós; no l'espantava portar-se bé amb els ingrats, segons aquell gran precepte de Zoroastre: *Quan mengis, dóna menjar als gossos, mal hagin de mossegar-te.* Era tan assenyat com es pot demanar, perquè mirava de viure amb homes assenyats. Havia estat educat en la ciència dels antics caldeus, i no ignorava pas els principis físics de la natura tal com llavors eren coneguts, i sabia sobre la metafísica el que n'ha estat sabut tostemps, és a dir, ben poca cosa. Estava fermament convençut que l'any tenia tres-cents seixanta-cinc dies i quart, tot i la nova filosofia de la seva època, i que el sol era en el centre del món; i, quan els mags principals li deien, amb una altivesa insultant, que era un home de mala mena i que creure que el sol voltava a l'entorn de si mateix i que l'any tenia dotze

8. El primer llibre de Zoroastre, la primera part del *Zend-Avesta*, és el *Vendidad*. Però, de Zoroastre, Voltaire no en coneixia sinó un resum, el *Sadder*.

mesos era ser enemic de l'Estat, Zadig callava sense ira i sense desdeny.

Zadig, que era molt ric, i per tant tenia amics, que gaudia de bona salut, i d'unes faccions agradables, i d'una intel·ligència justa i parsimoniosa, i d'un cor noble i sincer, es va pensar que podia ser feliç. S'havia de casar amb Semira, que per la beutat, la naixença i la fortuna era el partit més bo de Babilònia. Els unia un lligam sòlid i virtuós, i Semira l'estimava apassionadament. Tenien a tocar el moment benaurat que els havia d'enllaçar quan, un dia que passejaven junts cap a una porta de Babilònia, sota les palmeres que ornaven la riba de l'Eufrates, veieren que se'ls acostaven tot d'homes armats amb sabres i amb fletxes. Eren els esbirros del jove Orcan,[9] nebot d'un ministre, al qual els cortesans de l'oncle havien fet creure que tot li era permès. No tenia cap ni una de les gràcies ni de les virtuts de Zadig; però, com que es pensava que valia molt més que no ell, el desesperava de no ésser-hi preferit. Aquella gelosia, que naixia solament de la seva vanitat, li va fer creure que s'estimava perdudament Semira. Volia raptar-la. Els arrabassadors l'agafaren, i, en els arravataments de llur violència, la feriren, i feren rajar la sang d'una noia la visió de la qual hauria entendrit els tigres del mont Imaús.[10] Semira traspassava la celístia amb els seus planys. Exclamava:

—Espòs meu estimat!, sóc arrabassada a l'home que adoro!

No l'amoïnava el seu propi perill; només pensava en l'estimat Zadig. Al mateix temps, Zadig la defensava amb tota la força que donen el valor i l'amor. Només amb l'ajut de dos esclaus, féu fugir els raptors, i retornà a casa Semira, esvanida i sagnant, la qual, en obrir els ulls, veié el seu alliberador. Semira li digué:

—Zadig!, us estimava com a espòs; ara us estimo com a algú a qui dec l'honor i la vida.

Mai no hi hagué un cor tan commogut com el de Semira. Mai una boca més encisera no expressà sentiments més emocionants per mitjà d'aquelles paraules enceses que inspiren el sentiment del benifet més gran i el més tendre arravatament de l'amor més legítim. La ferida de Semira era lleu; aviat es guarí. Zadig havia estat ferit més perillosament; un cop de fletxa que havia rebut en un ull li havia fet una nafra profun-

9. Orcan és un personatge secundari de la tragèdia de Racine *Bajazet*; però més aviat semblà que Voltaire va triar el nom a tall d'anagrama aproximatiu de Rohan, el cavaller de nissaga il·lustre que féu apallisar l'escriptor.

10. L'Himàlaia.

da. Semira no demanava als déus sinó el guariment del seu enamorat. Tenia, de dia i de nit, amarats els ulls de llàgrimes: esperava el moment en què els ulls de Zadig podrien gaudir de les mirades d'ella; però un abscés que sorgí a l'ull ferit féu témer qualsevol cosa. Enviaren gent a Memfis[11] en percaça del gran metge Hermes, que arribà amb un nodrit seguici. Hermes visità el malalt, i declarà que perdria l'ull; fins i tot predigué el dia i l'hora en què aquell accident funest havia de produir-se.

—Si hagués estat l'ull dret —digué—, l'hauria guarit; però les ferides a l'ull esquerre són inguaribles.

Tot Babilònia, bo i planyent el destí de Zadig, admirà la profunditat de la ciència d'Hermes. Dos dies més tard, l'abscés es rebentà tot sol. Zadig es guarí del tot. Hermes escriví un llibre en el qual li provà que no hauria hagut de guarir-se. Zadig no el va llegir; però, tan bon punt pogué sortir, es preparà a visitar aquella que constituïa l'esperança de la felicitat de la seva vida i només per a la qual volia tenir ulls. Feia tres dies que Semira era a pagès. Zadig, fent via, s'ennovà que aquella bella dama, després d'haver declarat tota altívola que tenia una aversió insuperable pels bornis, acabava de casar-se amb Orcan aquella nit mateixa. En saber això, Zadig tingué un cobriment de cor; de tant de dolor, tingué la mort a tocar; però finalment la raó li fou més poderosa que no l'aflicció, i fins i tot l'atrocitat del que experimentava serví per consolar-lo.

«Ja que he encaixat —es digué— un caprici tan cruel d'una noia educada a la cort, em caldrà casar-me amb una ciutadana.»[12] Trià Azora, la més assenyada i la de més bona naixença de la vila; s'hi casà; i visqué un mes en les dolceses de la unió més tendra. Només passava que li notava de tant en tant una mica de lleugeresa i molta tirada a pensar-se sempre que els joves de més bona planta eren els qui tenien més intel·ligència i més virtut.

11. Capital d'Egipte.
12. Una burgesa.

EL NAS

Un dia Azora tornà d'una passejada tota empipada i fent molts escarafalls.

—Què us passa —li digué Zadig—, esposa estimada?; què hi ha que us tregui tant de polleguera?

—Ai las! —digué Azora—, faríeu com jo si haguéssiu vist l'espectacle de què suara he estat testimoni. He anat a conhortar la vídua Cosrú, que fa dos dies que ha aixecat un sepulcre al seu jove espòs prop del rierol que voreja aquesta praderia. Ha promès als déus, en el seu dolor, que romandria al costat del sepulcre mentre l'aigua d'aquell rierol hi llisqués al costat.

—Molt bé! —digué Zadig—, vet ací una dona de molt de mèrit, que estimava de debò el marit!

—Ah! —continuà Azora—, si sabéssiu en què esmerçava el temps quan he anat a visitar-la!

—En què l'esmerçava, digueu-me, Azora bonica?

—Feia que desviessin el curs del rierol.

Azora s'esbravà en invectives tan llargues, tempestejà en retrets tan violents contra la jove vídua, que aquell fast de virtut no plagué pas a Zadig.

Zadig tenia un amic que es deia Cador, i que era un jove d'aquells que la dona de Zadig trobava que tenien més honradesa i mèrit que no els altres; Zadig li confià el seu pensament i s'assegurà, en la mesura del possible, de la seva fidelitat per mitjà d'un present considerable. Azora, que s'havia estat dos dies a ca una seva amiga a pagès, tornà a casa el tercer dia. Uns servents tots plorosos li anunciaren que el seu marit s'havia mort de sobte aquella nit mateixa, que no havien gosat anar a dir-li aquella funesta notícia i que acabaven d'enterrar Zadig en el sepulcre dels seus pares, a l'extrem del jardí. Azora plorà, s'arrencà els cabells i jurà que es moriria. De part de vespre, Cador li demanà permís per parlar amb ella, i ploraren tots dos. L'endemà ja no ploraren tant, i menjaren plegats. Cador li confià que el seu amic li havia deixat la major part dels béns, i li donà entenent que basava la felicitat a compartir amb ella aquella fortuna. La dama plorà, s'enutjà, s'assuaujà; el sopar durà més estona que no el dinar; parlaren amb més confiança: Azora lloà el difunt; però confessà que Zadig tenia defectes dels quals Cador era exempt.

Enmig del sopar, Cador es queixà d'un violent dolor a la melsa; la dama, neguitosa i apressada, féu dur totes les essències amb què es perfumava, per tal de provar si n'hi havia cap que fos bona per al mal de melsa; es va lamentar molt que el gran Hermes no fos ja a Babilònia; fins i tot es dignà a tocar el cantó on Cador tenia uns dolors tan forts.

—Que patiu d'aquesta cruel malaltia? —li digué tota compassiva.

—Hi ha vegades que em posa al punt de la mort —li respongué Cador—, i només hi ha un remei que em pugui alleujar; és posar-me en aquest costat el nas d'un home que s'hagi mort el dia abans.

És un remei ben estrany —digué Azora.

—No pas més estrany —respongué Cador— que les bossetes del senyor Arnou*[13] contra la feridura.

Aquella raó, afegint-se a l'extraordinari mèrit del jove, decidí finalment la dama.

—Al capdavall —digué—, quan el meu marit passi del món d'ahir al món de demà pel pont de Sinvat,[14] ¿per ventura l'àngel Asrael[15] serà més rebec a deixar-lo passar perquè tingui el nas un pèl menys llarg a la segona vida que no a la primera?

De manera que Azora agafà una navalla; se n'anà cap al sepulcre del marit, el regà amb llàgrimes, i s'acostà per tallar el nas a Zadig, el qual trobà tot estirat dins la tomba. Zadig es dreçà agafant-se el nas amb una mà i deturant la navalla amb l'altra.

—Senyora —li digué—, no torneu a bescantar la jove Cosrú; el projecte de tallar-me el nas no és gaire diferent del de fer desviar un rierol.

* En aquell temps hi havia un babiloni, que es deia Arnou, que guaria i prevenia totes les feridures, a les gasetes, amb una bosseta penjada del coll.

13. Voltaire estrafà en la nota a peu de plana el nom de l'apotecari Arnoult o Arnoud, que feia tot d'anuncis d'un específic contra la feridura als diaris de l'època.

14. Segons Zoroastre, les ànimes dels justos, en havent mort, travessaven el pont Sinvat.

15. L'àngel exterminador en la religió musulmana, però no pas en la dels perses antics.

EL GOS I EL CAVALL

Zadig experimentà que el primer mes del casament, com està escrit en el llibre del *Zend*,[16] és la lluna de mel, i el segon és la lluna d'absenta. Una mica més tard, es veié obligat a repudiar Azora, que havia esdevingut massa revessa per viure-hi, i cercà la felicitat en l'estudi de la natura.

—Ningú no és més feliç —deia— que un filòsof que llegeix en aquest gran llibre que Déu ens ha posat sota els ulls. Les veritats que descobreix li pertanyen; es nodreix l'ànima i se l'educa; viu tranquil; no tem res dels homes, i la seva dolça esposa no li ve a tallar el nas.

Convençut de tot això, es retirà a una casa de pagès que hi havia a la riba de l'Eufrates. Allà no es dedicava pas a calcular quantes polzades d'aigua passaven en un segon sota els arcs d'un pont, ni si queia una línia cúbica[17] de pluja més pel mes de la rata que no pel mes del moltó. No imaginava pas de fer seda amb teranyines, ni porcellana amb ampolles trencades;[18] sinó que estudià sobretot les propietats dels animals i de les plantes, i aviat adquirí una sagacitat que li descobria mil diferències en coses en què els altres homes veuen només uniformitat.

Un dia, passejant-se prop d'un bosquet, veié que li sortia a l'encontre un eunuc de la reina, seguit per uns quants oficials que semblaven molt esverats, i que corrien ça i lla com gent esgarriada que busca la cosa més preciosa en havent-la perdut.

16. Comentari de la revelació de Zoroastre.
17. La línia era la dotzena part de la polzada.
18. Al·lusions satíriques a membres de l'Acadèmia de Ciències (Bon de Saint-Hilaire i Réaumur), en la qual Voltaire no havia pogut ingressar.

—Jove —li digué el primer eunuc—, ¿no heu pas vist el gos de la reina?

Zadig respongué modestament:

—És una gossa, i no pas un gos.

—Teniu raó —respongué el primer eunuc.

—És una gossa conillera molt petita —afegí Zadig—. No fa gaire que ha tingut gossada; va coixa del peu esquerre de davant i té unes orelles molt llargues.

—De manera que l'heu vista? —digué el primer eunuc tot esbufegant.

—No —respongué Zadig—, no l'he vista mai, i no he sabut mai si la reina tenia cap gossa.

Precisament en aquella mateixa tongada, per una extravagància de les que gasta la fortuna, el cavall més bonic de la cavallerissa del rei s'havia escapat de les mans d'un palafrener a les planúries de Babilònia. El munter major i tots els altres oficials l'empaitaven tan neguitosos com l'eunuc empaitava la gossa. El munter major s'adreçà a Zadig i li demanà si no havia pas vist passar el cavall del rei.

—És —li respongué Zadig— el cavall que galopa més bé; fa cinc peus d'alçària, té l'unglot molt petit; arrossega una cua de tres peus i mig de llargària; les capçanes del mos del seu fre són d'or de vint-i-tres quirats; les seves ferradures són de plata d'onze denaris.

—Quin camí ha agafat? On és? —demanà el munter major.

—No l'he pas vist —respongué Zadig—, i mai no n'he sentit parlar.

El munter major i el primer eunuc no tingueren cap dubte que Zadig havia robat el cavall del rei i la gossa de la reina; el feren dur davant de l'assemblea del gran desterham,[19] el qual el condemnà a ésser apallissat amb un knut i a passar la resta de la vida a Sibèria. Tan bon punt fou dictada sentència el cavall i la gossa foren retrobats. Els jutges es veieren en la dolorosa necessitat de reformar el seu veredicte; però condemnaren Zadig a pagar quatre-centes unces d'or pel fet d'haver dit que no havia pas vist unes coses que havia vist. Abans que res, li calgué pagar aquella multa; després d'això, fou permès a Zadig de pledejar la seva causa al consell del gran desterham; Zadig parlà en els termes següents:

—Estels de justícia, abismes de ciència, espills de veritat, tan pesants com el plom, tan durs com el ferro, tan esclatants com el diamant i encara molt més afins amb l'or! Ja que m'és permès de parlar davant d'aquesta augusta assemblea, us juro

19. De fet, el mot correcte és *defterdar*, tresorer major entre els perses i els turcs.

per Ormús[20] que no he mai vist la gossa respectable de la reina ni el cavall sagrat del rei de reis. Vet ací el que ha passat. Em passejava per la banda del bosquet, on he trobat més tard el venerable eunuc i l'il·lustríssim munter major. He vist a la sorra la petja d'una bèstia, i he llevat fàcilment el juí que era d'un gosset. Uns solcs lleus i llargs, impresos en unes petites eminències de sorra, enmig de la petja de les potes, m'han donat entenent que era una gossa que tenia les mamelles penjant-li, i que per tant feia pocs dies que tenia gossada. D'altres petges en un sentit diferent, que sempre semblava que haguessin arranat la superfície de la sorra al costat de les potes de davant, m'han ennovat que tenia les orelles molt llargues; i, com que m'he adonat que la sorra era sempre menys enfonsada per una pota que no per les altres tres, he comprès que la gossa de la nostra augusta regina era un pèl coixa, si m'és permès de dir-ho.

»Pel que fa al cavall del rei dels reis, heu de saber que, tot passejant-me pels camins d'aquell bosc, vaig veure els senyals d'unes ferradures de cavall; totes eren a distàncies regulars les unes de les altres. "Vet ací —em vaig dir— un cavall que té un galop perfecte." La polseguera dels arbres, en un camí estret que només fa set peus d'ample, havia estat desplaçada una mica a la dreta i a l'esquerra, a tres peus i mig del centre del camí. "Aquest cavall —vaig dir— té una cua de tres peus i mig que, amb els seus moviments cap a la dreta i cap a l'esquerra, ha escombrat aquesta pols." Vaig veure sota els arbres, que feien com una glorieta de cinc peus d'alçària, les fulles de les branques caigudes de feia poc, i vaig comprendre que el cavall les havia tocades, i que per tant feia cinc peus d'alt. Quant al seu mos, ha de ser d'or de vint-i-tres quirats: perquè, les capçanes, les ha fregades contra una pedra que he vist que era una pedra de toc i l'he provada. Finalment, pels senyals que les seves ferradures han deixat en uns rocs d'una altra mena, he considerat que anava ferrat amb plata d'onze denaris de finor.

Tots els jutges admiraren el profund i subtil discerniment de Zadig; la notícia n'arribà fins al rei i la reina. No es parlava sinó de Zadig a les avantcambres, a la cambra i al gabinet; i, tot i que diversos magians opinaven que calia cremar-lo com a bruixot, el rei ordenà que li fos tornada la multa de quatre-centes unces d'or a què havia estat condemnat. L'escrivà, els agutzils, els procuradors anaren a veure'l amb tota solemnitat per tal de tornar-li les seves quatre-centes unces; només se'n

20. Principi del bé en la religió mazdeista.

quedaren tres-centes noranta-vuit per les despeses judicials, i llurs servents demanaren honoraris.

Zadig veié com era de perillós, a vegades, saber massa, i es ben prometé, a la propera ocasió, de no dir el que hagués vist.

L'ocasió del cas no trigà a arribar. Un presoner d'Estat s'escapolí; li passà dessota les finestres de la casa. Zadig fou interrogat, no respongué res; però li fou provat que havia mirat per la finestra. Per aquest crim el condemnaren a pagar cinc-centes unces d'or, i donà gràcies als jutges per llur indulgència, segons el costum de Babilònia. «Déu meu! —es digué a si mateix—, ja és ben de plànyer qui es passeja per un bosc pel qual han passat la gossa de la reina i el cavall del rei! Que n'és, de perillós, d'estar-se a la finestra!, i que n'és, de difícil, de ser feliç en aquesta vida!».

L'ENVEJÓS

Zadig volgué consolar-se amb la filosofia i amb l'amistat dels mals que li havia portat la fortuna. Als afores de Babilònia tenia una casa ornada amb gust, en la qual aplegava totes les arts i tots els plaers dignes d'un home com cal. Al matí, la seva biblioteca era oberta a tots els savis; de part de vespre, la seva taula ho era a la bona societat; però aviat s'adonà com són de perillosos els savis. Va congriar-se una disputació sobre una llei de Zoroastre que defenia de menjar carn de griu.[21]

—Com es pot prohibir la carn de griu —deien els uns—, si aquesta bèstia no existeix?

—Bé cal que existeixi —deien els altres—, ja que Zoroastre no vol pas que en mengem.

Zadig volgué posar-los d'acord en dient:

—Si hi ha grius, no en mengem; si no n'hi ha, encara serà més difícil que en mengem, i d'aquesta manera tots obeirem Zoroastre.

Un savi, que havia escrit tretze toms sobre les propietats del griu, i que de més a més era un gran teürgita,[22] s'apressà a anar a acusar Zadig davant d'un arximag que es deia Yebor,[23] que era el més ruc dels caldeus, i en conseqüència també el més fanàtic. Aquell home hauria fet que empalessin Zadig a major glòria del sol, i de resultes d'això hauria recitat el breviari de Zoroastre en un to més satisfet. L'amic Cador (un

21. Animal fabulós, amb cos de lleó i cap d'ocell. Però la sàtira de Voltaire s'adreça contra l'al·lusió als grius en la relació d'animals impurs que apareixia en el text llatí del *Deuteronomi* de la Vulgata (14, 12-13).

22. És a dir, teòleg.

23. Anagrama del nom del bisbe francès Jean-François Boyer (1675-1755), molt hostil a Voltaire.

amic val més que no cent sacerdots) se n'anà a veure el vell Yebor, i li digué:

—Visquen el sol i els grius! Aneu amb compte a no castigar Zadig: és un sant; té grius al corral, i no en menja pas; i el qui l'acusa és un herètic, que té la gosadia d'afirmar que els conills tenen la peülla fendida i no són immunds.[24]

—Molt bé! —digué Yebor bo i sacsejant la seva testa calba—, haurem d'empalar Zadig per haver malpensat dels grius, i l'altre per haver malparlat dels conills.

Cador apaivagà l'afer per mitjà d'una dama d'honor a la qual havia fet un fill, i que tenia molta influència al col·legi dels mags. Ningú no fou empalat; això donà motius de murmuració a diversos doctors, que presagiaren de resultes d'aquell fet la decadència de Babilònia. Zadig exclamà:

—De què depèn la felicitat! Tot m'és revés en aquest món, fins i tot els éssers que no existeixen.

Maleí els savis, i no volgué viure sinó amb gent de bona jeia.

A casa seva, ajustava la societat més ben triada de Babilònia, i les dames més agradoses; donava sopars delicats, sovint precedits de concerts, i animats per converses delicioses de les quals havia sabut bandejar el desfici de donar proves d'intel·ligència, que és la manera més segura de no tenir-ne gens ni mica i d'espatllar la reunió més brillant. Ni la tria dels amics ni la de les menges no eren dictats per la vanitat: perquè en tot s'estimava més ésser que no pas aparençar; i, d'aquesta manera, es guanyava la consideració veritable, a la qual no aspirava pas.

Davant per davant de la seva casa vivia Arimaze, individu la maligna ànima del qual es reflectia en la seva fesomia grollera. El fel se'l menjava de viu en viu i l'orgull l'inflava fins a esclatar; i, per torna, era un pedant avorrit. Com que no havia pogut reeixir en el món, es venjava malparlant-ne. Ric com era i tot, li costava penes i treballs de reunir a casa gent que l'ensabonés. El soroll dels carros que de part de vespre entraven a la casa de Zadig l'enutjava, i el so de les seves lloances encara l'irritava més. Algun cop, anava a casa de Zadig, i s'asseia a la taula, sense ésser-hi convidat: hi malmetia tota l'alegria de la reunió, de la mateixa manera que diuen que les harpies infecten les viandes que toquen. Un dia, li va passar que va voler donar una festa en honor d'una dama que, per comptes d'acceptar la festa, se n'anà a sopar a casa de Zadig. Un altre dia, parlant tots dos a palau, es trobaren amb un

24. Una altra al·lusió irònica al *Deuteronomi* (14, 6-7).

ministre, que convidà Zadig a sopar i no convidà Arimaze. Els odis més implacables sovint no tenen pas fonaments més importants que aquest. Aquell home, que, a Babilònia, era anomenat l'Envejós, volgué causar la desgràcia de Zadig perquè l'anomenaven el Feliç. D'ocasions de fer el mal, n'hi ha cent cada dia, i, de fer el bé, un cop l'any, com diu Zoroastre.

L'envejós se n'anà a la casa de Zadig, que es passejava pels jardins amb dos amics i una dama, a la qual deia sovint coses galants, sense cap més intenció que la de dir-les. La conversa tractava d'una guerra que el rei acabava d'enllestir amb bona fortuna contra el príncep d'Hircània, que era vassall seu. Zadig, que s'havia significat pel seu coratge en aquella curta guerra, lloava molt el rei, i encara lloava més la dama. Agafà les seves tauletes per escriure, i escriví quatre versos que improvisà i donà a llegir a aquella bella dama. Els amics li pregaren que els els deixés llegir; la modèstia, o més exactament un amor propi ben entès, li ho vedà. Sabia que versos així, improvisats, no són mai bons sinó per a aquella en honor de la qual han estat fets: Zadig trencà per la meitat la fulla de les tauletes damunt la qual acabava d'escriure, i llençà les dues meitats en un brossegar de roses en el qual fou debades que les busquessin. Va caure una pluja molt fina; tornaren a la casa. L'envejós, que es quedà al jardí, cercà tant que trobà un tros de la fulla escrita. Havia estat esberlat de tal manera que cada mig vers que omplia un rengle feia sentit, i fins i tot arribava a fer un vers de menys síl·labes; però, en virtut d'una casualitat encara més estranya, aquells versets es donava el cas que afaiçonaven un sentit que contenia les injúries més terribles contra el rei. Hom hi llegia:

Per les més grans infàmies
En el tron afermat,
A la pública pau
És tot enemistat.

L'envejós fou feliç per primer cop a la vida. Tenia a les mans la manera de causar la perdició a un home agradable i virtuós. Tot ple d'aquella alegria cruel, féu arribar al rei aquella sàtira escrita per la mà de Zadig; els feren empresonar, a ell, els dos amics i la dama. Aviat li enllestiren el procés, sense dignar-se a escoltar-lo. Quan anà a rebre la sentència, l'envejós li sortí al pas, i li digué en veu molt alta que els seus versos no valien res. Zadig no presumia pas de ser un bon poeta; però estava desesperat que el condemnessin com a criminal de lesa majestat i de veure que eren retinguts a la presó una bella dama i dos amics per un crim que ell no havia comès. No li fou permès de parlar, perquè les seves tauletes d'escriure parlaven per ell. Així era la llei a Babilònia. De manera que el feren anar al suplici enmig d'una gernació de badocs, cap dels quals no gosava plànyer-lo, i que anaven de boig per guaitar-li la cara i per veure si moria amb bon jaient. Només els seus pares estaven afligits, perquè no heretaven. Les tres quartes parts dels béns de Zadig havien estat confiscades en profit del rei, i l'altra quarta part en profit de l'envejós.

Quan Zadig es preparava a morir, el lloro del rei li fugí volant del balcó i anà a raure al jardí de Zadig, en un brossegar de roses. El vent hi havia dut un préssec d'un arbre que era a prop: el préssec havia caigut damunt un tros de tauleta d'escriure, i s'hi havia quedat enganxat. L'ocell agafà el préssec i la tauleta, i se'ls endugué cap als genolls del monarca. El príncep, encuriosit, hi llegí uns mots que no feien sentit, i que semblaven finals de versos. Li agradava la poesia, i tractant-se de prínceps als quals agraden els versos, sempre queda una escletxa de recurs: l'aventura del lloro el féu barrinar. La reina, que es recordava de les coses que hi havia escrites en una peça de la tauleta de Zadig, féu que la hi duguessin. Foren confrontats els dos trossos, que encaixaven a la perfecció; llavors llegiren els versos tal com Zadig els havia escrits:

Per les més grans infàmies la terra he vist torbada.
En el tron afermat, el rei les domptarà.
A la pública pau, sols d'amor guerrejada,
És tot enemistat l'amor que ens ferirà.

El rei ordenà tot d'una que li fessin venir Zadig al davant i que fossin trets de la presó els dos amics i la bella dama. Zadig es llançà de bocaterrosa als peus del rei i de la reina; els demanà molt humilment perdó per haver escrit versos dolents; parlà amb tanta gràcia, tanta intel·ligència i tant d'enteniment, que el rei i la reina el volgueren tornar a veure. Zadig tornà, i encara els agradà molt més. Li donaren tots els béns de l'envejós que l'havia acusat injustament; però Zadig els tornà tots, i l'envejós fou commogut solament pel plaer de no perdre la seva fortuna. L'estima del rei per Zadig va acréixer-se com més va més. El feia participar en tots els seus deports i el consultava en tots els afers. La reina se'l va mirar des d'aleshores amb una complaença que podia esdevenir perillosa per a ella, per al seu august espòs el rei, per a Zadig i per al reialme. Zadig començava a pensar-se que no és difícil de ser feliç.

ELS GENEROSOS

Arribà el temps en què se celebrava una festa grossa que tocava cada cinc anys. A Babilònia era costum de declarar solemnement, passats cinc anys, el ciutadà que havia fet l'acció més generosa. Els grans i els mags n'eren els jutges. El primer sàtrapa, encarregat de tenir cura de la vila, exposava les acciones més boniques que s'havien esdevingut sota el seu regiment. L'afer se sotmetia a votació; el rei llevava el juí. Venia gent per a aquella solemnitat des dels llocs més llunyans de la terra. El vencedor rebia de mans del monarca una copa d'or guarnida amb pedreria, i el rei li deia les paraules següents: *Rebeu aquest premi a la generositat, i tant de bo que els déus puguin dar-me molts súbdits com vós!*

Quan arribà aquella diada memorable, el rei es mostrà en el seu tron, envoltat pels grans, els mags i els enviats de totes les nacions que anaven a aquells jocs, en els quals la glòria no era pas adquirida gràcies a la rapidesa dels cavalls o a la força del cos, sinó gràcies a la virtut. El primer sàtrapa féu report en veu alta de les accions que podien fer que llurs autors mereixessin aquell premi inestimable. No va parlar pas de la grandesa d'ànima amb què Zadig havia tornat a l'envejós tota la seva fortuna: no era pas una acció que mereixés d'aspirar al premi.

De primer, el sàtrapa presentà un jutge que, en havent fet perdre un procés considerable a un ciutadà a causa d'un error del qual ni tan sols era responsable, li havia dat tots els seus béns, que valien tant com la pèrdua de l'altre.

Després mostrà un jove que, bo i estant perdudament enamorat d'una noia amb la qual anava a casar-se, l'havia cedida a un amic que era en el punt de morir-se d'amor per ella, i, de més a més, havia pagat el dot en cedir la noia.

A continuació, féu veure un soldat que, a la guerra d'Hircània, havia dat un exemple encara més gran de generositat. Uns soldats enemics li raptaven l'amant, i ell la defensava contra ells; anaren a dir-li que d'altres hircanians li raptaven la mare a poques passes de distància: deixà, plorant, l'amant, i corregué a deslliurar la mare; després tornà a l'estimada, i la trobà morint-se. Volgué matar-se; la mare li féu veure que només podia refiar-se d'ell, i el soldat tingué el coratge d'aguantar la vida.

Els jutges es decantaven pel soldat. El rei prengué la paraula i digué:

—La seva acció i les dels altres són boniques; però no em deixen pas astorat; ahir mateix, Zadig en va fer una que sí que em va astorar. Uns quants dies enrera jo havia fet caure en desgràcia el meu ministre i favorit Coreb. Me'n queixava violentament, i tots els cortesans m'asseguraven que encara anava amb massa contemplacions; rivalitzaven a malparlar de Coreb. Vaig demanar a Zadig què en pensava, i gosà parlar-ne bé. He de reconèixer que, en els nostres llibres d'històries, he vist casos en què amb els propis béns algú ha reparat un error, o bé casos en què algú ha cedit l'aimia, o bé casos en què algú ha preferit la mare més que no l'objecte de l'amor; però mai no hi he llegit que un cortesà hagi parlat favorablement d'un ministre caigut en desgràcia, contra el qual el sobirà estava encolerit. De manera que dono vint mil monedes d'or a cadascun d'aquests homes les accions generoses dels quals acaben d'ésser-me relatades; però, la copa d'or, la dono a Zadig.

—Senyor —li digué Zadig—, només Vostra Majestat mereix la copa, perquè ha fet l'acció més inoïda, ja que, essent rei, no us heu pas irritat contra el vostre esclau quan us contradeia la passió.

Tothom admirà el rei i Zadig. El jutge que havia dat els seus béns, l'amant que havia maridat la seva estimada amb l'amic, el soldat que havia preferit salvar la mare més que no l'aimia reberen els presents del monarca; veieren llurs noms escrits en el llibre dels generosos. Zadig rebé la copa. El rei adquirí la reputació d'ésser un bon príncep, que no li va durar gaire. Aquell dia fou solemnitzat amb festes més llargues que no deia la llei. A Àsia, encara se'n manté la memòria. Zadig deia:

—De manera que he reeixit a ser feliç!

Però s'errava.

EL MINISTRE

El rei havia perdut el seu primer ministre. Trià Zadig per a aquell càrrec. Totes les dames boniques de Babilònia aplaudiren la tria; perquè, d'ençà de la fundació de l'imperi, mai no hi havia hagut un ministre tan jove. Tots els cortesans s'empiparen; l'envejós escopí sang de resultes d'això, i el nas se li botinflà d'allò més. Zadig, en havent donat les gràcies al rei i a la reina, anà a dar-les també al lloro:

—Ocell bonic —li digué—, vós m'heu salvat la vida, i m'heu fet primer ministre: la gossa i el cavall de Llurs Majestats m'havien perdujicat molt, però vós m'heu beneficiat. Vet ací de què depenen els destins dels homes! Però —afegí— una felicitat tan poc corrent potser s'esvanirà aviat.

El lloro respongué:

—Sí.

Allò impressionà Zadig; tanmateix, com que era molt bon físic i no es pensava pas que els lloros fossin profetes, aviat es tranquil·litzà i es posà a exercir el ministeri tan bé com sabé.

Féu que tothom s'adonés del poder sagrat de les lleis, i no féu que ningú s'adonés del pes de la seva dignitat. No va engavanyar els vots del divan, i cada visir podia tenir una opinió pròpia sense desplaure-li. Quan jutjava un afer, no era ell qui jutjava, sinó la llei; però, quan la llei era massa severa, Zadig la temperava, i, quan no hi havia lleis escaients al cas, l'equitat de Zadig en feia unes que semblava que fossin de Zoroastre.

Les nacions deuen a Zadig un principi essencial: que més val exposar-se a salvar un culpable que no pas condemnar un innocent. Zadig considerava que les lleis havien estat fetes per ajudar els ciutadans no pas menys que per intimidar-los. El seu principal talent era esbrinar la veritat, que tots els homes assagen d'enfosquir.

D'ençà dels primers dies de la seva administració esmerçà aquest gran talent. Un famós negociant de Babilònia s'havia mort a l'Índia; havia designat com a hereus els seus dos fills a parts iguals, després d'haver casat llur germana, i deixava un present de trenta mil monedes d'or al fill que hom considerés que l'estimava més. El fill gran li construí un sepulcre, el segon augmentà amb una part del seu heretatge el dot de la germana; tothom deia:

—El fill gran estima més son pare; el fill petit estima més sa germana; les trenta mil monedes pertoquen al fill gran.

Zadig els féu venir tots dos, l'un rera l'altre. Digué al fill gran:

—El vostre pare no és pas mort, s'ha guarit de la seva darrera malaltia, torna a Babilònia.

—Lloat sia Déu —respongué el jove—; però aquest sepulcre m'haurà sortit ben car!

Zadig digué a continuació el mateix al fill petit:

—Lloat sia Déu —respongué—; donaré al pare tot el que tinc; però m'agradaria que deixés que la meva germana es quedés el que li he dat.

—No perdreu pas res —digué Zadig—, i us daran les trenta mil monedes: sou vós qui estimeu més el pare.

Una noia molt rica havia dat prometença de casament a dos mags, i, després d'haver rebut uns quants mesos instruccions de l'un i de l'altre, s'adonà que estava prenys. Tots dos s'hi volien casar.

—Acceptaré per marit —digué la noia— el que m'ha posat en situació de donar un ciutadà a l'imperi.

—Sóc jo qui ha fet aquesta bona obra —digué l'un.

—Sóc jo qui ha tingut aquest avantatge —digué l'altre.

—Molt bé! —respongué la noia—; reconeixeré com a pare de la criatura el que li pugui donar una educació més bona.

La noia tingué un fill. Tots dos mags volien educar-lo. La causa fou duta davant de Zadig. Zadig cridà els dos mags.

—Què ensenyaràs al teu pupil? —digué al primer.

—Li ensenyaré —digué el doctor— les vuits parts de l'oració, dialèctica, astrologia, demonomania, què és la substància i què és l'accident, què és l'abstracte i què és el concret, les mònades i l'harmonia preestablerta.

—Jo —digué el segon— procuraré de fer-lo just i digne de tenir amics.

Zadig sentencià:

—*Tant si ets el pare com si no l'ets, et casaràs amb la mare.*

LES DISPUTES I LES AUDIÈNCIES

Així, dia a dia, Zadig mostrava la subtilesa del seu geni i la bondat de la seva ànima; la gent l'admirava, i, això no obstant, l'estimava. Passava per ésser l'home més afortunat del món; tot l'imperi anava ple del seu nom; totes les dones se'l menjaven amb els ulls; tots els ciutadans celebraven la seva justícia; els savis el consideraven un oracle; fins i tot els sacerdots confessaven que en sabia més que no el vell arximag Yebor. Llavors, a ningú no li passava pel cap de pledejar amb ell a causa dels grius; només es creien les coses que semblaven creïbles.

A Babilònia hi havia una gran contesa, que feia mil cinc-cents anys que durava, i que dividia l'imperi en dues sectes obstinades: l'una pretenia que calia no entrar mai al temple de Mitra sinó amb el peu esquerre; l'altra abominava aquest costum i no entrava mai sinó amb el peu dret. Tothom esperava el dia de la festa solemne del foc sagrat per saber quina secta seria afavorida per Zadig. L'univers tenia fixos els ulls en els dos peus de Zadig, i tota la vila era agitada i en suspens. Zadig entrà en el temple saltant amb tots dos peus junts, i a continuació provà, amb un discurs eloqüent, que el Déu del cel i de la terra, que no fa accepció de persones, tampoc no fa pas més cas de la cama esquerra que no de la cama dreta.

L'envejós i la seva dona pretengueren que en el discurs de Zadig no hi havia prou figures retòriques, que no havia fet que ballessin prou les muntanyes i els turons.[25]

—És eixut i sense geni —afirmaven—; en el que diu, no hi

25. Al·lusió paròdica a l'estil poètic de certs passatges bíblics (*Salms*, *Isaïes*, *Judit*).

veiem la mar com fuig, ni els estels com cauen, ni el sol com es fon igual que cera: no té pas el bon estil oriental.

Zadig es donava per ben content tenint l'estil de la raó. Tothom es decantà a favor d'ell, no pas perquè fos raonable, no pas perquè fos agradós, sinó perquè era primer visir.

També va cloure feliçment el gran plet que hi havia entre els mags blancs i els mags negres. Els blancs sostenien que era una impietat de girar-se, pregant Déu, cap al cantó oriental d'hivern; els negres asseguraven que Déu avorria les pregueres dels homes que es giraven cap al cantó occidental d'estiu. Zadig disposà que cadascú es girés de la manera que volgués.

També va trobar el secret de despatxar al matí els afers particulars i els generals; la resta del dia l'esmerçava a embellir Babilònia; feia representar tragèdies en les quals el públic plorava, i comèdies en les quals el públic reia; això feia molt de temps que havia passat de moda,[26] i ho féu renéixer perquè tenia gust. No pretenia pas saber-ne més que els artistes; els recompensava amb benifets i amb distincions, i no tenia pas gelosies secretes per llurs talents. De part de vespre, entretenia molt el rei, i sobretot la reina. El rei deia:

—Quin gran ministre!

La reina deia:

—Quin ministre més agradós!

I tots dos afegien:

—Hauria estat una llàstima de debò que l'haguessin penjat.

Mai cap home en el poder no es veié obligat a donar tantes d'audiències a les senyores. La major part anaven a parlar-li d'afers que no tenien pas, per tal de mirar de poder-ne tenir un amb ell. La dona de l'envejós fou de les primeres a presentar-s'hi; li jurà per Mitra, per *Zend-Avesta*[27] i pel foc sagrat que havia detestat la conducta del marit; tot seguit li confià que el marit aquell era gelós, tot barroer; li donà entenent que els déus el punien refusant-li els efectes preciosos d'aquell foc sagrat per l'únic mitjà del qual l'home és semblant als inmortals: acabà deixant caure la seva lligacama; Zadig la recollí amb la cortesia acostumada, però no la va tornar a posar en el genoll de la dama; i aquell petit mancament, si és que pot considerar-se un mancament, fou causa dels més horribles

26. Al·lusió a la moda literària de la *comédie larmoyante* pròpia de l'època de redacció del passatge.

27. Voltaire, aquí, parla com si es tractés d'un déu d'allò que ja hem vist a la nota 8 que és un llibre.

infortunis. Zadig no hi va pensar, i la dona de l'envejós hi va pensar molt.

D'altres dames acudien cada dia. Els annals secrets de Babilònia pretenen que Zadig sucumbí un cop, però que restà tot astorat de fruir sense voluptat, i d'abraçar la seva amant distretament. Aquella a la qual donà, gairebé sense adonar-se'n, senyals de la seva protecció era una cambrera de la regina Astarté. Aquella tendra babilònica es deia a si mateixa per tal de consolar-se: «Aquest home, que n'ha de tenir, de coses al cap, per pensar-hi encara bo i fent l'amor?» En els instants en què moltes persones no diuen res, i d'altres només pronuncien paraules sagrades, a Zadig se li escapà de sobte una exclamació:

—La reina!

La babilònica es va pensar que finalment Zadig havia revingut en el moment oportú i li deia: «Reina!» Però Zadig, que restava ben distret, pronuncià el nom d'Astarté. La dama, que en aquelles felices circumstàncies ho interpretava tot de la manera més avantatjosa per a ella, es va pensar que allò volia dir: «Sou més bella que la reina Astarté!» La dama sortí del serrall de Zadig carregada de presents molt bonics. Se'n va anar a explicar la seva aventura a l'envejosa, que era íntima amiga seva; l'envejosa va tenir una fiblada cruel amb aquella preferència.

—Ni tan sols no s'ha dignat —digué— a tornar a posar-me aquesta lligacama, i ja no vull portar-la.

—I ara! —digué l'afortunada a l'envejosa—, dueu la mateixa mena de lligacames que la reina! ¿Que potser les compreu a la mateixa botiga de vetes-i-fils?

L'envejosa es va quedar rumiant, no respongué res, i se n'anà a consultar el seu marit l'envejós.

Mentrestant, Zadig s'adonava que sempre es distreia quan donava audiències i quan jutjava; no sabia a què atribuir això: era l'únic maldecap que tenia.

Tingué un somni: li semblava que era colgat, de primer, damunt tot d'herbei sec, enmig del qual hi havia unes quantes herbes punxegudes que el malmetien, i, després, li semblava que reposava flonjament en un llit de roses, del qual sortia una serp que el feria en el cor amb la llengua esmolada i verinosa.

—Ai las! —deia Zadig—, he estat molt de temps colgat damunt aquell herbei sec i punxegut, ara sóc damunt el llit de roses; però qui serà la serp?

LA GELOSIA

La infelicitat de Zadig vingué de la seva felicitat mateixa, i sobretot del seu mèrit. Cada dia s'entrevistava amb el rei i amb Astarté, la seva augusta esposa. Els encisos de la seva conversa es redoblaven encara gràcies a aquelles ganes de plaure que representen per a la intel·ligència el mateix que l'endreç representa per a la bellesa; la joventut i les gràcies de Zadig produïren insensiblement en Astarté una impressió de la qual ella mateixa no s'adonà de primer. La passió d'Astarté creixia en el si de la innocència. Astarté es lliurava sense escrúpols i sense por al plaer de veure i de sentir un home valuós per al seu espòs i per a l'Estat; no es cansava mai d'elogiar-lo al rei; en parlava a les serventes, que encara ultrapassaven les seves lloances; tot plegat li era bo per enfonsar-li més al cor el dard que no advertia. Feia a Zadig obsequis, en els quals hi havia més galanteria que ella no es pensava; es creia que li parlava només com a reina contenta amb els seus serveis, i de vegades se servia d'expressions pròpies d'una dona que manifesta sentiments.

Astarté era molt més bella que no pas aquella Semira que detestava tots els bornis o aquella altra dona que havia volgut tallar el nas a l'espòs. La familiaritat d'Astarté, els seus discursos tendres, que ja començaven a fer-la enrojolar, els esguards, que volia desviar, i que es fitaven en els d'ell, enllumenaren en el cor de Zadig una encesor que l'astorà a ell mateix. Zadig lluità, part de dins; cridà al seu socors la filosofia, que sempre l'havia ajudat; no en va treure sinó claricies, però no pas cap alleujament. El deure, l'agraïment, la violació de la majestat sobirana es presentaven als ulls de Zadig com déus venjadors; Zadig es basquejava, sortia triomfant de la lluita; però aquella victòria, que calia renovellar a cada moment, li costava llàgrimes i gemecs. Ja no gosava parlar amb la reina gastant aquella dolça franquesa que havia estat tan abellidora per a tots dos; els ulls se li entelaven; parlava engavanyat i sense cap ni centener; abaixava els ulls; i quan, a desgrat d'ell mateix, la mirada se li girava cap a Astarté, es trobava amb els ulls de la reina amarats de plor, que llançaven dards de flama; semblava que es diguessin l'un a l'altre: «Ens adorem, i tenim por d'estimar-nos; a tots dos ens crema un foc que condemnem.»

Zadig sortia del costat de la reina tot esgarriat, esmaperdut, amb el cor carregat amb un fardell que ja li era massa feixuc de dur: enmig de la violència dels seus trasbalsos, deixà que li sabés el secret l'amic Cador, com pot fer-ho algú que, després d'haver encaixat molt de temps les envestides d'un dolor molt fort, al capdavall dóna entenent del seu mal amb un crit que li arrenca un redoblament agut i amb una suor freda que li llisca pel front.

Cador li digué:

—Ja havia esbrinat els sentiments que us volíeu amagar a vós mateix; les passions tenen senyals que no enganyen. Ja us podeu pensar, estimat Zadig, que, si jo he estat bo per llegir en el vostre cor, amb molt més de motiu el rei hi descobrirà un sentiment que l'ofèn. L'únic defecte que té és el d'ésser l'home més gelós del món. Us resistiu a la vostra passió amb més força que la reina no té per combatre la seva, perquè vós sou filòsof i sou Zadig. Astarté és una dona; deixa que els ulls li parlin amb tanta més imprudència que no es pensa encara que sigui culpable. Malauradament tranquil·litzada pel que fa a la seva innocència, negligeix unes aparences necessàries. Tremolaré per ella mentre no tingui res a reprotxar-se. Si anéssiu d'acord tots dos, sabríeu enganyar tots els esguards: una passió naixent i combatuda esclata a ulls veients; un amor satisfet sap amagar-se.

Zadig s'esgarrifà davant de la proposta de trair el rei, benefactor seu; i mai no fou més fidel al seu príncep que quan fou culpable envers ell d'un crim involuntari. Tanmateix la reina pronunciava tan sovint el nom de Zadig, el front se li posava tan vermell en pronunciant-lo, se la veia tan engrescada a estones i a estones tan cohibida, quan li parlava en presència del rei; un somnieig tan profund s'apoderava d'ella quan Zadig marxava, que el rei acabà per trasbalsar-se. Cregué tot el que veia, i imaginà tot el que no veia pas. S'adonà sobretot que les babutxes de la seva dona eren blaves, i que les babutxes de Zadig eren blaves, que les cintes de la seva dona eren grogues, i que el barret de Zadig era groc: tot allò eren indicis terribles per a un príncep primmirat. Les sospites esdevingueren certesa en la seva ment agrejada.

Tots els esclaus dels reis i de les reines són espies de llurs cors. Aviat tothom s'adonà que Astarté estava estovada i que Moabdar estava gelós. L'envejós incità l'envejosa a enviar al rei la seva lligacama, que s'assemblava a la de la reina. Per acabar d'adobar la desgràcia, aquella lligacama era blava. El monarca ja no pensà sinó en la manera de venjar-se. Una nit decidí d'emmetzinar la regina, i de fer morir Zadig escanyant-lo, a punta de dia. L'ordre en fou dada a un implacable eunuc, executor de les venjances del rei. Llavors hi havia a la cambra del rei un nan que era mut, però que no era pas sord. Sempre li era permès d'estar-s'hi: era testimoni de les coses més secretes que hi passaven, com una bestiola domèstica. Aquella menudalla de mut tenia molt d'afecte a la reina i a Zadig. Va sentir, tan sorprès com esgarrifat, que es donava ordre que morissin. Però, com podia fer-s'ho per tal de parar el cop d'aquella ordre esglaiadora, que anava a executar-se al cap de poques hores? No sabia pas escriure; però havia après de pintar, i sobretot, sabia fer que les coses tinguessin retirada al real. Es va passar una part de la nit dibuixant el que volia donar entenent a la reina. El dibuix que va fer representava el rei tot trasbalsat de fúria, en un racó del quadre, donant ordres a l'eunuc; damunt la taula hi havia una soga blava i una gerra, amb lligacames blaves i cintes grogues; la regina, al bell mig del quadre, morint-se en braços de les seves serventes, i, als peus de la reina, Zadig escanyat. L'horitzó representava un sol llevant, per tal d'indicar que aquella horrible execució havia de fer-se amb els primers raigs de llum de l'aurora. Tan bon punt el nan hagué enllestit aquella obra, se n'anà corrents a l'estatge d'una serventa d'Astarté, la despertà i li donà entenent que calia portar de seguida aquell quadre a la reina.

Mentrestant, al cor de la nit, algú truca a la porta de Zadig; el desperten; li donen un bitllet de la reina; Zadig dubta si tot plegat és un somni; obre la carta amb mà tremolosa. Quina sorpresa no tingué, i qui podia expressar la consternació i el desesper que l'aclapararen, en llegir això: «Fugiu ara mateix, o us arrabassaran la vida. Fugiu, Zadig, us ho mano en nom del nostre amor i de les meves cintes grogues. Jo era culpable; però m'adono que moriré essent criminal.»

Zadig amb prou feines tingué esma per parlar. Manà que cridessin Cador, i, sense dir-li res, li donà aquell bitllet. Cador el forçà a obeir i a marxar tot d'una per la carretera de Memfis.

—Si us atreviu a anar a veure la reina —li digué—, n'apressareu la mort; si parleu amb el rei, també la dureu al desastre. Jo em faig càrrec del destí d'ella; vós seguiu el que us ha pertocat. Escamparé la brama que heu fugit cap a l'Índia. Aviat aniré a trobar-me amb vós, i us ennovaré del que hagi passat a Babilònia.

Cador, immediatament, féu col·locar dos dromedaris dels més ràpids en les curses a les engires d'una porta secreta del palau; hi féu pujar Zadig, el qual calgué dur a pes de braços, i que estava a punt de morir-se. Només l'acompanyà un sol servent; i aviat Cador, tot absort en el dolor i l'astorament, perdé de vista l'amic.

Aquell il·lustre fugitiu, un cop hagué arribat al ribàs d'un turó des del qual es veia Babilònia, girà l'esguard cap al palau de la reina, i tingué un cobriment de cor; no hi revingué sinó per plorar i per desitjar la mort. Al capdavall, després d'haver-se encaboriat amb el destí deplorable de la dona més plaent del món i la primera reina de la terra, va examinar un moment el seu destí guaitant enrera i exclamà:

—Què és la vida humana, comptat i debatut? Virtut!, de què m'has servit? Dues dones m'han enganyat d'una manera indigna, i la tercera, que no és pas culpable, i que és més bonica que no pas les altres, està a punt de morir! Tot el bé que he fet m'ha estat sempre una font de maledicció, i no he estat encimbellat a la cúspide de la grandesa sinó per caure en l'abís més terrible de l'infortuni. Si hagués estat dolent com tants d'altres, fóra feliç com ells.

Aclaparat per aquelles reflexions funestes, amb els ulls entelats pel dolor, la pal·lidesa de la mort a la cara i l'ànima estimbada en l'excés d'un desesper ombrívol, Zadig continuava el viatge cap a Egipte.

LA DONA MALTRACTADA

Zadig feia via guiant-se pels estels. La constel·lació d'Orió i el brillant astre de Sírius el duien cap al pol de Canope. Zadig admirava aquells vastos globus de llum que per als nostres ulls no semblen sinó febles espurnes, mentre que la terra, que de fet no és sinó un punt imperceptible en la natura, sembla a la nostra cupiditat una cosa tan gran i tan noble. Llavors Zadig s'imaginava els homes tal com són realment: uns insectes que es devoren els uns als altres en un àtom grumollós de fang. Aquella imatge vera semblava que li aniquilés les malaurances en retraçar-li el dibuix del no-res del seu ésser i de Babilònia. Aleshores l'ànima se li llançava amunt cap a l'infinit, i contemplava, deslligada dels sentits, l'ordre immutable de l'univers. Però després, quan, revenint a si mateix i de tornada al propi cor, pensava que potser Astarté era morta per causa d'ell, l'univers se li esvania als ulls, i no veia en tota la natura sinó Astarté morint-se i Zadig malaurat.

Mentre es lliurava a aquest flux i reflux de filosofia sublim i de dolor aclaparador, anava avançant cap a les fronteres d'Egipte; i el seu fidel servent ja era al primer burg, cercant-li un alberg. Mentrestant, Zadig es passejava per la banda dels jardins que vorejaven aquell vilatge. Veié, no pas gaire lluny del camí ral, una dona plorallosa que invocava el cel i la terra per al seu socors, i un home furiós que li anava a l'encalç. L'home ja l'havia aconseguida, i la dona se li abraçava als genolls. Aquell individu la malmenava amb cops i amb retrets. Zadig pensà, guiant-se per la violència de l'egipcià i per les reiterades peticions de perdó que li adreçava la dama, que l'un era gelós i l'altra infidel; però, un cop hagué examinat la dona, que tenia una bellesa commovedora, i que fins i tot s'assemblava un pèl a la malaurada Astarté, Zadig sentí que el penetraven la compassió per ella i l'horror envers l'egipcià.

—Ajudeu-me —exclamà la dona adreçant-se a Zadig bo i sanglotant—; traieu-me de les mans de l'home més bàrbar del món, salveu-me la vida.

En sentir aquells crits, Zadig corregué a llançar-se entre la dona i el bàrbar. Sabia una mica la llengua egipcíaca. Digué a l'home, en aquesta llengua:

—Si teniu un bri d'humanitat, us conjuro a respectar la beutat i la feblesa. ¿Per ventura podeu ultratjar d'aquesta manera una obra mestra de la natura, que s'ha posat als vostres peus, i que no té sinó les llàgrimes per defensar-se?

—Ah, ah! —li digué aquell furibund—, de manera que tu també l'estimes; caldrà que em vengi de tu.

Bo i dient això, deixà la dama, que ell aguantava pels cabells amb una mà, i, agafant la seva llança, volgué traspassar l'estrany. Aquest, que tenia sang freda, evità fàcilment el cop d'un forassenyat com aquell. Va agafar la llança per un lloc de prop del ferram. L'un la vol enretirar, l'altre vol arrabassar-la. Se'ls trenca a les mans. L'egipcià treu l'espasa; Zadig s'arma amb la seva. L'un ataca l'altre. L'un venta cent estocades precipitades; l'altre va parant el cop amb aptesa. La dama, asseguda a la gespa, s'arranja el pentinat i se'ls mira. L'egipcià era més cepat que l'adversari; Zadig era més traçut. L'un lluitava com algú que regia el braç amb el seny, i l'altre com un furibund la còlera cega del qual en guiava els moviments a la babalà. Zadig passa a l'atac i el desarma; i, mentre l'egipcià, que havia esdevingut més furient encara, vol llançar-se-li al damunt, Zadig l'agafa, l'empeny, el fa caure posant-li l'espasa al pit; li ofereix de graciar-lo de la vida; l'egipcià, sense saber què es fa, treu el punyal; fereix Zadig en el moment mateix en què el vencedor el perdonava. Zadig, indignat, li enfonsa l'espasa al si. L'egipcià fa un crit horrible, i es mor convulsivament.

Zadig, llavors, avançà cap a la dama i li digué amb una veu submisa:

—M'ha forçat a matar-lo; us he venjat; esteu alliberada de l'home més violent que m'hagi vagat mai de veure. Què voleu ara de mi, senyora?

—Que et moris, malvat, que et moris —li respongué la dama—; has mort el meu amant; voldria poder esquinçar-te el cor.

—Realment, senyora, era un home ben poc corrent, aquest amant que teníeu —li respongué Zadig—; us maltractava tant com podia, i volia arrencar-me la vida perquè m'heu conjurat a ajudar-vos.

 —Voldria que encara m'estigués maltractant —respongué

la dama posant-se a cridar—. M'ho tenia ben merescut, li havia inspirat gelosia. Tant de bo que em maltractés, i que tu fossis el mort, per comptes d'ell!

Zadig, més sorprès i més empipat que mai no ho havia estat a la vida, li digué:

—Senyora, bella com sou i tot, mereixeríeu que jo també us apallissés, de tanta extravagància com gasteu; però no em prendré pas aquesta molèstia.

Tot seguit, tornà a pujar en el seu camell, i avançà cap al burg. Amb prou feines havia caminat unes quantes passes quan es girà pel brogit que feien quatre correus de Babilònia. Venien a regna solta. L'un, en veient aquella dona, exclamà:

—És ben bé ella; s'assembla a la descripció que ens n'han fet.

No s'amoïnaren gens ni mica pel mort, i agafaren la dama de mantinent. La dama no parava de cridar a Zadig:

—Ajudeu-me un altre cop, estranger generós! Us demano perdó per haver-me queixat de vós. Ajudeu-me, i seré vostra fins al sepulcre.

A Zadig li havien passat les ganes de tornar a lluitar per ella.

—Qui no et conegui que et compri! —respongué—; no em tornareu a entabanar.

D'altra banda, Zadig estava ferit, li rajava la sang, tenia necessitat de socors; i la visió dels quatre babilònics, probablement enviats pel rei Moabdar, el neguitejava molt. Va endinsar-se apressadament cap al vilatge, sense arribar a imaginar-se per quins set sous quatre correus de Babilònia venien a endur-se aquella egipciana, però, més encara que no pas d'això, astorat del tarannà de la dama.

L'ESCLAVATGE

Quan Zadig entrava a la burgada egipcíaca, veié que la gent l'envoltava. Tothom cridava:

—Vet ací el raptor de la bella Missuf, el qui acaba d'assassinar Cletofis!

—Senyors —digué Zadig—, Déu me'n guard, de raptar mai aquesta bella Missuf que dieu! És massa capritxosa, i, pel que fa a Cletofis, no l'he pas assassinat, només me n'he defensat. Em volia matar, perquè li havia demanat molt humilment gràcia per a la bella Missuf, que ell apallissava de valent. Sóc un estranger que ha vingut a buscar un asil a Egipte; i no s'aguanta pas dret això de dir que venint a demanar-vos protecció m'he estrenat raptant una dona i assassinant un home.

En aquells temps, els egipcians eren humanitaris i justos. El poble dugué Zadig a l'ajuntament. Començaren fent que li curessin la ferida, i després els interrogaren, a ell i el servent per separat, per tal de saber la veritat. Fou reconegut que Zadig no era pas un assassí; però era culpable d'haver vessat la sang d'un home; la llei el condemnava a ésser esclau. Els dos camells que tenia foren venuts en profit del burg; tot l'or que havia dut fou repartit entre els habitants; la seva persona fou exhibida en venda a la plaça pública, com també la persona del seu company de viatge. Un mercader àrab que es deia Setoc els subhastà; però el criat, més capaç d'endurar el cansament, fou venut per un preu molt més car que no l'amo. Aquells dos homes no tenien pas comparació. De manera que Zadig fou un esclau subordinat al seu criat: foren lligats junts amb una cadena que els posaren als peus, i en aquest estat seguiren el mercader àrab fins a casa seva. Zadig, fent via, consolava el servent i l'exhortava a tenir paciència; però, com tenia per costum, feia tot de reflexions sobre la vida humana.

—Prou que veig —li deia— que les desgràcies del meu destí s'escampen damunt el teu. Fins ara, tot m'ha anat d'una manera ben revessa. M'han condemnat a una multa perquè havia vist passar una gossa; he estat a punt de ser empalat a causa d'un griu; he estat enviat al suplici perquè havia escrit versos en lloança del rei; ha anat d'un pèl que no m'escanyessin perquè la reina tenia unes cintes grogues; i ara tu i jo som esclaus perquè un animalot apallissava la seva amant. Apa, fem el cor fort, potser tot això s'acabarà; bé cal que els mercaders àrabs tinguin esclaus; i, ¿per quins set sous no puc ser esclau com qualsevol altre, ja que sóc un home, com qualsevol altre? Aquest mercader no serà pas de massa mala mena; no pot pas maltractar els esclaus, si vol que li facin servei.

Així és com anava parlant, i, al fons del cor, l'amoïnava el destí de la regina de Babilònia.

Setoc, el mercader, va sortir dos dies més tard cap a l'Aràbia deserta, amb els esclaus i els camells. La seva tribu vivia per les engires del desert d'Horeb. El camí fou llarg i penós. Setoc, fent via, es fixava molt més en el servent que no en l'amo, perquè el servent era molt més bo carregant els camells; i totes les petites agradositats foren per al servent.

Dues jornades abans d'arribar a Horeb, es va morir un camell; la càrrega en fou repartida per les esquenes de tots dos servents; Zadig en tingué la part que li pertocava. Setoc esclafí de riure en veient que tots els esclaus li caminaven vinclant-se. Zadig es prengué la llibertat de explicar-li'n la raó, i li ensenyà les lleis de l'equilibri. El mercader, astorat, començà a mirar-lo d'una altra manera. Zadig, veient que havia despertat la curiositat del mercader, la redoblà ensenyant-li moltes coses que no deixaven de tenir interès per al seu negoci: les pesantors específiques dels metalls i els productes sota un volum idèntic; les propietats d'unes quantes bèsties útils; la manera de fer útils les bèsties que no ho eren; en resum, li féu l'efecte d'un saviàs. Setoc li donà preferència sobre el seu company, per al qual havia sentit tanta d'estima. El tractà bé, i no tingué pas motius per penedir-se'n.

Un cop arribat a la seva tribu, Setoc començà per reclamar cent unces d'argent a un hebreu a qui les havia prestades en presència de dos testimonis; però aquells dos testimonis eren morts, i l'hebreu, podent ésser convicte, s'apropiava els diners del mercader, bo i regraciant Déu d'haver-li confiat la manera de passar la mà per la cara a un àrab. Setoc confià el seu treball a Zadig, que li havia esdevingut conseller.

—En quin indret —demanà Zadig— prestàreu les vostres cinc-centes unces a aquell infidel?

—Damunt una pedra ampla —respongué el mercader— que hi ha vora el mont Horeb.

—Quin tarannà gasta el vostre deutor? —digué Zadig.

—És un pinta —respongué Setoc.

—El que vull dir és si és rabiüt o bé flegmàtic, caut o imprudent.

—De tots els morosos —digué Setoc—, és el més rabiüt que conec.

—Molt bé! —insistí Zadig—, permeteu-me de pledejar la vostra causa davant del jutge.

Efectivament, Zadig cità l'hebreu al tribunal, i parlà adreçant-se al jutge d'aquesta manera:

—Coixí del tron de l'equitat, vinc a reclamar a aquest home, en nom del meu amo, cinc-centes unces de plata, que no vol pas tornar.

—Que teniu testimonis? —digué el jutge.

—No, són morts; però queda una pedra ampla, damunt la qual foren comptats els diners; i, si plau a Vostra Grandesa d'ordenar que vagin a buscar la pedra, tinc l'esperança que ens farà de testimoniatge; l'hebreu i jo ens quedarem aquí, tot esperant que arribi la pedra; i l'enviaré a buscar a càrrec de Setoc, el meu amo.

—D'acord —respongué el jutge. I es posà a despatxar altres afers.

En acabar l'audiència:

—Molt bé! —digué a Zadig—, ¿que no ha arribat, encara, aquella pedra vostra?

L'hebreu, rient, respongué:

—Vostra Grandesa es podria quedar aquí fins demà i la pedra no arribaria pas; és a més de sis milles d'aquí, i caldrien quinze homes per remoure-la.

—Justa la fusta! —exclamà Zadig—, ja us havia dit que la pedra ens faria de testimoniatge; ja que aquest home sap on és, això vol dir que confessa que els diners hi foren comptats al damunt.

L'hebreu, desconcertat, aviat es veié obligat a confessar-ho tot. El jutge demanà que fos lligat a la pedra, sense beure ni menjar res, fins que hagués tornat les cinc-centes unces, que aviat foren pagades.

L'esclau Zadig i la pedra foren comentats molt favorablement a Aràbia.

LA PIRA

Setoc, encantat, féu del seu esclau un amic íntim. No se'n podia pas passar, de la mateixa manera que abans no havia pogut passar-se'n el rei de Babilònia; i Zadig s'alegrà que Setoc no fos casat. Descobria en el seu amo un natural que tenia tirada al bé, molta dretura i molt de seny. L'empipà de veure que adorava l'exèrcit celest, és a dir, el sol, la lluna i els estels, d'acord amb l'antic costum d'Aràbia. Li'n parlava algun cop amb molta de discreció. Acabà per dir-li que tot allò eren cossos com qualssevol altres, que no mereixien pas més el seu homenatge que un arbre o un penyal.

—Però —deia Setoc— són éssers eterns dels quals ens vénen tots els avantatges; animen la natura; regeixen les estacions de l'any; de més a més, són tan lluny de nosaltres que és impossible deixar de reverenciar-los.

—Rebeu més avantatges —respongué Zadig— de les aigües del Mar Roig, que us duen les mercaderies a l'Índia. ¿Per ventura aquesta aigua no pot ésser tan antiga com les estrelles? I, si adoreu el que us és allunyat, bé caldrà que adoreu la contrada que hi ha dellà el Ganges, que es troba a la punta del món.

—No —deia Setoc—, les estrelles fan massa lluentor perquè no les adori.

De part de vespre, Zadig encengué tot de torxes a la tenda en la qual havia de sopar amb Setoc; i tan bon punt es mostrà l'amo, Zadig es posà de genollons davant aquelles ceres enllumenades, i els digué:

—Eternes i brillants claredats, sigueu-me sempre propícies.

En havent proferit aquests mots, s'entaulà sense mirar Setoc.

—I ara? Què feu? —li digué Setoc, astorat.

—Faig com vós —respongué Zadig—; adoro aquestes candeles, i negligeixo llur amo i el meu.

Setoc comprengué el sentit pregon d'aquell apòleg. El seny del seu esclau li entrà a l'ànima; no tornà a prodigar l'encens a les criatures, i adorà l'Ésser etern que les ha fet.

Llavors hi havia a Aràbia un costum esglaiador, vingut originàriament d'Escítia, i que, havent-se establert a l'Índia a causa de la influència dels bramans, amenaçava amb envair tot l'Orient. Quan un home casat es moria i la seva dona aimada volia ser una santa, es cremava en públic damunt el cos del marit. Era una festa solemne que es coneixia amb el nom de *la pira del viduatge*. La tribu en la qual hi havia hagut més dones cremades era la que gaudia de més bona consideració. Com que s'havia mort un àrab de la tribu de Setoc, la seva dona, que es deia Almona i era molt devota, féu saber el dia i l'hora en què es llançaria al foc al so dels timbals i de les trompetes. Zadig féu veure a Setoc fins a quin punt aquell costum horrible era contrari al bé del gènere humà; que diàriament era permès que es cremessin vídues joves que podien donar fills a l'Estat, o, si més no, educar els que ja tenien; i Zadig féu que Setoc reconegués que calia abolir, si era possible, un usatge tan bàrbar. Setoc respongué:

—Fa més de mil anys que les dones tenen dret a cremar-se. Qui, de tots nosaltres, gosarà mai canviar una llei que el temps ha consagrat? Que hi ha res de més respectable que un abús antic?

—La raó encara és més antiga —respongué Zadig—. Parleu amb els caps de les tribus, i jo aniré a visitar la jove vídua.

Zadig féu que la hi presentessin; i, després d'haver-se-la guanyat lloant-li la bellesa, després d'haver-li dit que era una llàstima molt gran calar foc a tants atractius, la lloà, de més a més, per la constancia i el coratge.

—De manera que estimàveu d'allò més el marit? —li digué.

—Jo? Gens ni mica. —respongué la dama àrab—. Era un bèstia, tot gelosot, un home ben carregós; però estic fermament decidida a llançar-me a la seva pira.

—Em fa tot l'efecte —digué Zadig— que això de fer-te cremar de viu en viu deu ser ben agradós.

—Ah!, tota me n'esgarrifo per instint —digué la dama—; però haig de passar per l'adreçador. Sóc devota; perdria la reputació, i tothom es rifaria de mi, si no em cremava.

Zadig, un cop hagué fet que reconegués que es cremava en atenció als altres, i per vanitat, li parlà una bona estona de tal manera que li fes estimar un pèl la vida, i fins i tot reeixí a inspirar-li una esgruna de benevolència envers l'home que parlava amb ella.

—Fet i fet ¿què faríeu —li digué—, si la vanitat de cremar-vos no us dominés?

—Ai las! —digué la senyora—, em sembla que us demanaria que us caséssiu amb mi.

Zadig tenia el cap massa ple amb el record d'Astarté per no eludir aquella declaració; però se n'anà tot d'una a veure els caps de les tribus, els digué el que havia passat, i els aconsellà de promulgar una llei en virtut de la qual no fos possible a una vídua de cremar-se sinó després d'haver parlat amb un home jove, tots dos sols, una hora sencera. Des d'aleshores, cap dama no es cremà a Aràbia. Fou degut a Zadig, i només a Zadig, el favor d'haver destruït en un dia un costum tan cruel, que feia tants de segles que durava. De manera que Zadig era el benefactor d'Aràbia.

EL SOPAR

Setoc, que no podia pas separar-se d'aquell home en el qual residia el bon seny, el dugué a la gran fira de Bàssora, a la qual havien de fer cap els negociants més importants de la terra habitable. Per a Zadig fou un consol ben gran el fet de veure tants d'homes de contrades diferents ajustats en un mateix lloc. Li semblava que l'univers era una gran família que es reunia a Bàssora. Es trobà a la taula, el segon dia mateix, amb un egipcià, un indi de dellà el Ganges, un habitant de Catai, un grec, un celta i uns quants estrangers més que, en llurs viatges freqüents cap al golf aràbic, havien après prou àrab per fer-se entendre. L'egipcià semblava molt empipat.

—Bàssora és un indret abominable! —deia—; m'hi refusen el préstec de mil unces d'or amb el gatge més bo del món.

—I ara! —digué Setoc—; amb quin gatge us han refusat aquesta suma?

—Amb el gatge del cos de la meva tia —respongué l'egipcià—; era la dona més trempada d'Egipte. Sempre m'acompanyava; se m'ha mort pel camí: he fet amb ella una de les mòmies més ben deixades d'Egipte; i, a la meva terra, trobaria tot el que volgués donant-la per gatge. Ja és ben estrany que, aquí, no em vulguin donar ni tan sols mil unces d'or amb un gatge tan sòlid.

Tot irant-se, es disposava a menjar-se una excel·lent gallina bullida, quan l'indi, agafant-li la mà, exclamà dolorosament:

—Ah! Què feu ara?

—Menjar-me aquesta gallina —digué l'home de la mòmia.

—Us en guardareu bé prou —digué l'home de dellà el Ganges—. Podria donar-se el cas que l'ànima de la difunta hagués passat al cos d'aquesta gallina, i suposo que no us voldríeu pas exposar a menjar-vos la vostra tia. Fer coure gallines és ultratjar la natura a ulls veients.

—Què us empatolleu amb tot això de la natura i les gallines? —replicà el colèric egipcià—; el que és nosaltres, adorem el bou, i prou que en mengem.

—Adoreu un bou!; com pot ser? —digué l'home del Ganges.

—I tant que pot ser —respongué l'altre—: fa cent trenta-cinc mil anys que tenim aquest usatge; i, el que és a Egipte, no hi ha ningú que ho trobi malament.

—Ah!, cent trenta-cinc mil anys! —digué l'indi—; aquest compte és un pèl exagerat; només fa vuitanta mil anys que l'Índia és poblada, i per segur que som més antics que vosaltres; i Brama ens havia defès de menjar bous abans que vosaltres tinguéssiu la pensada de posar-los als altars i rostir-los a l'ast.

—Em sortiu amb un bon ciri trencat comparant aquest Brama amb Apis! —digué l'egipcià—; digueu-me: què ha fet de tant de profit aquest Brama vostre?

El braman respongué:

—Brama ha ensenyat els homes de llegir i d'escriure, i tota la terra li deu el joc d'escacs.

—Aneu errat —digué un caldeu que hi havia a la vora del braman—; aquests benifets tan grans, els devem al peix Oannès, i és just de fer-li'n només a ell l'homenatge. Tothom us podrà dir que era un ésser diví, que tenia la cua daurada, amb una cara d'home que feia molt de goig, i que sortia de l'aigua per anar a predicar a la terra tres hores el dia. Tingué uns quants fills, que foren reis, com és sabut. A casa en tinc un retrat, i el venero com em pertoca. De bou, en podeu menjar tant com vulgueu; però per segur que és una impietat molt grossa de fer coure peix; de més a més, tots dos sou d'una nissaga massa poc noble i massa recent per poder discutir-me res. La nació egipciana només té cent trenta-cinc mil anys d'antigor i els indis no es gloriegen sinó de vuitanta mil, mentre que nosaltres tenim almanacs de quatre mil segles. Ja em podeu ben creure, renuncieu a les vostres follies, i us daré a cadascun un retrat molt bonic d'Oannès.

L'home de Cambalú,[28] prenent la paraula, digué:

—Respecto molt els egipcians, els caldeus, els grecs, els celtes, Brama, el bou Apis, el bell peix Oannès; però potser el Li o el Tien,* com en vulgueu dir, no val pas menys que els bous i els peixos. No diré res del meu país; és tan gran com el

28. Pequín.

* Mots xinesos que signifiquen pròpiament: *Li*, la llum natural, la raó, i *Tien*, el cel, i que també volen dir Déu.

territori d'Egipte, Caldea i l'Índia plegats. No discutiré res quant a l'antiguitat, perquè n'hi ha prou d'ésser feliç, i ésser antic no és pas gran cosa; però, si tant és que cal parlar d'almanacs, bé podria dir que tot Àsia se serveix dels nostres, i que en teníem de molt bons abans que a Caldea sabessin aritmètica.

—Sou uns ignorants de cap a peus —exclamà el grec—; ¿que potser no sabeu que el caos és el pare de tot, i que la forma i la matèria han posat el món en l'estat en què es troba?

Aquell grec va parlar una bona estona; però, finalment, l'interrompé el celta, que, com que havia begut molt mentre anaven discutint, es va pensar llavors que hi clissava més que els altres, i digué, amb tot de renecs, que només valia la pena de parlar de Teutath[29] i del vesc de roure; que, el que era ell, sempre duia vesc a la butxaca; que els escites, avantpassats d'ell, eren l'única gent amb cara i ulls que hi havia hagut mai en el món; que bé calia reconèixer que algun cop s'havien cruspit homes, però que això no volia pas dir que no calgués respectar molt i molt la seva nació; i que, comptat i debatut, si mai algú malparlava de Teutath, se les hauria amb ell. La discussió féu bullida en aquell punt, i Setoc veié a prop el moment en què la taula es podria cobrir de sang. Zadig, que s'havia mantingut en silenci tota l'estona de la disputa, es posà finalment dret: per començar, s'adreçà al celta, perquè era el més exaltat; li digué que tenia raó, i li demanà vesc; lloà el grec per l'eloqüència, i assuaujà tots els ànims acalorats. No va parlar gaire amb l'home de Catai, perquè havia estat el més enteniментat de tots. A continuació, els digué:

—Amics, anàveu a barallar-vos per un no res, perquè tots penseu el mateix.

En sentir això, tots s'exclamaren.

—¿Oi —digué Zadig al celta— que no adoreu pas el vesc, sinó aquell qui ha fet el vesc i el roure?

—És clar que sí —respongué el celta.

—I vós, senyor egipcià, em fa l'efecte que venereu en un bou aquell qui us ha dat els bous, oi que sí?

—Sí —digué l'egipcià.

—El peix Oannès —continuà Zadig— ha de cedir la preferència a aquell qui ha fet el mar i els peixos.

—D'acord —digué el caldeu.

—L'indi —afegí Zadig— i el cataià reconeixen, com vosaltres, un primer principi; no he comprès pas gaire les coses admirables que ha dit el grec, però estic segur que també

29. Déu de la religió druídica.

admet un Ésser superior, del qual depenen la matèria i la forma.

El grec, el qual tots miraven amb admiració, digué que Zadig li havia copsat molt bé la pensa.

—De manera que tots plegats penseu el mateix —replicà Zadig—, i en això no hi ha motiu per buscar-se brega.

Tothom abraçà Zadig: Setoc, després d'haver venut molt cares les seves mercaderies, tornà a dur l'amic Zadig a la tribu. Zadig fou ennovat en arribant que l'havien processat en rebel·lia i que anaven a cremar-lo a foc lent.

LES CITES

Durant el viatge de Zadig a Bàssora els sacerdots de les estrelles havien decidit de punir-lo. Les pedreries i els guarniments de les vídues joves que els sacerdots enviaven a la pira els pertanyien de dret; era, doncs, el mínim de fer cremar Zadig per la mala passada que els havia jugat. Per tant, acusaren Zadig de tenir sentiments erronis sobre l'exèrcit celest; declararen contra ell i juraren que li havien sentit dir que els estels no es colgaven al mar. Aquella blasfèmia esgarrifosa estremí els jutges; estigueren a punt d'esquinçar-se la roba en sentir aquelles paraules impies, i segur que ho haurien fet si Zadig hagués tingut cabals per pagar les gonelles esquinçades. Però, en l'excés de llur dolor, es conformaren amb condemnar-lo a ésser cremat a foc lent. Setoc, desesperat, esmerçà debades la seva influència per salvar l'amic; aviat es veié obligat a callar. La jove vídua Almona, que havia agafat molta afecció a la vida i que devia aquest favor a Zadig, decidí de salvar-lo de la foguera, que Zadig li havia fet comprendre que era una cosa abusiva. Va anar rumiant l'afer tota sola, sense parlar-ne amb ningú. Zadig, l'havien d'executar l'endemà; la vídua només disposava de la nit per salvar-lo: vet ací com s'ho va fer, a tall de dona caritativa i prudent.

Es va perfumar, va enaltir la seva bellesa amb l'agençament més ric i més galant del món, i anà a demanar una audiència secreta al cap dels sacerdots estrellers. Quan fou al davant d'aquell ancià venerable, li parlà en els termes següents:

—Primogènit de l'Óssa Major, germen del Taure, cosí del Ca Major (aquests eren els títols d'aquell pontífex), he vingut a confiar-vos els meus escrúpols. Em fa molta por que he comès un pecat molt gros no cremant-me a la pira del meu marit estimat. Perquè, vejam: què tenia jo per conservar?: una carn moridora i ja tota pansida. —En dient això, tragué de les seves llargues mànigues de seda els braços nus, d'una forma admirable i d'una blancor enlluernadora—. Ja podeu veure —digué— que tot plegat val ben poca cosa.

El pontífex, part de dins, trobà que tot plegat valia molt. Ho digué amb els ulls, i ho confirmà amb la boca: jurà que mai a la vida no havia vist uns braços tan bonics.

—Ai las —li digué la vídua—, potser els braços no estan tan malament com la resta; però bé caldrà que m'admeteu que la sina no era pas digna que hi posés esment.

Llavors la vídua deixà veure el pit més enciser que mai hagués afaiçonat la natura. Un botó de rosa en una poma d'ivori, per comparació, no hauria semblat sinó una raspeta damunt una fusta de boix, i els anyells sortint del safareig haurien semblat d'un color groc fosc. Aquella sina, els ullassos negres que s'esllanguien lluint suaument amb un foc tendre, les galtes enceses per la porpra més bella barrejada amb la blancor lletosa més pura, el nas, que no era pas com la torre del mont Líban,[30] els llavis, que eren com dues franges de corall que tanquessin les perles més boniques del mar d'Aràbia, tot plegat féu que el vellard es pensés que s'havia rejovenit i només tenia vint anys. Quequejant, es declarà tot entendrit. Almona, en veient-lo inflamat, li demanà que graciés Zadig:

—Ai las —digué el sacerdot—, bella dama mia, mal us n'atorgués la gràcia, aquesta meva indulgència no serviria de res; cal que la signin tres col·legues meus.

—Signeu, tanmateix —digué Almona.

—De bon grat —digué el sacerdot—, amb la condició que els vostres favors seran el pac de la meva benvolença.

—Massa que m'honoreu —digué Almona—; tant de bo que us plagui d'anar a la meva cambra en pondre's el sol, al punt que la brillant estrella Sheat sigui a l'horitzó. Em trobareu en un sofà de color rosa, i us servireu com podreu de la vostra serva.

Llavors Almona sortí, enduent-se la signatura, i deixà el vellard tot ple d'amor i de malfiança envers les pròpies forces. El vellard esmerçà la resta del dia banyant-se; begué un licor fet amb canyella de Ceilan i amb precioses espècies de Tidor i Ternate,[31] i esperà amb impaciència el moment en què havia de sortir l'estrella Sheat.

30. Nova al·lusió paròdica a l'estil bíblic (*Càntic dels càntics*, 7, 5).
31. Poblacions de l'arxipèlag de les Moluques.

Mentrestant, la bella Almona anà a visitar el segon pontífex. Aquest li assegurà que el sol, la lluna i tots els focs del firmament no eren sinó focs follets comparats amb els seus encants. Almona li demanà la mateixa gràcia, i li fou proposat de donar-ne el pac. Almona es deixà vèncer, i donà cita al segon pontífex per a l'hora en què sortia l'estrella Algenib. A continuació, passà per l'estatge del tercer sacerdot i del quart, i de cadascun rebé una signatura, i els donà una cita d'estel en estel. Llavors féu avisar els jutges que anessin al seu estatge per a un afer important. Els jutges hi feren cap: Almona els ensenyà les quatre firmes i els digué per quin preu havien venut els sacerdots el perdó de Zadig. Cada sacerdot arribà a l'hora prescrita; tots es quedaren ben astorats de trobar els col·legues, i encara més de trobar els jutges, davant dels quals llur vergonya fou posada de manifest. Zadig se salvà. L'habilitat d'Almona va agradar tant a Setoc que s'hi va mullerar. Zadig marxà després d'haver-se llançat als peus de la bella alliberadora. Ell i Setoc se separaren plorant, jurant-se una eterna amistat i prometent-se que el primer dels dos que fes una gran fortuna en faria partícip l'altre.

Zadig marxà cap al cantó de Síria, amb el pensament posat sempre en la malaurada Astarté, i donant voltes al destí que s'obstinava a rifar-se d'ell i a perseguir-lo. «Com s'entén! —deia—; quatre-centes unces d'or per haver vist passar una gossa! Condemnat a ésser decapitat per quatre versots en lloança del rei! A punt de ser escanyat perquè la reina tenia unes babutxes del mateix color que el meu barret! Reduït a l'esclavatge per haver ajudat una dona que maltractaven! I a frec d'ésser cremat per haver salvat la vida a totes les vídues àrabs joves!»

EL BANDIT

En arribant a les fronteres que separen l'Aràbia Pètria de Síria, quan passava prop d'un castell prou fortificat, uns àrabs armats en sortiren. Zadig es veié envoltat; li cridaven:

—Tot el que teniu ens pertany, i la vostra persona pertany al nostre amo.

A tall de resposta, Zadig desembeinà l'espasa; el seu criat, que era valent, féu el mateix. Llançaren morts per terra els primers àrabs que els posaren la mà al damunt; el nombre redoblà; no s'immutaren, i decidiren de morir combatent. Eren dos homes defensant-se contra una gernació; una contesa així no podia durar gaire estona. L'amo del castell, que es deia Arbogad, en haver vist d'una finestra estant els prodigis de valor de què donava exemple Zadig, li agafà afecció. Davallà cuita-corrents, i ell mateix en persona descompartí els seus homes i deslliurà els dos viatgers.

—Tot el que passa per les meves terres és méu —digué—, com també tot el que trobo per les terres dels altres; però em feu l'efecte d'ésser un home tan valent que us eximeixo de la llei comuna.

Féu entrar Zadig al castell, ordenant als seus homes que el tractessin bé, i, al vespre, Arbogad volgué sopar amb Zadig.

El senyor del castell era un àrab d'aquells que reben el nom de *lladres*; però, de vegades, feia alguna bona acció enmig d'una multitud d'acciones dolentes; robava amb una rapacitat furient, i donava liberalment; era intrèpid en l'acció, prou abellidor en el tracte, disbauxat a la taula, alegre en la disbauxa, i, sobretot, d'allò més franc. Zadig li plagué molt; la seva conversa, que s'animà, allargassà el repàs; finalment Arbogad li digué:

—Us aconsello d'allistar-vos a la meva host; no podríeu fer res més ben fet; no és pas un mal ofici; un dia, podríeu arribar a ésser el que jo sóc ara.

—¿Que m'és permès de demanar-vos —digué Zadig— quant de temps fa que exerciu aquesta noble professió?

—Des de la meva més tendra minyonia —respongué el senyor—. Era criat d'un àrab prou eixerit, la meva situació em resultava insuportable. Em desesperava de veure que en tota la terra, que pertany igualment a tots els homes, el destí no m'hagués reservat la meva part de tall. Vaig confiar les meves tristors a un àrab vell, que em digué: «Fill, no us desespereu: temps era temps, hi havia un gra de sorra que es queixava d'ésser un àtom ignorat al desert; uns quants anys més tard, esdevingué un diamant, i a hores d'ara és el guarniment més bell de la corona del rei de l'Índia.» Aquell discurs em va impressionar; jo era el gra de sorra, i vaig decidir d'esdevenir diamant. Vaig començar robant dos cavalls; em vaig associar amb uns quants companys; em vaig preparar per poder robar caravanes petites; d'aquesta manera faig fer que a poc a poc desaparegués la desproporció que hi havia entre els homes i jo. Vaig tenir la meva part de tall en els béns d'aquest món, i fins i tot me'n vaig rescabalar amb escreix; tothom em va tenir molta de consideració; vaig esdevenir bandoler en cap, vaig adquirir aquest castell per via de fet. El sàtrapa de Síria me'n va voler desposseir; però jo era ja massa ric per tenir por de res: vaig donar diners al sàtrapa, per mitjà dels quals vaig conservar aquest castell i vaig engrandir els meus dominis; fins i tot el sàtrapa em nomenà tresorer dels tributs que l'Aràbia Pètria pagava al rei dels reis. Vaig exercir el meu càrrec de recaptador de contribucions, i no vaig pas exercir el de pagador.

»El gran desterham de Babilònia envià aquí, en nom del rei Moabdar, un sàtrapa de poca importància per fer-me escanyar. Aquell individu arribà amb la seva ordre: jo era ennovat de tot; vaig fer que escanyessin davant d'ell les quatre persones que havia dut acompanyant-lo per estrènyer el cordó; a continuació li vaig preguntar quants diners podien arribar a donar-li per l'encàrrec d'escanyar-me. Em va respondre que els seus honoraris podien arribar a tres-centes monedes d'or. Li vaig fer veure clarament que li sortiria més a compte de treballar per mi. El vaig anomenar sots-bandoler; ara és un dels meus oficials més bons, i també un dels més rics. Si em feu cas, reeixireu com ell. La temporada de robatori no ha estat mai tan bona com ara, d'ençà que mataren Moabdar i tot va cap per avall a Babilònia.

—Han mort Moabdar! —digué Zadig—; i què ha passat amb la regina Astarté?

—No en sé res —respongué Arbogad—. Només sé que Moabdar es va tornar boig, que l'han mort, que Babilònia és un lloc perillós, que tot l'imperi és desolat, que encara podem donar uns quants cops ben donats, i que, el que és jo, ja n'he fet Déu n'hi do.

—Però, i la reina? —digué Zadig—; us ho prego, digueu-me, que no sabeu res del destí de la reina?

—M'han parlat d'un príncep d'Hircània —respongué Arbogad—; probablemente, si no l'han morta en l'aldarull, la reina és amb les seves concubines; però tinc més fretura de botí que no de notícies. A les meves curses, he agafat unes quantes dones; no me'n quedo cap; les venc cares quan són boniques, sense informar-me de quina mena de gent són. El rang, no el podem pas comprar; una reina que fos lletja no trobaria pas qui la comprés: potser hem venut la reina Astarté, potser és morta; però tant se me'n dóna, i crec que no us hi hauríeu d'amoïnar més que jo mateix.

Mentre anava dient això, bevia amb tanta embranzida i es feia un aiguabarreig tan gros d'idees, que Zadig no li va poder arrencar cap claricia.

Zadig romania cohibit, aclaparat, immòbil. Arbogad anava bevent, deia contalles, repetia sense parar que era l'home més feliç del món, exhortant Zadig a esdevenir tan feliç com ell. Al capdavall, ensopit suaument per les fumeres del vi, se n'anà a dormir amb un son tranquil. Zadig va passar la nit en l'agitació més violenta. «I ara! —deia—, el rei s'ha tornat boig! L'han mort! No em puc estar de plànyer-lo. L'imperi està esquinçat, i aquest bandit és feliç. Oh fortuna! Oh destí! Un lladre és feliç i l'objecte més agradós que ha format la natura potser ha mort d'una manera espantosa, o viu en un estat pitjor que la mort. Oh Astarté! Què us ha passat?»

A punta de dia, Zadig anà fent preguntes a tota la gent que trobava pel castell; però tothom anava enfeinat, ningú no li respongué: en el curs de la nit, havien estat fetes noves conquestes, i se'n repartien les despulles. L'única cosa que pogué obtenir en aquella confusió tumultuosa fou el permís per marxar. Se'n va servir sense retard, més entotsolat que mai en les seves reflexions doloroses.

Zadig feia via tot inquiet, trasbalsat, amb la ment ocupada per la malaurada Astarté, pel rei de Babilònia, pel seu fidel Cador, pel feliç bandit Arbogad, per aquella dona tan capriciosa que els babilònics havien robat als confins d'Egipte; en fi, per tots els contratemps i els infortunis que havia passat.

EL PESCADOR

A unes quantes llegües del castell d'Arbogad, Zadig es trobà a la riba d'un rierol, bo i deplorant encara el propi destí com si fos un exemple de desgràcia. Zadig veié un pescador que s'estava colgat a la riba, i, amb una mà llangorosa, amb prou feines aguantava la xarxa, com si l'abandonés, bo i enlairant l'esguard cap al cel.

—Sens dubte que sóc l'home més desgraciat del món —deia el pescador—. He estat, i això ho deia tothom, el venedor de formatges cremosos més famós de Babilònia, i m'he arruïnat. Tenia la dona més bonica que un home de la meva mena pugui posseir, i he estat traït. Em quedava una caseta de no res, i he hagut de veure com la saquejaven i la destruïen. M'estic refugiat en una cabana, sense cap més recurs que la pesca, i no arribo a agafar ni un peix per remei. Xarxa meva!, no et tornaré a llançar a l'aigua, sóc jo qui s'hi ha de llançar.

En dient això l'home es dreça i avança amb el posat d'algú que es disposa a estimbar-se i a finir la vida.

«I ara! —es digué Zadig a si mateix—, de manera que hi ha homes tan desgraciats com jo.» L'ardor de salvar la vida del pescador fou tan presta com aquella reflexió. Zadig corre cap al pescador, el detura, li fa preguntes amb un aire entendrit i conhortador. Diuen que som menys desgraciats si no ho som sols. Però, en opinió de Zoroastre, això no és pas per malignitat sinó per necessitat. Llavors ens sentim impulsats cap a un infortunat perquè se'ns assembla. L'alegria d'un home feliç fóra un insult; però dos malaurats són com dos arbrissons febles que, recolzant-se l'un en l'altre, s'enforteixen contra l'oratge.

—Per què sucumbiu a les vostres desgràcies? —digué Zadig al pescador.

 —Perquè no veig que puguin tenir remei —li respongué—.

He estat l'home més ben considerat del poble de Derlback, que és prop de Babilònia, i feia, amb l'ajut de la muller, els millors formatges tendres de l'imperi. La reina Astarté i el famós ministre Zadig es delien per menjar-los. Havia fornit a llurs cases sis-cents formatges. Un dia vaig anar a la vila per cobrar; vaig saber, en arribar a Babilònia, que la reina i Zadig havien desaparegut. Vaig córrer a l'estatge del senyor Zadig, el qual jo no havia vist mai: em vaig trobar amb els arquers del gran desterham que, proveïts d'un paper reial, saquejaven la casa lleialment i amb ordre. Me'n vaig anar corrents a la cuina de la reina; uns quants senyors de les provisions de boca em digueren que era morta; d'altres digueren que era empresonada; d'altres afirmaren que s'havia escapolit; però tots m'asseguraren que ningú no em pagaria pas els formatges. Me'n vaig anar amb la muller a cal senyor Orcan, que era client meu: li demanàrem protecció en la nostra desgràcia; la concedí a la meva dona, i me la va refusar a mi. La meva dona era més blanca que els seus formatges tendres, que foren el començament de la meva desgràcia; i l'esclat de la porpra de Tir no era pas més brillant que el color rosat de l'alba que animava aquella blancor. Això fou la causa que Orcan la retingués i que em foragités de la seva casa. Vaig escriure a la muller estimada una carta de desesperat. La meva dona digué a l'individu que li portà la carta: "Ah, ah!, sí, sé qui és aquest home que m'escriu, n'he sentit parlar: diuen que fa uns formatges tendres molt bons; que me'n duguin, i que li paguin el que escau."

»En la meva desgràcia, vaig voler adreçar-me a la justícia. Em quedaven sis unces d'or: va caldre que en donés dues a l'home de lleis que vaig consultar, dues al procurador que va emprendre el meu cas, dues més al secretari del primer jutge. Un cop fet tot això, encara no havia ni tan sols començat el meu procés, i jo ja havia despès més diners que no valien la meva dona i els formatges. Me'n vaig tornar al poble amb la intenció de vendre'm la casa per tal d'heure la muller.

»La casa prou que valia ben bé seixanta unces d'or; però tothom veia que jo anava curt de diners i amb pressa per vendre-la. El primer individu a qui em vaig adreçar me'n va oferir trenta unces, el segon vint, i el tercer dues. Ja em disposava a cloure el tracte, de tan encegat com anava, quan un príncep d'Hircània arribà a Babilònia i ho arrasà tot al seu pas. La meva casa fou, de primer, saquejada, i, més tard, cremada.

»Un cop vaig haver perdut d'aquesta manera els diners, la dona i la casa, em vaig retirar en aquesta contrada on em veieu. He mirat de sobreviure fent de pescaire; els peixos es rifen tant de mi com els homes. No pesco res, em moro de gana; i, si no arriba a ésser per vós, conhortador august, em disposava a morir al riu.

Aquest relat, el pescador no el va pas fer tot d'una embranzida; perquè, a cada moment, Zadig, trasbalsat i arravatat, li deia:

—I ara!, no sabeu res del destí de la reina?

—No, senyor —responia el pescador—; però sé que la reina i Zadig no m'han pas pagat els formatges tendres, que m'ha estat presa la dona i que estic desesperat.

—Em gloriejo —digué Zadig— que no perdreu pas tots els vostres diners. He sentit parlar de Zadig; és un home d'una peça; i, si mai torna a Babilònia, cosa que té l'esperança de fer, us donarà més que no us deu; però, pel que fa a la vostra muller, que no és pas tan d'una peça, us aconsello de no assajar de reprendre-la. Feu-me cas, aneu-vos-en cap a Babilònia; jo hi arribaré abans que vós, perquè vaig a cavall i vós a peu. Adreçeu-vos a l'il·lustre Cador; digueu-li que us heu trobat amb el seu amic; espereu-me a casa seva. Apa; potser no sereu sempre desgraciat.

»Oh puixant Ormús —continuà dient Zadig—, us serviu de mi per tal de conhortar aquest home; de qui us servireu per conhortar-me a mi?

Dient això, anava donant al pescador la meitat dels diners que havia dut d'Aràbia, i el pescador, encantat i confús, besava els peus de l'amic de Cador, i deia:

—Sou un àngel salvador.

Mentrestant, Zadig continuava demanant notícies i plorava.

—I ara!, senyor —exclamà el pescador—, ¿que potser vós, que feu el bé, també sou desgraciat?

—Cent cops més desgraciat que tu —respongué Zadig.

—Però, com pot ser —deia el bon jan— que el qui dóna sigui més de plànyer que el qui rep?

—És perquè la desgràcia més gran que tu tenies —respongué Zadig— era la fretura, mentre que a mi em fa malaurat el cor.

—Que potser Orcan us ha pres la dona? —digué el pescador.

Aquella frase féu que la ment de Zadig remembrés totes les seves aventures: es repetia la llista dels infortunis, començant per la gossa de la reina i acabant per la seva arribada a l'estatge del bandit Arbogad.

 —Ah! —digué el pescador—. Orcan mereix d'ésser castigat. Però, normalment, la gent d'aquesta mena són els favorits del destí.

—Ça com lla, vés a cal senyor Cador, i espera'm.

Se separaren: el pescador se n'anà tot agraït pel seu destí, i Zadig continuà acusant el seu mentre feia via corrents.

EL BASILISC

Quan arribà a una bella praderia, hi veié unes quantes dones que es dedicaven a buscar alguna cosa molt curosament. Es prengué la llibertat d'acostar-se a una dona d'aquelles i preguntar-li si podia escaure-li l'honor d'ajudar-les en les seves recerques.

—Us en guardareu bé prou —respongué la siriana—; el que busquem només ho poden tocar les dones.

—Això és ben curiós —digué Zadig—; ¿em seria lícit de demanar-vos que em digueu quina cosa és aquesta que només és permès a les dones de tocar?

—És un basilisc —digué la dona.

—Un basilisc, senyora? I per quin motiu, si us plau de dir-m'ho, esteu buscant un basilisc?

—Per al nostre senyor i amo Ogul, el casal del qual podeu veure a la riba d'aquest riu, al capdavall de la prada. Som les seves humilíssimes esclaves; el senyor Ogul està malalt; el metge li ha receptat que es mengés un basilisc cuit en aigua de roses, i, com que, de bèsties així, n'hi ha molt poques, el senyor Ogul ha promès que triaria per ésser la seva dona ben aimada la que, de totes nosaltres, li dugués un basilisc: deixeu-me que busqui, si us plau, perquè ja veieu el que em costaria que les meves companyes se m'avancessin.

Zadig deixà aquella siriana i les altres buscant llur basilisc, i continuà caminant per la prada. Quan es trobà a la riba d'un rierol, hi trobà una altra dama estirada a la gespa, sense buscar res. El seu port semblava majestuós, però tenia la cara tapada amb un vel. Es vinclava devers la riera; de la boca li sortien uns sospirs profunds. A la mà duia una vareta petita, amb la qual anava dibuixant signes alfabètics en una sorra molt fina que hi havia entre la gespa i el rierol. Zadig tingué curiositat de veure què escrivia aquella dona; s'acostà, veié la lletra Z, i després una A; quedà astorat; després aparegué una D; Zadig s'estremí. Mai no hi hagué sorpresa tan gran com la de Zadig en anar veient les dues darreres lletres del seu nom. Es va quedar una estona immòbil; finalment, trencant el silenci amb una veu que li parlava a batzegades, digué:

—Oh, generosa dama!, perdoneu a un estrany, a un malaurat, que gosi preguntar-vos per quina casualitat sorprenent em trobo aquí amb el nom de Zadig traçat per la vostra mà divina.

En sentir aquella veu, aquelles paraules, la dama s'aixecà el vel amb una mà que li tremolava, mirà Zadig, deixà anar un crit d'entendriment, de sorpresa i de joia, i, sucumbint sota tots els impulsos diferents que li assaltaven l'ànima alhora, li caigué esvanida als braços. Era Astarté en persona, era la regina de Babilònia, era la que Zadig adorava, i la que es feia retret d'adorar; era aquella pel destí de la qual havia plorat i havia temut tant. Per un moment, Zadig restà sense esma; i, un cop hagué fixat l'esguard en els ulls d'Astarté, que tornaven a obrir-se amb una languidesa que era mig confusió i mig tendresa, exclamà:

—Oh potències immortals!, vosaltres, que presidiu els destins dels febles humans, em torneu Astarté? En quina escaiença, en quins paratges, en quin estat la torno a veure!

Es llançà de genollons davant d'Astarté, i fregà el front amb la polseguera dels peus. La regina de Babilònia el fa llevar-se i asseure-se-li al costat, a la riba del rierol; s'eixugava de tant en tant els ulls, que sempre li tornaven a plorar. Recomençava vint cops uns discursos interromputs pels gemecs; feia preguntes a Zadig sobre l'atzar que els aplegava i sovint se li avançava a les respostes amb noves preguntes. Encetava el relat de les seves desgràcies, i alhora volia saber les de Zadig. Al capdavall, quan tots dos hagueren apaivagat el trasbals de llurs ànimes, Zadig li explicà en poques paraules la casualitat per la qual es trobava en aquella praderia.

—Però, oh malaurada i respectable regina!, com pot ser que us trobi en aquest indret allunyat, vestida com una esclava, i acompanyada d'altres esclaves que busquen un basilisc per fer-lo coure en aigua de roses per prescripció del metge?

—Mentre van buscant aquest basilisc —digué la bella Astarté—, us ennovaré de tot el que he endurat, i de tot el que perdono al cel des del punt mateix que us torno a veure. Ja sabeu que el meu marit, el rei, va trobar malament que fóssiu l'home més abellidor del món; i fou per aquest motiu que una nit prengué el determini de fer que us escanyessin i m'emmetzinessin. Ja sabeu que el cel permeté que aquella menudalla de bufó mut m'advertís de l'ordre de Sa Sublim Majestat. Tan bon punt el fidel Cador us havia forçat a obeir-me i a marxar, tingué la gosadia d'entrar al meu estatge al cor de la nit per una porta secreta. Se m'endugué i em portà al temple d'Ormús, on el mag, germà seu, em tancà dins una estàtua colossal la base de la qual és a tocar amb els fonaments del temple i el cap n'arriba a la volta. Vaig viure allí com si fos enterrada, però atesa pel magià i sense fretura de res. Mentrestant, a punta de dia, l'apotecari de Sa Majestat entrà a la meva cambra amb un beuratge que era una mixtura d'herba queixalera, d'opi, de cicuta, de rosa de Nadal i de matallops; i un altre oficial anà al vostre estatge amb un cordó de seda blava. No trobaren ningú. Cador, per tal d'entabanar més bé el rei, féu semblant de comparèixer per acusar-nos tots dos. Digué que vós havíeu fugit per la carrera de l'Índia, i jo per la de Memfis: foren enviats esbirros a l'encalç de tots dos.

»Els correus que em buscaven no em coneixien. Jo no havia deixat veure gairebé mai la meva cara sinó només a vós, en presència del meu espòs i per ordre d'ell. Els esbirros corregueren a perseguir-me guiant-se pel retrat que els era fet de la meva persona: una dona de la mateixa estatura que jo, i que potser tenia més encisos, els passà davant dels ulls a la frontera d'Egipte. Anava plorallosa, errant. No tingueren cap dubte que aquella dona no fos la regina de Babilònia; la dugueren a Moabdar. De primer, llur equivocació féu que el rei s'irés violentament; però, un cop s'hagué mirat més de prop aquella dona, no trigà gaire a trobar-la molt bonica, i es consolà. De nom, li deien Missuf. Més tard m'han dit que aquest nom, en llengua egipciana, vol dir *la bella capriciosa.* Efectivament, ho era; però tenia tanta traça com caprici. Va plaure a Moabdar. El va subjugar fins al punt de fer que la proclamés com a muller. Llavors, el tarannà de Missuf es descabdellà del tot; es lliurà sense por a totes les follies de la seva imaginació. Volgué obligar el cap dels magians, que era vell i patia de gota, a ballar davant d'ella; i, com que el mag s'hi refusà, el féu objecte d'una violenta persecució. Ordenà al seu manescal major que li fes una coca de confitures. Fou debades que el manescal li fes avinent que no era pas pastisser, li calgué preparar la coca; i fou despatxat perquè era un pèl cremada. Missuf donà el càrrec de manescal major al seu nan, i el lloc de canceller a un patge. Governà Babilònia d'aquesta manera. Tothom m'enyorava. El rei, que havia estat un home prou com cal fins al moment en què havia volgut emmetzinar-me i fer-vos escanyar, semblava que hagués ofegat les seves virtuts en l'amor prodigiós que tenia per la bella capriciosa. Anà al temple la diada del foc sagrat. El vaig veure com implorava els déus en favor de Missuf als peus de l'estàtua on jo era tancada. Vaig parlar alt; li vaig cridar: «Els déus refusen les ofrenes d'un rei que ha esdevingut tirà, que ha volgut fer morir una dona entenimentada per casar-se amb una extravagant.» Moabdar quedà tan confús de resultes d'aquestes paraules que se li va regirar el cap. L'oracle que jo havia dat i la tirania de Missuf eren prou per fer-li perdre el seny. En pocs dies es va tornar boig.

»La seva bogeria, que va semblar un càstig del cel, fou el senyal de la revolta. Hi hagué una sublevació, tothom corregué a les armes. Babilònia, que feia tant de temps que es trobava submergida en una mol·lície ociosa, esdevingué el teatre d'una guerra civil esglaiadora. Em van treure de la cavitat de la meva estàtua, i em van posar encapçalant un bàndol. Cador corregué cap a Memfis per tal de tornar a dur-vos a Babilònia. El príncep d'Hircània, ennovat d'aquestes notícies funestes, va tornar amb el seu exèrcit per fer un tercer bàndol a Caldea. Atacà el rei, que li sortí a l'encontre amb la seva egipciana extravagant. Moabdar morí clivellat de ferides. Missuf caigué en mans dels vencedors. La meva desgràcia volgué que també jo fos agafada per un bàndol hircanià i em duguessin davant del príncep precisament en el moment mateix en què li duien Missuf. Segur que us sentireu afalagat de saber que el príncep em trobà més bella que no pas a l'egipciana; però us contrariarà de saber que em va destinar al seu serrall. Em digué tot decidit que, tan bon punt hagués enllestit una expedició militar que es disposava a executar, aniria a trobar-me. No cal que us digui el meu dolor. Els lligams que tenia amb Moabdar eren romputs, podia pertànyer a Zadig; i queia en les cadenes d'aquell bàrbar. Li vaig respondre amb tota l'altivesa que em donaven el rang i els sentiments. Sempre havia sentit dir que el cel donava a les persones de la meva mena un tarannà de grandesa que, amb un sol mot i una ullada, feia que es retiressin a la humiliació del més profund respecte els temeraris que gosaven apartar-se'n. Vaig parlar a tall de regina; però em van tractar a tall de minyona de servei. L'hircanià, sense dignar-se ni tan sols a adreçar-me la paraula, digué al seu eunuc negre que jo era una impertinent, però que em trobava bonica. Li ordenà que tingués cura de mi, i que em fes menjar la dieta de les seves favorites, a fi de refrescar-me el color de la pell i de fer-me més digna dels seus favors per al dia en què li anés bé d'honorar-me'n. Jo li vaig dir que em mataria; contestà rient que la gent no es mata pas, que ja estava acostumat a aquestes maneres de parlar, i em va deixar plantada com algú que acaba d'instal·lar una cotorra a la seva col·lecció d'animals. Quin estat, aquell, per a la primera regina de l'univers, i, més encara, per a un cor que era de Zadig!

Dient això, Zadig se li llançà als genolls i els banyà de llàgrimes. Astarté el féu aixecar tendrament, i continuà d'aquesta manera:

—Em veia en poder d'un bàrbar i essent la rival d'una ximple amb la qual em trobava tancada. Missuf m'explicà l'aventura que li havia esdevingut a Egipte. Guiant-me pels trets amb què us descrivia, per l'època dels fets, pel dromedari que muntàveu, per totes les circumstàncies, vaig arribar a la conclusió que era Zadig qui havia lluitat per ella. No vaig dubtar que fóssiu a Memfis; vaig decidir de retirar-m'hi. «Bella Missuf —li vaig dir—, sou molt més plaent que no pas jo, divertireu molt més bé que jo el príncep d'Hircània. Faciliteume els mitjans per escapolir-me; sereu sola a regnar, em fareu feliç bo i deslliurant-vos d'una rival.» Missuf concertà amb mi els mitjans de la meva fugida. Vaig marxar, doncs, secretament, amb una esclava egipcíaca.

»Ja em trobava a les engires d'Aràbia, quan un lladre de molta anomenada, que es deia Arbogad, em va raptar, i em va vendre a uns mercaders que m'han dut a aquest castell, estatge del senyor Ogul. Ogul m'ha comprat sense saber qui era jo. És un home voluptuós que només es dedica a atipar-se i que es pensa que Déu l'ha posat al món per tenir taula parada. Està d'allò més gras, gairebé fins al punt de perdre l'alè a cada moment. El seu metge, que té poca influència sobre ell quan ha paït bé, el mana despòticament quan ha menjat massa. L'ha convençut que el guariria amb un basilisc cuit en aigua de roses. El senyor Ogul ha promès de mullerar-se amb l'esclava que li dugui un basilisc. Ja veieu que les deixo que s'afanyin per merèixer aquest honor, i que mai no he tingut menys ganes de trobar aquest basilisc que d'ençà que el cel ha permès que us tornés a veure.

Llavors Astarté i Zadig es digueren tot allò que uns sentiments llargament resclosits, tot allò que llurs desgràcies i llurs amors podien inspirar als cors més nobles i més apassionats; i els genis que presidien l'amor dugueren llurs paraules fins a l'esfera de Venus.

Les dones tornaren al casal d'Ogul sense haver trobat res. Zadig es féu presentar a Ogul, i li parlà en els termes següents:

—Que la salut immortal davalli del cel per tenir cura de tots els vostres jorns! Sóc metge; he vingut a veure-us empès pels comentaris sobre la vostra malaltia, i us he dut un basilisc cuit en aigua de roses. Això no vol pas dir que tingui la pretensió de casar-me amb vós. Només us demano la llibertat d'una esclava de Babilònia que fa uns quants dies que teniu i consento a romandre en esclavatge en lloc d'ella si no tinc la bona fortuna de guarir el magnífic senyor Ogul.

La proposta fou acceptada. Astarté marxà cap a Babilònia amb el servent de Zadig, bo i promentent-li d'enviar-li tot d'una un correu per tal d'ennovar-lo de tot el que s'hagués esdevingut. Llur comiat fou tan tendre com ho havia estat llur reconeixement. El moment en què les persones es retroben i el moment en què se separen són les dues etapes culminants de la vida, com diu el gran llibre del *Zend*. Zadig estimava la regina tant com jurava que ho feia, i la regina estimava Zadig més que no ho deia.

Mentrestant, Zadig parlava d'aquesta manera a Ogul:

—Senyor, el meu basilisc no és pas per menjar-lo, tota la seva virtut us ha d'entrar pels porus. L'he ficat en un odre petit i ben inflat i tot cobert d'una pell fina: cal que llanceu aquest odre amb tanta força com pugueu, i que jo us el torni unes quantes vegades; i, en pocs dies d'aquest règim, veureu tot el poder del meu art.

Ogul esbufegà el primer dia, i digué que es moria de cansament. El segon dia, ja no es trobà tan cansat, i dormí més bé. En vuit dies recobrà tota la força, la salut, la lleugeresa i l'alegria dels seus anys més brillants.

—Heu jugat a la pilota, heu estat sobri —li digué Zadig—: apreneu que no hi ha pas cap basilisc a la natura, que sempre ens trobarem bé si som sobris i fem exercici, i que l'art de fer subsistir alhora la intemperència i la salut és un art tan quimèric com la pedra filosofal, l'astrologia judiciària i la teologia dels mags.

El metge major d'Ogul, adonant-se que aquell home era molt perillós per a la medicina, féu pinya amb l'apotecari del casal per engegar Zadig a buscar basiliscs a l'altre món. O sigui, que després d'haver estat sempre punit per haver obrat bé, es trobava a frec de morir per haver guarit un senyor golafre. El convidaren a un àpat excel·lent. Al segon plat, l'anaven a emmetzinar; però rebé un correu de la bella Astarté al primer plat. S'aixecà de la taula, i marxà. «Quan us estima una dona bonica —diu el gran Zoroastre—, sempre podeu sortir airós dels trencacolls d'aquest món.»

EL COMBAT

La reina havia estat rebuda a Babilònia amb els arravataments que és habitual de tenir per una princesa bella que ha estat desgraciada. Feia l'efecte, llavors, que Babilònia era més tranquil·la. El príncep d'Hircània havia estat mort en un combat. Els babilònics, vencedors, proclamaren que Astarté es maridaria amb l'home que fos elegit per sobirà. No volien que el primer lloc del món, que seria el del marit d'Astarté i rei de Babilònia, depengués de les intrigues i de les capelletes. Fou acordat de reconèixer com a rei el qui demostrés ser més valent i més assenyat. Una gran lliça vorejada per tot d'amfiteatres magníficament guarnits fou formada a unes quantes llegües de la ciutat. Els combatents hi havien d'acudir armats de cap a peus. Cada combatent tenia, darrera els amfiteatres, un estatge separat en el qual ningú no l'havia de veure ni de conèixer. Calia endurar quatre llances. Els qui fossin prou benaurats com per vèncer quatre cavallers havien de combatre després els uns contra els altres; de manera que el qui restaria com a darrer amo del camp seria proclamat vencedor del tornejament. Li caldria tornar quatre dies més tard, amb les mateixes armes, i esbrinar els enigmes que li proposarien els magians. Si no esbrinava els enigmes, no seria pas rei, i caldria tornar a començar el tornejament fins que fos trobat un home que vencés a tots dos combats; perquè volien de totes passades que el rei fos alhora el més valent i el més savi. La reina, mentre anés passant tot això, havia de ser guardada molt curosament: només li seria permès d'assistir als tornejaments, tapada amb un vel; però era defès que parlés amb cap dels pretendents, a fi que no hi hagués ni favor ni injustícia.

Això era el que Astarté feia saber al seu amant, amb l'esperança que mostraria per ella més valor i més intel·ligència que ningú. Zadig es posà en marxa, i pregà Venus que li enfortís el coratge i li portés claríċia a la ment. Arribà a la riba de l'Eufrates la vigília d'aquella diada. Es féu inscriure la divisa entre les dels combatents, tot amagant-se la cara i el nom, com era manat per la llei. Se n'anà a descansar a l'estatge que li tocà per sort. L'amic Cador, que havia tornat a Babilònia després d'haver-lo buscat en va a Egipte, féu que li duguessin a la llotja una armadura completa que li enviava la reina. Li féu dur també, de part d'ella, el cavall més bonic de Pèrsia. Zadig reconegué Astarté en aquells presents: el seu coratge i la seva amor en prengueren novelles forces i esperances noves.

L'endemà, un cop la reina s'hagué col·locat sota un pal·li de pedreria, i els amfiteatres foren plens de gom a gom amb totes les dames i tots els ordes de Babilònia, els combatents es mostraren a l'arena. Cada combatent anà a deixar la divisa als peus del magià major. Foren sortejades les divises; la de Zadig fou la darrera. El primer que s'avançà fou un senyor molt ric, que es deia Itobad, molt vanitós, poc coratjós, molt maldestre i baix de sostre. Els seus servents l'havien convençut que a un home com ara ell li esqueia de ser rei; els havia respost:

—Un home com ara jo ha de regnar.

De manera que l'havien armat de cap a peus. Duia una armadura d'or esmaltada de verd, un plomall verd, una llança guarnida amb cintes verdes. De bon principi, tothom s'adonà, per la manera com Itobad menava el cavall, que no era pas a algú com ara ell que el cel reservava el ceptre de Babilònia. El primer cavaller que li corregué a l'encontre el desarçonà; el segon el tombà cap per avall a la gropa del cavall, cames enlaire i braços estesos. Itobad es redreçà, però amb tan poca traça que tot l'amfiteatre esclafí de riure. Un tercer cavaller no es dignà pas a servir-se de la llança; sinó que, fent una passada, el va agafar per la cama dreta i, fent-li donar mitja volta, el féu caure a l'areny; els escuders dels jocs el socorregueren rient i el tornaren a posar a dalt de la sella. El quart combatent l'agafa per la cama esquerra i el fa caure per l'altre cantó. Escridassat, el dugueren a la seva llotja, en la qual havia de passar la nit segons la llei; i anava dient, mentre caminava amb penes i fatics:

—Que això li hagi hagut de passar a un home com jo!

Els altres cavallers van fer més bé el que els pertocava. N'hi hagué que venceren dos combatents seguits; d'altres, tres i tot. Només el príncep Otam en vencé quatre. Finalment, Zadig combaté al seu torn: desarçonà quatre cavallers seguits amb tanta aptesa com es vulgui. De manera que calia veure si el vencedor havia de ser Otam o bé Zadig. Otam duia armes de color blau i or, amb un plomall de les mateixes colors; les armes de Zadig eren blanques. Tots els volers es repartien entre el cavaller blau i el cavaller blanc. La reina, amb el cor tot bategant-li, feia pregueres al cel en favor del color blanc.

Els dos campions feren tombs i passades amb tanta d'agilitat, es donaren llançades tan ben aviades, s'estaven tan ferms damunt llurs arçons, que tothom, llevat de la regina, desitjava que hi hagués dos reis a Babilònia. Finalment, com que tenien lassos els cavalls i les armes rompudes, Zadig se serví de la mestria següent: passa per darrera del príncep blau, se li llança damunt la gropa del cavall, l'agafa pel mig del cos, el tira a terra, es posa a la sella en lloc d'ell i fa giravoltar el cavall a l'entorn d'Otam estirat al bell mig de la lliça. Tot l'amfiteatre crida:

—Victòria per al cavaller blanc!

Otam, indignat, es redreça, desembeina l'espasa; Zadig salta del cavall amb el sabre a la mà. Tots dos, a l'arena, lliuren un nou combat, en el qual la força i l'agilitat triomfen successivament. Les plomes de llurs cascs, els claus del braçal, les malles de l'armadura salten ben lluny sota l'impuls de tot de cops apressats. S'escometen amb la punta i amb el tall de les armes, per la dreta, per l'esquerra, al cap, al pit; reculen, avancen, es baten, s'ajusten, es repleguen com serps, s'ataquen com lleons; a cada moment, els cops que es donen fan espurnejar el ferro. Finalment, Zadig, revenint un moment en ell mateix, s'atura, fa una finta, es llança contra Otam, el fa caure, el desarma, i Otam exclama:

—Cavaller blanc!, sou vos qui ha de regnar a Babilònia.

La reina es trobava al cim de la felicitat. El cavaller blau i el blanc foren tornats a dur cadascun a la seva llotja, de la mateixa manera que tots els altres, tal com ho deia la llei. Uns servents muts anaren a atendre'ls i a dur-los menjar. No cal que diguem que el mudet aquell de la regina fou qui atengué Zadig. Després, els deixaren dormir tots sols fins l'endemà al matí, que el vencedor havia de dur la seva divisa al gran magià per confrontar-la i fer que el reconeguessin.

Enamorat i tot, Zadig dormí, de tan cansat que estava. Itobad, que se li havia colgat a prop, no va pas dormir. Es llevà durant la nit, va entrar a la llotja, agafà les armes blanques i la divisa de Zadig i les va substituir per la seva armadura verda. A trenc d'alba, anà tot cofoi a declarar al magià major que un home com ell era el vencedor. Ningú no s'ho esperava; però fou proclamat mentre Zadig encara dormia. Astarté, tota sorpresa i amb la desesperança al cor, tornà a Babilònia. Tot l'amfiteatre era ja gairebé buit quan Zadig es deixondí; buscà les seves armes i no trobà sinó aquella armadura verda. Es veia obligat a cobrir-se amb ella, perquè no tenia res més a l'abast. Astorat i indignat, s'ho endossa tot furiós, i fa via amb aquell parament.

Tota la gent que hi havia encara a l'amfiteatre i a l'arena el rebé escridassant-lo. L'envoltaven; l'insultaven cara a cara. Mai ningú no encaixà mortificacions tan humiliants. Va perdre la paciència; apartà a cops de sabre el populatxo que tenia la gosadia d'ultratjar-lo; però no sabia què fer. No podia anar a veure la reina; no podia reclamar l'armadura blanca que li havia enviat: això l'hauria compromesa; per tant, mentre la reina es trobava enfonsada en el dolor, Zadig era posseït per la fúria i pel neguit. S'anava passejant per les ribes de l'Eufrates, convençut que la seva estrella el destinava a ésser desgraciat sense remei, repassant mentalment totes les seves malaurances, d'ençà de l'aventura de la dona que odiava els bornis fins a la de l'armadura. «Això em passa —deia— per haver-me despertat massa tard; si no hagués dormit tant, fóra rei de Babilònia, posseiria Astarté. La ciència, els bons costums, el coratge, no han servit mai, comptat i debatut, sinó per al meu infortuni.» Al capdavall, va arribar a murmurar contra la Providència, i tingué la temptació de creure que tot anava governat per un destí cruel que oprimia els bons i que feia que prosperessin els cavallers verds. Una de les coses que l'entristien més era de portar aquella armadura verda que havia fet que l'escridassessin tant. Passà un mercader, Zadig li vengué l'armadura per quatre xavos, i agafà del mercader una gonella i un barret de cucurulla. Amb aquest parament, anava vorejant l'Eufrates, tot ple de desesperança, i acusant en secret la Providència, que el perseguia sense treva.

L'ERMITÀ

Fent via, Zadig es trobà amb un ermità que tenia una barba blanca i venerable que li arribava a la cintura. Duia a la mà un llibre, i el llegia atentament. Zadig s'aturà i li féu una salutació molt marcada acotant el cap. L'ermità el saludà amb un posat tan noble i tan manyac que Zadig tingué curiositat de fer-hi conversada. Li demanà pel llibre que llegia.

—És el llibre dels destins —digué l'ermità—; ¿que potser hi voleu llegir alguna cosa?

Féu el llibre a mans de Zadig, el qual, tot i que sabia diverses llengües, no en pogué desxifrar ni un sol traç. Allò encara li acreixé la curiositat.

—Us veig tot moix —li digué aquell pare venerable.

—Ai las! Massa que en tinc motiu! —digué Zadig.

—Si em permeteu que us acompanyi —continuà el vellard—, potser us seré útil: algun cop he escampat sentiments de conhort damunt l'ànima dels malaurats.

Zadig sentí que tenia respecte pel posat, la barba i el llibre de l'ermità. Li va semblar, a la conversa, que tenia coneixences superiors. L'ermità parlava del destí, de la justícia, de la moral, del bé sobirà, de la feblesa humana, de les virtuts i dels vicis, amb una eloqüència tan viva i tan commovedora que Zadig sentia que un encís invencible l'arrossegava cap a ell. Li demanà insistentment que no el deixés fins que fossin de tornada a Babilònia.

—Jo també us demano aquesta gràcia —li digué el vellard—; jureu-me per Ormús que no us separareu de mi en uns quants dies, faci el que faci jo.

Zadig ho jurà i marxaren plegats.

Els dos vianants arribaren de part de vespre a un castell superb. L'ermità demanà hospitalitat per a ell i per al jove que l'acompanyava. El porter, que feia tot l'efecte d'ésser un gran senyor, els féu entrar amb una mena d'amabilitat desdenyosa. Foren presentats a un servent principal, que els mostrà l'estatge magnífic de l'amo. En foren admesos a la taula, al capdavall de tot, sense que el senyor del castell els honorés amb un esguard; però foren servits com els altres, amb delicadesa i profusió. Tot seguit, els donaren per rentar-se les mans un gibrell d'or guarnit amb maragdes i carboncles. Els dugueren a colgar-se a un bell estatge, i l'endemà al matí un servent els portà una moneda d'or a cadascú; després d'això, foren acomiadats.

—L'amo del casal —digué Zadig, tot fent via— em fa l'efecte que és un home generós, encara que una mica altívol; exerceix noblement l'hospitalitat.

Mentre deia això, veié que una mena de butxaca molt amplosa que duia l'ermità semblava tota tibant i inflada: hi veié el gibrell d'or guarnit amb pedreria, que l'ermità havia robat. De primer no gosà dir res sobre això; però estava tot sorprès.

Cap a les dotze del migdia l'ermità es presentà a la porta d'una caseta molt petita que era l'estatge d'un ric avar; hi demanà hospitalitat per unes quantes hores. El vell servent mal vestit el rebé en un to rude, i féu entrar l'ermità i Zadig a la cavallerissa, on els donà unes quantes olives podrides, pa dolent i cervesa esbravada. L'ermità begué i menjà amb un posat tan cofoi com la vigília; després, adreçant-se a aquell vell servent, que els anava sotjant per veure si robaven alguna cosa i els apressava a marxar, li donà les dues monedes d'or que havia rebut al matí i li agraí totes les seves atencions.

—Us prego —afegí— que em deixeu parlar amb el vostre senyor.

El servent, astorat, féu passar els dos viatgers a l'estatge de l'amo.

—Magnífic senyor —digué l'ermità—, no puc sinó donarvos les gràcies molt humilment per la noble manera que heu tingut de rebre'ns: digneu-vos a acceptar aquest gibrell d'or com un ínfim gatge del meu agraïment.

L'avar per poc caigué de cul. L'ermità no li donà pas temps a refer-se de la impressió; marxà tan ràpid com pogué amb el seu jove company de viatge.

—Pare —li digué Zadig—, què vol dir tot això que veig? Em fa l'efecte que no us assembleu en res als altres homes: robeu un gibrell d'or guarnit amb pedreria a un senyor que us rep magníficament, i el doneu a un avar que us tracta d'una manera indigna.

—Fill meu —respongué el vellard—, aquell home magnífic

que només rep els estranys per vanitat i per fer que li admirin les riqueses esdevindrà més assenyat; l'avar aprendrà a exercir l'hospitalitat: no us estranyeu de res, i aneu-me seguint.

Zadig encara no sabia si se les heia amb l'home més ximple del món o bé amb el més assenyat; però l'ermità parlava amb tanta d'autoritat que Zadig, que a més es trobava lligat pel seu jurament, no pogué estar-se de seguir-lo.

De part de vespre arribaren a una casa bastida agradosament, però senzilla, en la qual no traspuaven ni la prodigalidad ni la gasiveria. L'amo n'era un filòsof retirat del món, que conreava en pau l'assenyament i la virtut, i que tanmateix no s'avorria pas. S'havia plagut a bastir aquell retir, en el qual rebia els estranys amb una noblesa que no tenia ni un pensament d'ostentació. Sortí personalment a rebre els dos viatgers, els quals féu, de primer, reposar en un estatge còmode. Una estona més tard, anà a recollir-los en persona per convidar-los a un repàs net i ben agençat, durant el qual parlà amb discreció sobre les darreres revolucions de Babilònia. Va fer l'efecte que era sincerament lleial a la reina i desitjà que Zadig s'hagués mostrat a la lliça per lluitar per la corona.

—Però els homes —afegí— no es mereixen pas tenir un rei com Zadig.

Zadig es posava vermell i sentia que el dolor li redoblava. Fou convingut, a la conversa, que les coses d'aquest món no rutllaven sempre com voldrien que rutllesin els homes més assenyats. L'ermità sostingué que no coneixíem els camins de la Providència, i que els homes s'erraven en jutjar sobre un tot del qual no albiraven sinó la part més petita.

Parlaren de les passions.

—Ah!, que en són, de funestes! —deia Zadig.

—Són els vents que inflen les veles del vaixell —replicà l'ermità—: algún cop, l'enfonsen; però sense la bilis l'home no podria viure. En aquest món nostre tot és perillós, i tot és necessari.

Parlaren del plaer, i l'ermità demostrà que és un present de la Divinitat:

—Perquè —digué— l'home no pot donar-se a si mateix ni sensacions ni idees, sinó que ho rep tot; la pena i el plaer li vénen de fora, com l'ésser mateix.

Zadig s'admirava que un home que havia fet coses tan extravagants pogués raonar tan bé. Finalment, després d'una conversa tan instructiva com agradable, l'home tornà a dur els dos viatgers a llur estatge, tot beneint el cel per haver-li enviat dos homes tan assenyats i tan virtuosos. Els oferí diners d'una manera desimbolta i noble que no podia desplaure.

L'ermità els refusà, i li digué que prenia comiat d'ell, perquè tenia pensat de marxar cap a Babilònia abans que es fes de dia. Llur separació fou afectuosa; Zadig, sobretot, se sentia tot ple d'estima i de bons sentiments envers un home tan digne d'ésser apreciat.

Quan l'ermità i Zadig foren a llur estatge, es passaren una bona estona lloant l'amfitrió. El vellard, a trenc d'alba, deixondí el seu company.

—Hem de marxar —digué—; però, mentre tothom dorm encara, vull deixar a aquest home un testimoniatge de la meva estima i del meu afecte.

Dient això, agafà una torxa, i calà foc a la casa. Zadig, esparverat, es posà a cridar, i volgué impedir-li que cometés una acció tan esgarrifosa. L'ermità l'arrossegava perquè les seves forces eren superiors; la casa era tota encesa. L'ermità, que ja se n'havia allunyat força amb el company, la mirava cremar-se tranquil·lament.

—Gràcies a Déu! —digué—, vet ací la casa del nostre estimat amfitrió destruïda de cap a peus! Quin home més benaurat!

En sentir això, Zadig tingué alhora la temptació d'esclafir de riure, d'insultar el reverend pare, de pegar-li i d'escapolir-se, però no va pas fer res de tot això, i continuant subjugat per l'ascendent de l'ermità, el seguí, a desgrat d'ell mateix, cap a la darrera colga.

Això tingué lloc a casa una vídua caritativa i virtuosa que tenia un nebot de catorze anys, tot agradós i que era la seva única esperança. La vídua féu tan bé com sabé els honors de la casa. L'endemà ordenà al nebot que acompanyés els viatgers fins a un pont que, com que no feia gaire que s'havia romput, havia esdevingut un pas perillós. El jove, tot apressat, els precedeix. Quan forent al·pont, l'ermità digué al jove:

—Acosteu-vos, cal que doni a la vostra tia un signe del meu agraïment.

Un cop dit això, agafa el jove pels cabells i el llança al riu. El noi cau, torna a surar un moment damunt l'aigua, i és englotit pel torrent.

—Monstre! Sou l'home més malvat del món! —exclamà Zadig.

—M'havíeu promès de tenir paciència —li digué l'ermità interrompent-lo—: sapigueu que, sota les ruïnes d'aquella casa a la qual la Providència ha calat foc, l'amo ha trobat un tresor immens; sapigueu que aquest jove, el qual la Providència ha enllestit, hauria assassinat la seva tia d'aquí a un any, i, d'aquí a dos anys, us hauria assassinat a vós.

—I això, bàrbar, com ho saps? —cridà Zadig—; i, mal hagis llegit aquests esdeveniments en el teu llibre dels destins, ¿per ventura t'és permès d'ofegar un noi que no t'ha fet cap mal?

Mentre el babilònic parlava, s'adonà que el vellard ja no tenia barba, i la cara li agafava els trets de la joventut. El vestit d'ermità li desaparegué; quatre belles ales cobrien un cos majestuós i resplendent de llum

—Enviat del cel!, àngel divinal! —exclamà Zadig prosternant-se—, ¿has baixat, doncs, de l'empiri per ensenyar a un feble mortal que ha de sotmetre's als eternals designis?

—Els homes —digué l'àngel Jesrad— ho jutgen tot sense tenir coneixença de res: de tots els homes, tu eres el que mereixia més de rebre alguna clarícia.

Zadig li demanà permís per parlar.

—Em malfio de mi mateix —digué—; però, ¿puc tenir la gosadia de pregar-te que m'esbrinis un dubte: no hauria estat millor de corregir aquell noi, i fer-lo esdevenir virtuós, que no pas d'ofegar-lo?

Jesrad replicà:

—Si hagués estat virtuós, i hagués viscut, tenia el destí d'ésser assassinat, ell i la dona amb qui s'havia de casar i el fill que n'havia de néixer.

—I ara! —digué Zadig—, ¿de manera que cal que hi hagi crims i desgràcies, i les desgràcies cauen sobre la bona gent?

—Els malvats —respongué Jesrad— sempre són desgraciats: serveixen per sotmetre a prova un petit nombre de justos escampats per la terra, i no hi ha cap mal del qual no neixi un bé.

—Però —digué Zadig—, ¿si només hi hagués bé, i gens ni mica de mal?

—Llavors —replicà Jesrad—, aquesta terra fóra una altra terra; l'encadenament dels esdeveniments fóra un altre ordre de saviesa; i aquest ordre, que seria perfecte, no pot existir sinó en l'eternal sojorn de l'Ésser suprem, al qual no pot acostar-se el mal. L'Ésser suprem ha creat milions de mons cap dels quals no pot assemblar-se a un altre. Aquesta immensa varietat és un atribut de la seva puixança immensa. No hi ha ni dues fulles d'arbre a la terra, ni dos globus en els camps infinits de l'estelada, que siguin semblants; i tot el que veus en el petit àtom on has nascut havia de trobar-se en el seu lloc i en el seu temps fix, segons els designis immutables d'aquell qui ho abraça tot. Els homes es pensen que aquest noi que acaba de morir ha caigut a l'aigua per casualitat, i que també per casualitat es va cremar aquella casa; però la casualitat no existeix: tot és prova, o punició, o recompensa, o previsió. Recorda't d'aquell pescador que es pensava que era l'home més desgraciat del món. Ormús et va enviar per canviar-li el destí. Feble mortal, deixa de discutir amb allò que et cal adorar.

—Però... —digué Zadig.

Quan deia «però», l'àngel ja agafava volada cap a la desena esfera. Zadig, de genolls, adorà la Providència, i se sotmeté. L'àngel li cridà, dels dalts aeris estant:

—Fes via cap a Babilònia.

ELS ENIGMES

Zadig, fora de si i com algú que ha vist caure-li un llamp al costat, caminava sense rumb. Entrà a Babilònia el dia en què els qui havien combatut a la lliça ja eren ajustats al gran vestíbul del palau per tal d'esbrinar els enigmes i respondre a les preguntes del magià major. Tots els cavallers havien arribat, llevat del de l'armadura verda. Tan bon punt Zadig es mostrà a la ciutat, la pleballa féu pinya al voltant d'ell; els ulls no se sadollaven de veure'l, les boques de beneir-lo, els cors de desitjar-li l'imperi. L'envejós el veié passar, s'estremí, i desvià l'esguard; la plebs el dugué fins al lloc de l'assemblea. La regina, que fou ennovada de l'arribada de Zadig, fou presa del trasbals produït pel temor i l'esperança; el neguit se la menjava de viu en viu: no podia comprendre ni per què Zadig anava sense armes, ni com era que Itobad dugués l'armadura blanca. Un murmuri confús s'alçà en ésser vist Zadig. Tothom estava sorprès i encisat pel fet de tornar-lo a veure; però només els cavallers que havien combatut tenien permís per mostrar-se a l'assemblea.

—He combatut com qualsevol altre —digué Zadig—, però aquí hi ha algú que duu les meves armes; i, fins al moment en què m'escaigui l'honor de demostrar-ho, demano permís per presentar-me a fi d'esbrinar els enigmes.

L'afer fou posat a votació: la reputació d'honradesa de Zadig encara era impresa amb tanta de força a l'ànim de tothom que ningú no dubtà a admetre'l.

De primer, el magià major proposà la pregunta següent:

—De tots les coses del món, quina és la més llarga i la més curta, la més ràpida i la més lenta, la més divisible i la més extensa, la més negligida i la més enyorada, sense la qual res no es pot fer, que devora tot el que és petit i que vivifica tot el que és gran?

Tocava de parlar a Itobad. Respongué que un home com ell no sabia res d'enigmes, i que n'hi havia ben bé prou amb haver vençut ventant tot de llançades ben grosses. Alguns digueren que l'enigma es referia a la fortuna, d'altres a la terra, d'altres a la llum. Zadig digué que l'enigma es referia al temps.

—Res no és més llarg —afegí—, ja que és la mesura de l'eternitat; res no és més curt, perquè ens en falta per a tots els projectes que barrinem; res no és més lent per al qui espera; res no és més ràpid per al qui té plaer; s'estén fins a l'infinit en grandària; es divideix fins a l'infinit en poquesa; tots els homes el negligeixen, tots l'enyoren en havent-lo despès; res no es pot fer sense ell; fa que s'oblidi tot el que és indigne de la posteritat, i immortalitza totes les coses grans.

L'assemblea fou unànime a reconèixer que Zadig tenia raó.

Tot seguit fou preguntat:

—Quina cosa rebem sense donar-ne les gràcies, i en fruïm sense saber com, i la dem als altres quan no sabem què ens fem, i la perdem sense adonar-nos-en?

Cadascun hi digué la seva. Només Zadig endevinà que es tractava de la vida. Explicà tots els altres enigmes amb la mateixa facilitat. Itobad anava dient que allò era molt fàcil, i que se n'hauria sortit amb tanta de desimboltura com Zadig si se n'hagués volgut prendre la molèstia. Foren proposades preguntes sobre la justícia, sobre el bé sobirà, sobre l'art de regnar. Les respostes de Zadig foren considerades les més sòlides.

—És verament una llàstima —deia tothom— que un home de tant de seny sigui tan mal cavaller.

—Il·lustres senyors —digué Zadig—, he tingut l'honor de vèncer en la lliça. L'armadura blanca és meva. El senyor Itobad se n'apoderà mentre jo dormia; pel que sembla, va pensar-se que li escauria més que no pas la verda. Estic disposat a demostrar-li abans que res davant de tots vosaltres, només amb la meva gonella i la meva espasa, contra tota aquesta armadura blanca que m'ha pres, que sóc jo qui ha tingut l'honor de vèncer el valerós Otam.

Itobad acceptà el desafiament amb la confiança més gran del món. Estava segur que, amb casc, cuirassa i braçal com anava, venceria fàcilment un campió amb estrenyecaps i roba d'estar per casa. Zadig desembeinà l'espasa, tot saludant la reina, que el mirava plena de joia i de temor. Itobad desembeinà la seva espasa, sense saludar ningú. Avançà cap a Zadig com algú que no tingués cap motiu per passar por. Anava amb ganes de fendir-li el cap. Zadig sabé parar el cop, oposant el que en diuen la part forta de l'espasa a la part feble de l'adversari, de manera que l'espasa d'Itobad es rompé. Llavors Zadig, agafant l'enemic pel mig del cos, el llançà per terra; i, posant-li la punta de l'espasa als junts de la cuirassa, li digué:

—Deixeu-vos desarmar, o us mataré.

Itobad, al qual sempre venien de nou les desgràcies que passaven a un home com ara ell, deixà que Zadig fes el que volia, i Zadig li llevà amb tota parsimònia el casc magnífic, la cuirassa superba, els bells braçals, les llampants cuixeres, i se'n revestí, i corregué, amb aquest parament, a posar-se de genolls davant Astarté. Cador demostrà fàcilment que l'armadura pertanyia a Zadig. Zadig fou reconegut rei per acord unànime, i sobretot per part d'Astarté, la qual assaboria, després de tantes d'adversitats, la dolcesa de veure que el seu amant era digne, als ulls de l'univers, d'esdevenir-li espòs. Itobad anà a fer-se dir monsenyor a casa seva. Zadig fou rei, i fou feliç. Tenia ben present a la ment el que li havia dit l'àngel Jesrad. Fins i tot es recordava d'aquell gra de sorra que esdevingué diamant. La reina i ell adoraren la Providència. Zadig deixà que la bella capriciosa Missuf se n'anés a córrer món. Féu cercar el bandit Arbogad, i li donà un grau honorable en el seu exèrcit, amb la promesa d'ascendir-lo fins a les primeres dignitats si es captenia com un autèntic guerrer, i de fer que el pengessin si mai feia l'ofici de bandoler.

Setoc fou cridat del fons d'Aràbia, amb la bella Almona, per tal d'encapçalar el comerç de Babilònia. Cador fou col·locat i apreciat com esqueia als seus serveis; fou amic del rei, i el rei fou aleshores l'únic monarca de la terra que tingué un amic. El mudet no fou pas oblidat. Donaren una casa molt bonica al pastor. Orcan fou condemnat a pagar-li una grossa suma de diners i a tornar-li la dona; però el pescador, com que havia posat seny, només volgué els diners.

Ni la bella Semira es consolava d'haver-se pensat que Zadig seria borni, ni Azora parava de plorar per haver-li volgut tallar el nas. Zadig els assuaujà el dolor amb regals. L'envejós es va morir de ràbia i de vergonya. L'imperi fruí de la pau, de la glòria i de l'abundància; fou el segle més bell que hi ha hagut a la terra: aquesta era governada per la justícia i l'amor. Tothom beneïa Zadig, i Zadig beneïa el cel.

APÈNDIX.[32] LA DANSA

Setoc havia d'anar, per afers del seu comerç, a l'illa de Serendib; però el primer mes del seu casament, que és, com sabem, la lluna de mel, no li permetia ni de deixar la muller ni de pensar-se que pogués deixar-la mai: demanà a l'amic Zadig que fes el viatge per comptes de fer-lo ell.

—Ai las! —deia Zadig—, ¿cal que encara posi un espai més vast de separació entre la bella Astarté i jo? Però bé cal que un home serveixi els seus benefactors.

Parlà, plorà i marxà.

No va passar gaire temps a l'illa de Serendib sense ésser-hi mirat com un home fora del corrent. Esdevingué l'àrbitre de tots els desacords, l'amic dels assenyats, el conseller de les poques persones que demanen consell. El rei volgué veure'l i sentir-lo. Aviat comprengué tot el que valia Zadig; confià en el seu seny, i el féu amic. La familiaritat i l'estima del rei feren tremolar Zadig. De nit i de dia, tenia present la desgràcia que li havien portat els favors de Moabdar. «Agrado al rei —deia—; ¿que potser estic perdut?» Tanmateix, no podia pas sostreure's a les manyagueries de Sa Majestat; perquè cal reconèixer que Nabussan, rei de Serendib, fill de Nussanab, fill de Nabassun, fill de Sanbusna, era un dels millors prínceps d'Àsia, i que, quan parlàveu amb ell, era molt difícil de no tenir-li afecte.

Aquell príncep tan bo sempre era lloat, enganyat i robat: la

32. Aquests dos capítols aparegueren per primer cop a l'edició pòstuma d'obres completes de Voltaire publicada per Kehl el 1784. En contra del criteri d'aquella edició, els editors actuals tendeixen a donar-los en apèndix més que no pas a inserir-los en el lloc de l'acció que lògicament els pertocaria, ja que això demanaria una sèrie de petits ajustaments de coherència en el detall que Voltaire no va arribar a fer.

gent feia cua per saquejar-li els tresors. El recaptador general d'impostos de l'illa de Serendib donava sempre aquest exemple, fidelment seguit pels altres. El rei ho sabia: havia canviat de tresorer unes quantes vegades; però no havia pogut canviar la moda establerta de dividir les rendes del rei en dues meitats desiguals, la més petita de les quals anava sempre a parar a Sa Majestat, i la més grossa als administradors.

El rei Nabussan confià el seu maldecap a l'assenyat Zadig.

—Vós, que sabeu tantes coses de profit —li digué—, ¿no sabríeu pas la manera de fer-me trobar un tresorer que no em robi?

—És clar que sí —respongué Zadig—, sé una manera infal·lible de donar-vos algú que tingui les mans netes.

El rei, tot content, li demanà abraçant-lo com s'ho havia de fer.

—No cal —digué Zadig— sinó fer que ballin tots els qui es presentin aspirant a la dignitat de tresorer, i el qui ballarà amb més lleugeresa serà sense cap dubte el més honrat.

—Feu el plaga —digué el rei—; aquesta és una manera ben galdosa de triar un recaptador de les meves finances. I ara! ¿Voleu dir que el qui faci més bé una cabriola serà el financer més íntegre i el més hàbil?

—No us responc pas que sigui el més hàbil —respongué Zadig—, però us asseguro que serà sense cap dubte el més honrat.

Zadig parlava amb tanta seguretat que el rei es pensà que hi havia qualque secret sobrenatural per conèixer els financers.

—No m'agraden les coses sobrenaturals —digué Zadig—; les persones i els llibres que parlen de prodigis sempre m'han desplagut: si Vostra Majestat em vol deixar fer la prova que li proposo, Vostra Majestat quedarà del tot convençuda que el meu secret és la cosa més senzilla i més fàcil del món.

Nabussan, rei de Serendib, quedà molt més astorat en sentir que aquell secret era tan simple que no ho hauria estat si li haguessin dit que era un miracle.

—Doncs molt bé —digué—, feu el que us sembli.

—Deixeu-me fer —digué Zadig—; en aquesta prova hi guanyareu més que no us penseu.

El mateix dia féu proclamar, en nom del rei, que tots els qui aspiraven al càrrec d'alt recaptador dels denaris de Sa Graciosa Majestat Nabussan, fill de Nussanab, havien de presentar-se, amb vestits de seda lleugera, el primer jorn de la lluna del cocodril, a l'avantcambra del rei. Hi feren cap en nombre de seixanta-quatre. Havien estat fets venir uns violinistes a un saló que hi havia a prop; tot era agençat per al ball; però la porta d'aquell saló era tancada, i, per entrar-hi, calia passar per una galeria bastant fosca. Un uixer anà a cercar i a fer entrar cada candidat, l'un rera l'altre, per aquell passatge, en el qual el deixaven uns quants minuts tot sol. El rei, que havia estat avisat, havia parat tots els seus tresors en aquella galeria. Un cop tots els pretendents hagueren arribat al saló, Sa Majestat ordenà que els fessin ballar. Mai no hi hagué gent que ballés amb tanta de pesantor i amb tan poca gràcia; tots anaven capcots, vinclats de cintura, amb les mans collades als costats.

—Quins bandarres! —deia Zadig en veu baixa.

Només n'hi havia un que feia els passos de ball amb agilitat, el cap dret, la mirada segura, els braços estesos, el cos dreçat, la cama ferma.

—Ah! Que n'és, d'honrat! Quin home més trempat! —deia Zadig.

El rei abraçà aquell bon ballarí, el proclamà tresorer, i tots els altres foren punits i gravats amb impostos amb la justícia més gran del món: perquè tots ells, aquella estona que havien estat a la galeria, s'havien omplert les butxaques i amb prou feines podien caminar. El rei se sentí contrariat, pensant en la natura humana, que, d'aquells seixanta-quatre ballarins, n'hi hagués seixanta-tres de poca-penes. La galeria fosca fou anomenada *el corredor de la temptació.* A Pèrsia, aquells seixanta-tres senyors haurien estat empalats; en altres contrades, hauria estat constituïda per jutjar-los una cambra de justícia que hauria consumit en despeses tres cops la suma de diners robada, i que no n'hauria tornat res a les arques del sobirà; en un altre regne, s'haurien justificat del tot, i haurien fet caure en desgràcia aquell ballarí tan lleuger: a Serendib, només foren condemnats a augmentar el tresor públic, perquè Nabussan era molt indulgent.

També era molt agraït; donà a Zadig una suma de diners més considerable que cap de les que mai un tresorer hagués robat al seu senyor el rei. Zadig se'n serví per enviar missatgers a Babilònia, que l'havien d'informar del destí d'Astarté. La veu li tremolà en donar aquella ordre, la sang li retornà al cor, els ulls se li entenebriren, l'ànima per poc no l'abandonà. El correu marxà, Zadig el veié embarcar-se; tornà a l'estatge del rei, sense veure ningú, pensant-se que era a la seva cambra, i pronunciant la paraula amor.

—Ah!, l'amor —digué el rei—, precisament es tracta d'això; heu endevinat el que m'entristeix. Quin gran home que sou! Tinc l'esperança que m'ensenyareu a conèixer una dona a prova de tot, de la mateixa manera que m'heu fet trobar un tresorer desinteressat.

Zadig, que havia revingut en ell mateix, li prometé de fer-li servei en matèria d'amor com ho havia fet en matèria de finances, tot i que la cosa semblés encara més difícil.

ELS ULLS BLAUS

—El cos i el cor... —digué el rei a Zadig.

En sentir això, el babilònic no sabé estar-se d'interrompre Sa Majestat.

—Com us agraeixo —digué— que no hagueu pas dit *la intel·ligència i el cor*!, perquè no se senten altres mots sinó aquests a les converses de Babilònia; no veiem sinó llibres que tracten del cor i de la intel·ligència, compostos per gent que no té ni l'una cosa ni l'altra,[33] però, si us plau, senyor, prosseguiu.

Nabussan continuà de la manera següent:

—El cos i el cor, els tinc tots dos disposats a estimar; d'aquestes dues potències, la primera té tots els motius per considerar-se satisfeta. Tinc aquí cent dones al meu servei, totes boniques, complaents, amatents, fins i tot voluptuoses, o que fan veure que són voluptuoses amb mi. El meu cor no és pas tan feliç ni de bon tros. M'he adonat prou i massa que les dones amanyaguen molt el rei de Serendib, i no fan pas gaire cabal de Nabussan. Això no vol dir pas que em pensi que em són infidels; però m'agradaria de trobar una ànima que fos tota meva; per un tresor així, daria les cent beutats de les quals posseeixo els encisos: mireu si, d'aquestes cent soldanes, me'n podeu trobar cap que pugui estar segur que m'estima.

Zadig li respongué en el mateix sentit en què ho havia fet respecte als financers:

—Senyor, deixeu-me fer; però, abans que res, permeteume de disposar de tot allò que heu deixat parat a la galeria de la temptació; us en daré compte i raó i no hi perdreu res.

El rei el deixà amo absolut de tot. Zadig trià a Serendib trenta-tres geperudets dels més malgirbats que pogué trobar,

33. Al·lusió al llibre de Rollin *De la manière d'enseigner les belles-lettres, par rapport à l'esprit et au cœur*, 1726-1728.

trenta-tres patges dels més bells i trenta-tres bonzes dels més eloqüents i dels més cepats. Els deixà tots en llibertat per entrar a les cel·les de les soldanes; cada geperudet rebé quatre mil monedes d'or per donar-les, i, d'ençà del primer dia, tots els geperuts foren feliços. Els patges, que no tenien res per donar llevat d'ells mateixos, trigaren dos o tres dies a reeixir. Als bonzes, els costà una mica més; però, finalment, trenta-tres devotes se'ls rendiren. El rei, per unes gelosies amb vista a totes les cel·les, veié totes aquelles proves, i se'n meravellà. De les seves cent dones, noranta-nou li sucumbiren davant dels ulls.

Només en quedava una, tota jove i fadrina, a la qual Sa Majestat no s'havia acostat mai. Li foren enviats un, dos, tres gepics, que li oferiren fins a vint mil monedes; la noia fou incorruptible, i no es pogué aguantar el riure davant la pensada que tenien aquells gepics d'entestar-se a creure que, amb diners, esdevindrien de més bon jaient. Li foren presentats els dos patges més bells; digué que el rei li semblava encara més bell. Li fou aviat el bonze més garlaire, i tot d'una el més agosarat; el primer li va semblar que feia molta xerrameca, i no es va dignar ni tan sols a tenir un pensament de sospita del mèrit del segon.

—El cor —deia la noia— ho fa tot; mai no cediré ni a l'or d'un geperut, ni a les gràcies d'un jove, ni a les seduccions d'un bonze; estimaré únicament Nabussan fill de Nussanab, i esperaré que ell es digni a estimar-me.

El rei se sentí arravatat de joia, d'astorament i de tendresa. Tornà a prendre tots els diners que havien fet que els gepics reeixissin, i els regalà a la bella Falide; aquella noia es deia així. El rei li donà el seu cor: ella s'ho mereixia verament. Mai la flor de la joventut no fou tan brillant; mai els encisos de la bellesa no foren tan encantadors. La veritat històrica no ens permet de silenciar que la noia no feia bé les reverències; però ballava com les fades, cantava com les sirenes i parlava com les Gràcies: era tota plena de talents i virtuts.

Nabussan, estimat, l'adorà; però la noia tenia els ulls blaus, i això fou l'origen de les més grans desgràcies. Hi havia una llei antiga que prohibia als reis que estimessin una dona d'aquelles que més tard els grecs ha anomenat *boopies*.[34] El cap dels bonzes havia establert aquella llei més de cinc mil anys enrera; per tal d'apropiar-se l'amant del primer rei de l'illa de Serenbid, aquell bonze havia fet recaure l'anatema sobre els ulls blaus en la constitució fonamental de l'Estat.

34. Pròpiament, en grec això vol dir ulls de vaca, és a dir, molt grossos.

Tots els ordes de l'Imperi anaren a fer retrets a Nabussan. La gent deia públicament que els darrers dies del reialme havien arribat, que l'abominació atenyia el súmmum, que tota la natura era amenaçada per un esdeveniment sinistre; que, en resum, Nabussan fill de Nussanab estimava dos ullassos blaus. Els gepics, els financers, els bonzes i les brunes ompliren el reialme de llurs planys.

Els pobles feréstecs que viuen al nord de Serendib s'aprofitaren d'aquell malcontentament general. Irromperen als Estats del trempat Nabussan. Nabussan demanà subsidis als súbdits; els bonzes, que posseïen la meitat de les rendes de l'Estat, s'acontentaren amb aixecar les mans al cel, i refusaren de posar-les a les seves arques per tal d'ajudar el rei. Feren belles pregueres musicades i deixaren l'Estat com a pasturatge als bàrbars.

—Estimat Zadig, ¿també em faràs sortir d'aquest trencacoll horrible? —exclamà dolorosament Nabussan.

—És clar que sí —respongué Zadig—; tindreu tants diners dels bonzes com voldreu. Abandoneu les terres on són els seus castells, i defenseu només les vostres.

Nabussan tingué bona cura de fer-ho: els bonzes s'acuitaren a llançar-se als peus del rei i a implorar-li assistència. El rei respongué amb una música molt bonica la lletra de la qual eren unes pregueres adreçades al cel en favor de la conservació de les terres llurs. Finalment, els bonzes donaren diners, i el rei acabà feliçment la guerra. D'aquesta manera Zadig, amb els seus consells assenyats i oportuns, i amb els serveis més grans, s'havia atret l'enemistat irreconciliable dels homes més poderosos de l'Estat: els bonzes i les brunes juraren que el farien caure; els financers i els gepics no li foren pas favorables; el van fer esdevenir suspecte als ulls del trempat Nabussan. Sovint, els serveis que algú ha prestat es queden a l'avantcambra, i les sospites entren al gabinet, com diu la sentència de Zoroastre: cada dia hi havia acusacions noves; la primera és rebutjada, la segona enceta la pell, la tercera fereix, la darrera mata.

Zadig, intimidat, havent fet com esqueia els afers de l'amic Setoc i havent-li defensat els interessos, ja no pensà sinó a marxar de l'illa, i decidí d'anar ell mateix en percaça de notícias d'Astarté. «Perquè —deia—, si em quedo a Serendib, els bonzes em faran empalar; però on puc anar? A Egipte, seré esclau; a Aràbia, pel que sembla, em cremaran, i a Babilònia m'escanyaran. Tanmateix, cal que sàpiga quina sort ha corregut Astarté: endavant, i a veure què em reserva el meu trist destí.»

EL MÓN TAL COM VA

Visió de Babuc, escrita per ell mateix

Traducció de Pere Gimferrer

EL MÓN TAL COM VA
VISIÓ DE BABUC, ESCRITA PER ELL MATEIX

Enmig dels genis que presideixen els imperis del món, Ituriel té un dels primers rangs, i li pertoca la província de l'alta Àsia. Un matí, davallà cap a l'estatge de l'escita Babuc, a la riba de l'Oxus,[1] i li digué:

—Babuc, les follies i els excessos dels perses han atret la nostra còlera; ahir hi hagué una assemblea dels genis de l'alta Àsia per tal de saber si calia castigar Persèpolis[2] o bé destruir-la. Vés a aqueixa ciutat, examina-ho tot; tornaràs per fer-me'n un report fidel; i, tenint en compte el que em diguis, em decidiré a castigar la ciutat o bé a exterminar-la.

—Però, senyor —digué humilment Babuc—, no he estat mai a Pèrsia; no hi conec ningú.

—Millor —digué l'àngel—, així no seràs parcial; has rebut del cel el do del senderi, i jo hi afegeixo el d'inspirar confiança; endavant, ull viu, escolta, observa, i no tinguis por de res: seràs ben rebut a tot arreu.

Babuc pujà al seu camell i partí amb els servents. Després d'unes quantes jornades, es trobà, a les engires de la plana de Sennaar, amb l'exèrcit persa que anava a lluitar amb l'exèrcit indi. De primer, Babuc s'adreçà a un soldat que trobà una mica allunyat dels altres. Parlà amb ell, i li demanà quin era el motiu de la guerra.

—Per tots els déus —digué el soldat—, no en sé pas res. No és pas cosa meva, això; el meu ofici és de matar i que em matin per guanyar-me la vida; tant se val quin senyor serveixi. Fins i tot podria ésser que em passés demà mateix al camp dels indis, perquè diu que donen gairebé mig dracma de coure

1. Nom antic del riu Amu-Dàrya.
2. És a dir, París.

de més per dia a llurs soldats que no ens donen a nosaltres en aquest maleït servei de Pèrsia. Si voleu saber per què lluitem, parleu amb el meu capità.

Babuc, després de fer un petit obsequi al soldat, entrà en el camp de batalla. Aviat féu coneixença amb el capità, i li demanà el motiu de la guerra.

—I com voleu que ho sàpiga, jo? —digué el capità—; i què se me'n dóna, d'aqueix motiu tan galdós? Visc a dues-centes llegües de Persèpolis; vaig sentir dir que la guerra s'era declarada; vaig deixar tot seguit la família, i, segons que és el nostre costum, me'n vaig anar en percaça de la fortuna o bé de la mort, ja que no tinc res a fer.

—Però, i els vostres companys —digué Babuc—, ¿que no van un pèl més informats que vós?

—No —digué l'oficial—, amb prou feines hi ha algú més que els nostres sàtrapes principals que sàpiga ben bé per què ens estossinem.

Babuc, astorat, s'introduí a l'estatge dels generals; hi agafà confiança. L'un digué finalment:

—La causa d'aquesta guerra, que de vint anys ençà desola Àsia, ve originàriament d'una picabaralla entre un eunuc d'una dona del gran rei de Pèrsia i un oficinista del gran rei de l'Índia. Es tractava d'un dret que venia a suposar si fa no fa la trentena part d'una dàrica.[3] El primer ministre de l'Índia i el nostre defensaren dignament els drets de llurs senyors. La disputa es va anar enverinant. De l'una banda i de l'altra fou posat en campanya un exèrcit d'un milió de soldats. Cada any cal reclutar quatre-cents mil homes de més per a aquest exèrcit. Els homicidis, els incendis, les ruïnes, les devastacions es multipliquen; l'univers pateix, i l'acarnissament continua. El nostre primer ministre i el de l'Índia sovint fan protestes que no actuen sinó per la felicitat del gènere humà; i, a cada protesta, sempre hi ha unes quantes viles destruïdes i unes quantes províncies arrasades.

L'endemà, basant-se en una brama que va escampar-se que estaven a punt de signar la pau, el general persa i el general indi s'acuitaren a presentar batalla; fou sagnant. Babuc en veié tots els mancaments i totes les abominacions; fou testimoni de les maniobres dels principals sàtrapes, que feren el que pogueren per tal que llur cap fos batut. Veié oficials morts per llurs tropes mateix; veié soldats que acabaven de passar a degolla llurs companys expirants per tal d'arrabassar-los uns quants parracs sangonosos, esquinçats i clapats de

3. Antiga moneda persa.

fang. Entrà en els hospitals on eren transportats els ferits, la major part dels quals expiraven per causa de la negligència inhumana dels mateixos individus que el rei de Pèrsia pagava a un preu molt car per tal que els portessin socors.

—Això, ¿són homes —exclamà Babuc—, o bé són animals ferotges? Ah! Massa que veig que Persèpolis serà destruïda.

Encaboriat amb aquest pensament, Babuc passà al camp dels indis. Hi fou tan ben rebut com en el camp dels perses, segons que li havia estat predit; però hi veié tots els mateixos excessos que l'havien corprès d'horror.

—Oh!, oh! —es digué a si mateix—, si l'àngel Ituriel vol exterminar els perses, caldrà en conseqüència que l'àngel dels indis destrueixi també els indis.

Tot seguit, en havent-se informat amb més detall del que s'havia esdevingut a l'un exèrcit i a l'altre, tingué notícia d'actes de generositat, de grandesa d'ànima, d'humanitat, que l'astoraren i l'encantaren.

—Inexplicables humans —exclamà—, com pot ésser que aplegueu tanta viltat i tanta grandesa, tantes virtuts i tants crims?

Mentrestant, la pau fou proclamada. Els caps dels dos exèrcits, cap dels quals no havia obtingut la victòria, però que, tan sols per llur interès personal, havien fet vessar la sang de tants homes, semblants seus, anaren a llur cort en percaça de recompenses. La pau fou celebrada en uns escrits públics que no anunciaven pas menys que el retorn de la virtut i de la felicitat a la terra.

—Gràcies a Déu! —digué Babuc—; Persèpolis serà el sojorn de la innocència purificada; no serà pas destruïda, com volien aquells genis àvols: correguem sense dilació cap a aquesta capital d'Àsia.

Babuc arribà a aquella vila immensa per l'entrada antiga, que era tota bàrbara i la repugnant rusticitat de la qual feia mal als ulls.[4] Tota aquella part de la vila es ressentia de l'època en què havia estat bastida; perquè, tot i l'entestament dels homes a lloar l'antic a costa del modern, cal reconèixer que en qualsevol matèria les primeres provatures sempre són barroeres.

Babuc es perdé en la gernació d'una pleballa formada per la gent més bruta i més lletja de tots dos sexes. Aquella gernació s'anava abocant amb un posat de beneiteria en un terreny clos vast i ombriu. Guiant-se per la contínua bonior, pel movi-

4. També a *Càndid*, el protagonista, en entrar a París, al capítol XXII, és sobtat per la lletjor dels accessos a la capital.

ment que hi veié, pels diners que algunes persones donaven a unes altres per tal de tenir dret a asseure's, Babuc es pensà que era en un mercat en el qual es venien cadires de palla; però aviat, veient que unes quantes dones s'agenollaven, fent veure que miraven fixament al davant d'elles i mirant els homes que tenien al costat, s'adonà que era en un temple. Unes veus agres, rauques, feréstegues, discordants, feien retrunyir la volta del temple amb uns sons mal articulats, que feien el mateix efecte que les veus dels onagres quan responen, a les planes dels pictavis,[5] a la corneta que els crida. Babuc es tapava les orelles; però estigué a punt de tapar-se també els ulls i el nas, quan veié entrar en aquell temple uns treballadors que duien pics i pales. Remogueren una pedra ampla, i llençaren a banda i banda una terra que deixava anar una olor pestilent; a continuació, un mort fou dipositat en aquella obertura, i la pedra li fou tornada a posar al damunt.

—Com s'entén? —exclamà Babuc—; aquesta gent enterra llurs morts en els mateixos llocs on adora la Divinitat! I ara!, tenen els temples pavimentats amb cadàvers! Ja no m'estranyen aquestes passes pestilencials que tan sovint desolen Persèpolis. La podridura dels morts, i la de tants de vivents aplegats i premuts en un mateix lloc, és capaç d'emmetzinar tot el globus terrestre. Ah! Persèpolis és una vila de molt mala jeia! Sembla que els àngels la volen destruir per tal de fundar-ne una de més bonica, i poblar-la d'habitants menys llords i que cantin més bé. Pot ésser que la Providència tingui els seus motius; deixem-la fer.

Mentrestant, el sol s'acostava al punt més alt del seu curs. Babuc havia d'anar a dinar a l'altre extrem de la vila, a casa una senyora per a la qual el marit, que era oficial de l'exèrcit, li havia dat unes cartes. Abans féu unes quantes passejades per Persèpolis; veié d'altres temples més ben bastits i més ben guarnits, plens d'una gernació endreçada, i ressonants de música harmoniosa; es fixà en unes quantes fonts públiques, que, encara que estaven mal situades,[6] cridaven l'atenció de tan boniques; es fixà en unes places en les quals semblava que respiressin, fets de bronze, els millors reis que havien governat Pèrsia; es fixà en unes altres places en les quals sentia que el poble cridava:

—Quan podrem veure aquí el nostre senyor estimat?[7]

5. Aquí Voltaire estrafà un nom llatí per designar els habitants del Poitou.

6. Això és una de les dèries de Voltaire, que també a *Le siècle de Louis XIV* retreu la mala situació de les poques fonts de París que li plauen.

7. Al·lusió a Lluís XV, que va tenir moments de real popularitat.

Babuc admirà els ponts magnífics aixecats damunt el riu, els molls superbs i còmodes, els palaus bastits a banda i banda, una casa immensa en la qual milions de vells soldats ferits i vencedors[8] donaven cada dia gràcies al Déu dels exèrcits. Finalment, Babuc entrà a l'estatge de la dama que l'esperava per dinar en companyia de tot de gent de bona jeia. La casa era neta i guarnida; l'àpat, deliciós; la dama, jove, bella, intel·ligent, abellidora; la gent que li feia companyia n'era digna; i Babuc es deia a cada moment: «L'àngel Ituriel es rifa de tothom volent destruir una ciutat tan encantadora.»

Tanmateix, s'adonà que la senyora, que havia començat demanant-li tendrament notícies del marit, parlava encara més tendrament, cap a les acaballes del repàs, amb un jove mag.[9] Arribà un magistrat que, en presència de la muller, empaitava una vídua a cor què vols, i aquella vídua indulgent tenia una mà envoltant el coll del magistrat, mentre allargava l'altra a un jove ciutadà molt ben plantat i molt modest. La dona del magistrat fou la primera a aixecar-se de la taula, per tal d'anar a un gabinet que hi havia a prop a parlar amb el seu director, que arribava amb retard, i que havia estat esperant a dinar; i el director, que era un home eloqüent, li parlà en aquell gabinet amb tanta de vehemència i d'unció que la dama, quan tornà, tenia els ulls humitosos, les galtes enceses, el pas malsegur, la parla tremolosa.

Llavors, Babuc començà de témer que el geni Ituriel tingués raó. L'aptesa que Babuc tenia per despertar confiança el féu partícip, d'ençà d'aquell dia mateix, dels secrets de la dama; aquesta li confià la inclinació que tenia pel jove mag, i li assegurà que a totes les cases de Persèpolis trobaria l'equivalent del que havia vist a la seva. Babuc en tragué la conclusió que una societat com aquella no podia subsistir; que la gelosia, la discòrdia, la venjança, havien de desolar tots els casals; que les llàgrimes i la sang havien de vessar-se cada dia; que sens dubte els marits matarien els galantejadors de llurs mullers, o bé en serien morts; i que, en resum, Ituriel feia molt bé de destruir, tot d'una, una vila lliurada a desastres continus.

Babuc anava donant voltes a aquestes idees funestes, quan es presentà al pas de la porta un home de posat greu, amb una capa verda, que demanà humilment de parlar amb el jove magistrat. Aquest, sense aixecar-se, sense mirar-lo, li donà

8. Al·lusió al bastiment dels Invàlids, a París.

9. Un capellà.

altívolament, i amb un aire distret, uns quants papers i l'acomiadà. Babuc demanà qui era aquell home. La mestressa del casal li digué en veu baixa:

—És un dels millors advocats de la vila; fa cinquanta anys que estudia les lleis. El senyor, que només en té vint-i-cinc, d'anys, i que fa dos dies que és sàtrapa de llei,[10] li dóna per fer l'extracte d'un procés que ha de jutjar i que encara no ha examinat.

—Aquest jove eixelebrat actua molt assenyadament —digué Babuc—, demanant consell a un ancià; però, per què no és l'ancià qui fa de jutge?

—Parleu de per riure, oi? —li digueren—. Els qui han vellejat en els càrrecs subalterns d'escarràs no arriben mai a les dignitats. Aquest jove té un lloc molt bo, perquè son pare és ric, i, aquí, el dret de fer justícia és una cosa que es compra talment com una masoveria.

—Quins costums! Quina ciutat més malaurada! —exclamà Babuc—; això és el súmmum del desordre; segur que els qui han comprat d'aquesta manera el dret de jutjar venen els seus juís; aquí no veig sinó abissos d'iniquitat.

Mentre anava expressant així dolor i sorpresa, un guerrer jove, que aquell dia mateix havia arribat de l'exèrcit, li digué:

—I per quins set sous no s'haurien de poder pas comprar els càrrecs judicials? El que és jo, prou que he comprat el dret d'acarar-me a la mort encapçalant un estol de dos mil homes que mano; m'ha costat quaranta mil dàriques d'or aquest any, per colgar-me a la terra trenta nits seguides amb un vestit vermell, i per rebre després dues ferides de sageta ben dades que encara em fan mal. Si jo m'arruïno per tal de servir l'emperador de Pèrsia, que no he vist mai, el senyor sàtrapa del tribunal pot molt ben pagar alguna cosa per fer-se passar les ganes de donar audiència als pledejadors.

Babuc, indignat, no pogué estar-se de condemnar en el seu cor un país en el qual eren venudes en subhasta les dignitats de la pau i de la guerra; tragué precipitadament la conclusió que en aquell país tothom devia ignorar completament la guerra i les lleis, i que, fins i tot en el cas que Ituriel no exterminés aquells pobles, s'extingirien a causa de llur detestable administració.

La mala opinió que s'havia anat forjant Babuc encara augmentà més en veure l'arribada d'un home tot gras que, després d'haver saludat amb molta de familiaritat tots els presents, s'acostà al jove oficial i li digué:

10. Conseller al Parlament.

—Només us puc prestar cinquanta mil dàriques d'or, perquè, realment, les duanes de l'imperi, aquest any, només me n'han reportat tres-centes mil.

Babuc s'informà de qui era aquell home que es queixava de guanyar tan poc; l'ennovaren que hi havia a Persèpolis quaranta reis plebeus[11] que tenien arrendat l'imperi de Pèrsia, i que donaven una engruna dels guanys al monarca.

En havent dinat, Babuc anà a un dels temples més superbs de la vila; s'assegué enmig de tot de dones i d'homes que hi havien anat per passar l'estona. Sortí un mag, encimbellat a dalt d'una baluerna enlairada,[12] i va parlar extensament del vici i de la virtut. Aquell mag dividí en parts allò que no tenia cap necessitat d'ésser dividit; demostrà metòdicament tot allò que era notori, i ensenyà tot el que ja era sabut. S'apassionà fredament, i va marxar suant i sense alè. Llavors, tota l'assemblea es deixondí i es pensà que havia estat instruïda. Babuc digué:

—Heus ací un home que ha fet tot el que ha pogut per avorrir dos o tres-cents conciutadans seus; però ho feia a fi de bé, i això no és pas motiu per destruir Persèpolis.

En sortir d'aquella assemblea, dugueren Babuc a veure una festa pública que es donava cada dia al llarg de l'any;[13] era en una mena de basílica, al fons de la qual es veia un palau. Les ciutadanes belles de Persèpolis, els sàtrapes més considerables, arrenglerats amb ordre, feien un espectacle tan bonic que, de primer, Babuc es pensà que tota la festa consistia en allò. Dues o tres persones, que semblaven reis i reines, es mostraren aviat en el vestíbul d'aquell palau; parlaven en un llenguatge molt diferent del que gastava el poble; era un llenguatge mesurat, harmoniós i sublim. Ningú no s'adormia, tothom escoltava en un profund silenci, que només era interromput pels testimoniatges de la sensibilitat i de l'admiració pública. El deure dels reis, l'amor a la virtut, els perills de les passions eren expressats en trets tan vius i tan commovedors que Babuc arribà a plorar. No tingué cap dubte que aquells herois i aquelles heroïnes, aquells reis i aquelles regines que acabava de sentir eren els predicadors de l'imperi; fins i tot es proposà de convidar Ituriel a anar a sentir-los, amb plena seguretat que un espectacle així el reconciliaria per sempre més amb aquella vila.

Tan bon punt s'hagué acabat aquella festa, Babuc volgué

11. Arrendataris generals.
12. Una trona per predicar.
13. Una representació teatral.

veure la regina principal, que havia deixat anar en aquell bell palau una moral tan noble i tan pura; féu que l'introduïssin a l'estatge de Sa Majestat; el dugueren per una escaleta fins al segon pis, en un apartament mal moblat, on trobà una dona mal vestida, que li digué en un to noble i patètic:

—Aquest ofici no em dóna pas per viure; un dels prínceps aqueixos que heu vist m'ha fet una criatura; aviat deslliuraré; no tinc diners, i sense diners no és pas possible de deslliurar.

Babuc li donà cent dàriques d'or, dient:

—Si aquest mal fos l'únic que hi hagués a la vila, Ituriel s'erraria empipant-se.

Després anà a passar la vetllada a la casa d'uns mercaders de magnificències inútils. Un home intel·ligent, amb el qual havia fet coneixença, l'hi dugué; Babuc comprà el que li plagué, i li fou venut amb cortesia molt més car que no s'ho valia. L'amic, de retorn a casa, li féu veure com l'enganyaven. Babuc escriví a les seves tauletes el nom del mercader, per tal de fer que Ituriel s'hi fixés molt especialment el dia de la punició de la vila. Mentre escrivia, algú li trucà a la porta: era el mercader en persona que venia a dur-li la seva bossa, que Babuc s'havia deixat per descuit al taulell.

—Com pot ésser —exclamà Babuc— que sigueu tan lleial i tan generós, després d'haver tingut la barra de vendre'm unes galindaines quatre cops més cares del que valen?

—No hi ha cap negociant d'una mica d'anomenada en aquesta ciutat —li respongué el mercader— que no hagués vingut a tornar-vos la bossa; però us han enganyat dient-vos que us havia venut el que m'heu comprat quatre cops més car del que val; us ho he venut deu cops més car, i ho podeu veure en el fet que, si d'aquí a un mes ho voleu tornar a vendre, no us en pagaré ni tan sols la desena part en qüestió. Però això és de dret: aquestes coses frívoles agafen preu per la fantasia dels homes; i aquesta fantasia fa viure els cent treballadors a qui jo dono feina, i a mi em permet de tenir una casa bonica, un carro còmode, uns cavalls; és aquesta fantasia la que fa bellugar la indústria, la que entreté el gust, la circulació i l'abundància. Venc a les nacions veïnes les mateixes foteses més cares que a vós, i d'aquesta manera sóc útil a l'imperi.

Babuc, després de rumiar una estona, l'esborrà de les seves tauletes.

Babuc, gens segur del que li calia pensar de Persèpolis, decidí d'anar a visitar els mags i la gent de lletres: perquè els uns estudien l'assenyament, i els altres la religió; i es gloriejà que aquella gent obtindria el perdó per a la resta del poble.

L'endemà al matí mateix, es traslladà a un col·legi de mags.[14] L'arximandrita li confessà que tenia cent mil escuts de renda gràcies a haver fet vot de pobresa, i que exercia un poder prou vast en virtut del seu vot d'humilitat; després d'això deixà Babuc en mans d'un llec, que li féu els honors de la casa.

Mentre aquell llec li ensenyava les magnificències d'aquella casa de penitència, s'escampà la brama que Babuc hi havia anat per tal de reformar totes aquelles cases. Immediatament en rebé una memòria de cadascuna; i substancialment tots els memorials deien: «Mantingueu-nos, i destruïu totes les altres.» Si havíem de fer cas de llurs apologies, totes aquelles societats eren necessàries. Si havíem de fer cas de llurs acusacions recíproques, totes mereixien d'ésser aniquilades. Babuc es meravellava que totes, a fi de donar exemple a l'univers, aspiressin a manar-hi. Llavors, es presentà un homenet que era un semimag,[15] i que li digué:

—Prou que veig que l'obra s'acomplirà; perquè Zerdust[16] ha tornat a la terra; les noietes profetitzen, fent-se donar cops amb pinces per davant i xurriacades per darrera.[17] Per tant, us demanem que ens protegiu contra el Gran Lama.[18]

—I ara! —digué Babuc—, ¿contra aquell pontífex-rei que resideix al Tibet?

—Sí, contra ell.

—Que hi guerregeu i avieu exèrcits per combatre'l?

—No, però es dóna el cas que ell diu que l'home és lliure, i nosaltres no ho creiem pas; escrivim contra ell uns llibrets que no llegeix; amb prou feines ha sentit parlar de nosaltres; només ha fet que fóssim condemnats de la mateixa manera que l'amo d'un casal pot manar que li llevin les cuques dels arbres del jardí.

Babuc s'estremí de la follia d'aquells homes que feien professió d'assenyament, i de les intrigues d'una gent que havia renunciat al món, i de l'ambició i de la cobejança orgullosa d'uns que ensenyaven la humilitat i el desinterès; en tragué la conseqüència que Ituriel tenia molt bons motius per destruir tota aquella mala casta.

Un cop s'hagué retirat a casa seva, féu que li duguessin llibres acabats de publicar per tal d'endolcir-li la tristor, i convidà a dinar uns quants lletrats per tal d'esbargir-se. En

14. Un convent, o potser un seminari.
15. Un jansenista.
16. Nom persa de Zoroastre.
17. Al·lusió als convulsionaris.
18. El papa.

vingueren el doble dels que havia convidat, com vespes atretes per la mel. Aquells paràsits s'afanyaven a menjar i a parlar; lloaven dues menes de persones, els morts i ells mateixos, i mai llurs contemporanis, llevat de l'amo de la casa. Si mai n'hi havia un que deia un acudit, els altres acalaven els esguards i es mossegaven els llavis de recança per no haver-lo dit ells. Sabien dissimular menys que els mags, perquè els objectes de la seva ambició no eren tan grans. Cadascun es treballava un càrrec de servent i una anomenada de gran home; es deien a la cara coses insultants, que es pensaven que eren trets d'enginy. S'havien ensumat alguna cosa de la missió de Babuc. N'hi hagué un que li demanà en veu baixa que exterminés un autor que cinc anys enrera no l'havia lloat prou. Un altre demanà que anés a la misèria un ciutadà que no havia rigut mai a les seves comèdies. Un tercer demanà l'extinció de l'Acadèmia, perquè no havia pogut mai reeixir a ésser-hi admès. Un cop acabat el repàs, cadascun se n'anà sol; perquè, en tota la munió, no hi havia ni dos individus que es poguessin suportar mútuament, ni tan sols que poguessin parlar entre ells fora de l'estatge de la gent rica que els convidava a dinar. Babuc considerà que no es perdria pas gran cosa si tota aquella púrria moria en la destrucció general.

Tan bon punt se n'hagué deslliurat, Babuc es posà a llegir uns quants llibres acabats de sortir. Hi reconegué el capteny dels seus convidats. Principalment veié amb indignació aquelles gasetes de l'enraonia, aquells arxius del mal gust, que l'enveja, la viltat i la fam han dictat; aquelles sàtires porugues en les quals és afalagat el voltor i retallada la coloma; aquelles novel·les sense imaginació en les quals hi ha tants retrats de dones que l'autor no coneix pas.

Babuc llençà al foc tots aquells escrits detestables, i sortí de part de vespre per passejar. Li presentaren un vell lletrat que no havia fet gruix en el nombre dels paràsits. Aquell lletrat defugia sempre la gernació, coneixia els homes, se servia d'aquell coneixement i s'expressava amb discreció. Babuc li parlà amb dolor del que havia llegit i del que havia vist.

—Heu llegit coses ben menyspreables —li digué l'assenyat lletrat—; però tostemps, i pertot, i en qualsevol mena de cosa, el dolent va a dojo i el bo és rar. Heu rebut a casa el rebuig de la pedanteria, perquè, a totes les professions, la gent més indigna de mostrar-se públicament és sempre la que es presenta d'una manera més descarada. Els vertaderament assenyats viuen ells amb ells retirats i tranquils: entre nosaltres encara hi ha homes i llibres dignes de la vostra atenció.

Mentre anava dient això, se'ls acostà un altre lletrat; els discursos de tots dos foren tan agradables i tan instructius, tan per damunt dels prejudicis i tan d'acord amb la virtut, que Babuc confessà que mai no havia sentit res de semblant.

—El que és a aquests —deia tot baix—, l'àngel Ituriel no gosarà fer-los mal, com no sigui que vulgui mostrar-se injustament implacable.

Reconciliat amb els lletrats, Babuc continuava empipat amb tota la resta de la nació.

—Sou estranger —li digué l'home entenimentat que parlava amb ell—; els abusos se us presenten al davant tots de cop, i el bé, que està amagat i que algun cop deriva d'aquests mateixos abusos, us passa per alt.

Llavors, Babuc fou ennovat que entre els lletrats n'hi havia, que no eren pas envejosos, i que fins i tot entre els mags n'hi havia de virtuosos. Finalment, comprengué que aquelles grans corporacions, que semblava que aviessin llurs ruïnes comunes xocant les unes amb les altres, eren, en el fons, institucions saludables; que cada societat de mags era un fre per a les seves rivals; que, bé que aquells èmuls diferien en algunes opinions, tots ensenyaven la mateixa moral, que instruïen el poble i vivien sotmesos a les lleis, semblants als preceptors que vetllen pel fill del casal mentre l'amo del casal vetlla per ells mateixos. Babuc en tractà uns quants, i veié ànimes celests. Fins i tot tingué notícia que entre els ximples que volien guerrejar amb el Gran Lama hi havia hagut molts grans homes. Al capdavall, Babuc concebé la sospita que podia molt bé donar-se el cas que passés amb els costums de Persèpolis com amb els edificis, alguns dels quals li havien semblat lamentables, i d'altres l'havien encisat d'admiració.

Babuc digué a l'amic lletrat:

—Prou que m'adono que aquests mags que m'havia pensat que eren tan perillosos són, efectivament, molt útils, sobretot quan un govern assenyat els impedeix que esdevinguin més necessaris del compte; però, si més no, caldrà que m'admeteu que els vostres magistrats joves, que compren un càrrec de jutge tan bon punt han après de muntar a cavall, segur que escampen pels tribunals els fruits més perversos de la iniquitat; més valdria, certament, donar aquests càrrecs de franc a aquells vells jurisconsults que s'han passat tota la vida pesant el pro i el contra.

El lletrat li replicà:

—Heu vist el nostre exèrcit abans d'arribar a Persèpolis; sabeu que els nostres oficials joves lluiten molt bé, tot i que hagin comprat els càrrecs; potser arribareu a veure que els nostres magistrats no jutgen malament, tot i que han pagat per poder jutjar.

El lletrat dugué Babuc l'endemà al tribunal principal, en el qual s'havia de pronunciar un veredicte important. Tothom coneixia la causa. Tots aquells advocats vells que en parlaven tenien opinions fluctuants: al·legaven cent lleis, cap de les quals no era aplicable al fons de l'afer; es miraven l'assumpte per cent cantons, cap dels quals no era el verament esclaridor; els jutges foren més ràpids a decidir que no els advocats a anar dubtant. Llur juí fou gairebé unànime; jutjaren bé, perquè seguien les llums de la raó, i els altres havien opinat malament, perquè només havien fet que consultar els llibres.

Babuc en tragué la conclusió que sovint hi havia coses molt bones en els abusos. Veié aquell mateix dia que les riqueses dels financers, que l'havien revoltat tant, podien produir un efecte excel·lent; perquè, havent-se donat el cas que l'emperador tingué necessitat de diners, va trobar en una hora, per mitjà dels financers, una suma que no hauria arribat a aplegar en sis mesos per les vies ordinàries; Babuc veié que aquells núvols grossos, inflats per la rosada de la terra, li tornaven en forma de pluja el que en rebien. D'altra banda, els fills d'aquells homes de nova nissaga, sovint més ben educats que no els de les famílies més antigues, algun cop valien molt més; perquè no hi ha res que impedeixi que algú sigui bon jutge, o guerrer valent, o bé home d'Estat hàbil, si ha tingut un pare que sap comptar bé.

Sense gairebé adonar-se'n, Babuc graciava l'avidesa del financer, que en el fons no és pas més àvid que els altres homes, i que és necessari. Excusava la follia d'arruïnar-se per jutjar i per guerrejar, follia que produeix grans magistrats i herois. Perdonava l'enveja dels lletrats, entre els quals hi havia homes que il·luminaven el món; es reconciliava amb els mags ambiciosos i intrigants, en els quals hi havia encara més grans virtuts que vicis petits; però li quedaven molts greuges, i, sobretot, les galanteries de les dames, i les desolacions que n'havien d'ésser la conseqüència, l'omplien d'inquietud i de feredat.

Com que volia penetrar en totes les condicions humanes, es féu dur a l'estatge d'un ministre; però, mentre hi anava, passava ànsia que algun marit no li assassinés la muller al davant. Un cop hagué arribat a l'estatge de l'home d'Estat, romangué dues hores a l'avantcambra sense que l'anunciessin, i dues hores més després d'haver estat anunciat. Tenia bona cura de prometre's a si mateix, tota aquella estona, d'encomanar a l'àngel Ituriel que tingués particular cura del ministre i dels seus insolents uixers. L'avantcambra era tota plena de dames de tota mena, de mags de tots colors, de jutges, de mercaders, d'oficials, de pedants; tots es queixaven del ministre. L'avar i l'usurer deien: «Segur que aquest individu deixa ben escurades les províncies»; el capriciós li retreia que fos extravagant; el voluptuós deia: «Només pensa en els seus plaers»; l'intrigant es gloriejava que aviat un bàndol advers l'aterraria; les dones esperaven que aviat els seria dat un ministre més jove.

Babuc sentia el que deien: no sabé estar-se de dir:

—Aquest sí que és un home afortunat; té tots els enemics a l'avantcambra, esclafa amb el poder els qui l'envegen; veu prosternats als seus peus els qui el detesten.

Finalment entrà: veié un vellet corbat sota el pes dels anys i dels afers, però encara tot valent i ple d'intel·ligència.[19]

Babuc plagué al ministre, i el ministre semblà a Babuc un home digne d'estima. La conversa esdevingué interessant. El ministre li confessà que era molt malaurat; que passava per ésser ric, i era pobre; que es pensaven que era totpoderós, i que sempre eren contradits els seus designis; que gairebé només havia fet favors a gent desagraïda, i que, en un treball continu de quaranta anys, amb prou feines havia tingut un moment de consol. Babuc es commogué en saber això, i pensà que si aquell home havia incorregut en mancaments i l'àngel Ituriel el volia castigar, el que calia no era pas exterminar-lo, sinó només deixar-lo en el seu lloc.

Mentre Babuc parlava amb el ministre, entrà amb una revolada la bella dama a la casa de la qual havia dinat Babuc. Li eren visibles als ulls i al front els símptomes del dolor i de la còlera. Tempestejà en retrets contra l'home d'Estat; plorà; es queixà amargament que havia estat refusat al marit un càrrec al qual la seva naixença li permetia d'aspirar, i que les seves ferides i els seus serveis mereixien; s'expressà amb tanta força, esmerçà tantes gràcies en els seus planys, destruí les objeccions amb tanta traça, féu valer les raons amb tanta eloqüència, que quan sortí de la cambra havia fet la fortuna del marit.

Babuc li donà la mà.

—¿És possible, senyora —li digué—, que us hàgiu pres tan-

19. En opinió d'alguns comentaristes, retrat del cardenal Fleury.

tes molèsties per un home que no estimeu, i del qual teniu motius per témer-ho tot?

—Un home que no estimo? —exclamà la senyora—. Doncs heu de saber que el meu marit és el millor amic que tinc al món, i que li sacrificaria qualsevol cosa, llevat del meu amant, i que ell faria qualsevol cosa per mi, llevat de deixar la seva amant. Us la vull presentar; és una dona molt agradable, que té intel·ligència de primera per dar i per vendre, i és de molt bona pasta; avui sopo amb ella, amb el meu marit i el meu jove mag: vingueu a compartir la nostra alegria.

La dama dugué Babuc a casa seva. El marit, que havia arribat tot entotsolat en el dolor, reveié la muller amb arravataments d'alegria i d'agraïment; adesiara abraçava la muller, l'amant, el jove mag i Babuc. La unió, l'alegria, l'enginy i les agradositats foren l'ànima d'aquell àpat.

—Heu de saber —li digué la bella dama a la casa del qual sopava— que les dones que sovint la gent diu que no són com cal tenen gairebé sempre el mèrit de tenir un home molt com cal; i, per tal de convèncer-vos-en, vingueu a dinar demà amb mi a ca la bella Teone.[20] Hi ha unes quantes vestals velles que la retallen; però fa més bé ella sola que totes les altres juntes. No cometria ni una lleu injustícia per l'interès més gran del món; només dóna al seu amant consells generosos; s'ha ocupat tan sols de la seva glòria; l'amant s'enrojolaria davant d'ella si mai deixava passar una ocasió de fer el bé; perquè no hi ha res que encoratgi més a fer accions virtuoses que tenir per testimoni i per jutge de la pròpia conducta una amant l'estimació de la qual volem merèixer.

Babuc féu cap a la cita. Veié una casa en la qual regnaven tots els plaers; Teone regnava sobre aquells plaers; sabia parlar a tothom amb el llenguatge que esqueia a cadascú. La seva intel·ligència natural feia que la dels altres se sentís còmoda; plaïa a tothom gairebé sense voler-ho; era tan agradosa com benvolent; i, cosa que augmentava la vàlua de totes les seves bones qualitats, de més a més era bella.

Babuc, tot i ésser escita i enviat per un geni, s'adonà que, si es quedava més temps a Persèpolis, s'oblidaria d'Ituriel en favor de Teone. S'anava afeccionant a la vila, la població de la qual era educada, manyaga i benvolent, tot i que també era frívola, malparladora i plena de vanitat. Tenia por que Persèpolis fos condemnada; fins i tot tenia por del report que en faria.

Ara veureu com s'ho va combinar per fer el report del cas.

20. Probablement, madame de Châtelet.

Féu que el millor fonedor de la ciutat li confegís una estatueta composta amb tots els metalls, amb les terres i les pedres més precioses i amb les més vils; la dugué a Ituriel:

—¿Que per ventura trencaríeu —digué— aquesta estàtua tan bonica, perquè no és tota d'or i de diamants?

Ituriel li copsà la intenció; decidí de ni tan sols pensar a castigar Persèpolis, i de deixar que faci el seu curs *el món tal com va*. Perquè, digué, *encara que tot no estigui pas bé, tot és passador*. De manera que Persèpolis fou deixada subsistir; i Babuc es guardà bé prou de queixar-se'n, com ho féu Jonàs, que s'empipà perquè no era destruïda Nínive. Però, quan algú s'ha passat tres dies dins la còrpora d'una balena, no està pas de tan bon humor com quan ha estat a l'òpera i al teatre i ha sopat amb agradables companys de taula.

MEMNÓ
O EL SENY HUMÀ

Traducció de PERE GIMFERRER

Memnó concebé un dia el projecte forassenyat d'ésser totalment assenyat. No hi ha gaires homes que algun cop no hagin tingut aquest foll pensament. Memnó es digué a si mateix: «Per tal d'ésser molt assenyat, i en conseqüència molt feliç, no cal sinó no tenir passions; i tothom sap que això és la cosa més fàcil del món. Per començar, no estimaré mai cap dona; perquè, en veient una beutat perfecta, em diria a mi mateix: "Un dia, aquestes galtes agafaran arrugues; aquests ulls tan bonics seran voltats d'un cèrcol vermellós; aquesta sina rotunda esdevindrà plana i feta un penjoll; aquest cap tan bonic es quedarà calb." Ara: no cal sinó que avui mateix la vegi amb els ulls amb què la veuré llavors; i ben segur que aquest cap tan bonic no em farà pas rodar el meu, de cap.

»En segon lloc, seré sempre sobri. Prou que em poden temptar la bona menja, els vins deliciosos, la seducció de la societat; només caldrà que m'imagini les conseqüències dels excessos, un cap tot espesseït, un estómac empapussat, la pèrdua de la raó, de la salut i del temps; llavors, menjaré només per necessitat; tindré sempre una salut estable i unes idees netes i lluminoses. Tot això és tan fàcil que arribar a fer-ho no té pas cap mèrit.

»Després —deia Memnó—, cal que pensi una mica en la meva fortuna. Tinc uns desigs moderats; els meus cabals són sòlidament invertits en mans del recaptador general de finances de Nínive; tinc diners per viure independent; això és la bona fortuna més gran del món. Mai no em trobaré en la cruel necessitat de fer la cort a ningú: no envejaré ningú, i ningú no m'envejarà. Això també és una cosa excel·lent. Tinc amics —continuava Memnó—, els mantindré, perquè no els caldrà disputar-me res. Mai no m'empiparé amb ells, ni ells amb mi. Tot això va ben llatí.»

Un cop s'hagué traçat aquell petit pla de seny, tancat a la seva cambra, Memnó tragué el cap per la finestra. Veié dues dones que es passejaven sota uns plàtans prop de la seva casa. N'hi havia una que era vella i que no semblava que pensés en res. L'altra era jove, bonica, i semblava molt aqueferada. Sospirava, plorava, i fent això encara esdevenia més atractiva. El nostre individu assenyat es commogué, no pas per la bellesa de la dama (estava ben segur de no sentir una feblesa així), sinó per l'aflicció en què la veia. Davallà de la casa, abordà la jove ninivita amb la intenció de consolar-la amb seny. Aquella noia tan bonica li explicà amb el posat més ingenu i més emocionant del món tot el mal que li feia un oncle que no tenia pas; amb quina mena d'artificis li havia rampinyat una fortuna que no havia posseït mai, i tot el que li calia témer de la violència que gastava.

—Em sembleu un home de tant de senderi —li digué la ninivita—, que, si tinguéssiu la condescendència de venir a casa meva i de donar un cop d'ull als meus afers, estic segura que em trauríeu del cruel trencacoll en què em trobo.

Memnó no dubtà pas a seguir-la per tal d'examinar-li assenyadament els afers i de dar-li un bon consell.

La dama afligida el dugué a una cambra perfumada, i el féu seure amb ella cortesament en un sofà amplós, en el qual s'estaven tots dos camacreuats cara a cara. La dama parlà acalant els ulls, dels quals de tant en tant se li escapaven llàgrimes, i que, quan aixecaven l'esguard, es trobaven sempre amb el de l'assenyat Memnó. Els discursos de la dama eren tots plens d'un entendriment que es redoblava cada cop que es miraven l'un a l'altre. Memnó es prenia els afers de la dama molt a la valenta, i se sentia cada cop amb més ganes d'afavorir una persona tan bona i tan malaurada. A poc a poc i sense adonar-se'n, enduts per l'escalf de la conversa, deixaren de trobar-se acarats. Ja no tingueren les cames encreuades; Memnó l'aconsellà de tan a prop, i li donà unes opinions tan tendres, que cap dels dos no podia parlar d'afers, i ja no sabien el que es feien.

En aquell punt i hora, arriba l'oncle, com el lector segur que ja s'ha imaginat; anava armat de cap a peus; i la primera cosa que digué fou que mataria, com s'escau, l'assenyat Memnó i la neboda; la darrera cosa que deixà anar fou que podia perdonar-los si li donaven molts diners. Memnó es veié obligat a donar tot el que tenia. La gent, en aquella època, tenia molta sort de sortir-se'n amb tan poca despesa; encara no havia estat descoberta Amèrica, i les dames afligides no eren pas, ni de bon tros, tan perilloses com ho són ara.[1]

Memnó, tot avergonyit i desesperat, tornà a casa seva: hi trobà un bitllet que el convidava a dinar amb uns quants amics íntims. «Si em quedo tot sol a casa —digué—, tindré la ment ocupada en la meva trista aventura, no menjaré, em posaré malalt. Més val que me'n vagi a menjar frugalment amb els meus amics íntims. Amb la dolcesa de la seva companyia, oblidaré la bestiesa que he fet aquest matí.» Memnó va a la cita; els amics el troben una mica moix. Fan que begui per tal d'esbandir la tristesa. Una mica de vi pres amb moderació és un remei per a l'ànima i per al cos. Això es el que pensa l'assenyat Memnó; i s'embriaga. Li proposen de jugar després de l'àpat. Un joc ben arranjat amb uns quants amics és una manera molt digna de passar l'estona. Memnó juga; li guanyen tot el que duu a la bossa, i quatre cops el valor del que hi duu garantit amb la seva paraula d'honor. Es congria una disputa a propòsit del joc, l'afer agafa acalorament: un amic íntim de Memnó li llança un gobelet a la cara i li esbotza un ull. Tornen a casa seva l'assenyat Memnó borratxo, sense diners i amb un ull de menys.

Memnó cova una mica la borratxera; i, tan bon punt té el cap clar, envia el servent a buscar diners a l'estatge del recaptador general de finances de Nínive, per tal de pagar els seus íntims amics: li diu que, aquell matí mateix, el seu deutor ha fet una bancarrota fraudulenta, que té esverades cent famílies. Memnó, indignat, marxa cap a la cort amb un pegat a l'ull i una instància a la mà, per tal de demanar justícia al rei contra el bancarroter. Es trobà en un saló amb unes quantes senyores que duien totes amb un posat molt tranquil uns cèrcols de vint-i-quatre peus de diàmetre. Una d'aquelles senyores, que el coneixia una mica, diu mirant-lo de biaix:

—Uix, quin fàstic!

Una altra, que el coneixia més, li diu:

—Bona tarda, senyor Memnó; senyor Memnó, estic molt i molt contenta de veure-us. Per cert, senyor Memnó, com és que heu perdut un ull?

I passà de llarg sense esperar a sentir la resposta.

Memnó s'amagà en un racó i esperà el moment en què pogués llançar-se als peus del monarca. Aquell moment arribà. Memnó besà el terra tres cops, i presentà la seva instància. Sa Graciosa Majestat el rebé molt favorablement, i lliurà el memorial a un seu sàtrapa per tal que li'n donés compte i raó.

1. Al·lusió a la creença que la sífilis fou duta d'Amèrica pels conqueridors.

El sàtrapa s'endugué Memnó a part, i li digué en un to altívol i fent el burleta amargament:

—Ja sou un borni ben galdós adreçant-vos al rei i no pas a mi, i encara més galdós perquè goseu demanar justícia contra un honrat bancarroter, el qual honoro amb la meva protecció i que és nebot d'una cambrera de la meva amant. Deixeu córrer aquest afer, amic, si és que voleu conservar l'ull que encara us queda.

Memnó, després d'haver renunciat d'aquesta manera, al matí, a les dones, als excessos en el menjar, al joc, a qualsevol picabaralla, i sobretot a la cort, havia estat, abans que es fes de nit, enganyat i robat per una bella dama, s'havia emborratxat, havia jugat i havia estat a la cort, on s'havien rifat d'ell.

Petrificat per l'astorament, i colpit pel dolor, Memnó se'n va amb les sangs glaçades. Vol tornar a casa seva; hi trobà uns uixers que li desmoblen l'estatge per encàrrec dels creditors. Roman, gairebé amb un cobriment de cor, sota un plàtan; s'hi troba amb la bella dama del matí, que es passejava amb l'oncle estimat, i que esclafí de riure en veient Memnó amb el pegat a l'ull. Es féu de nit; Memnó es colgà a la palla a tocar de les parets de la seva casa. La febre se n'apoderà; s'adormí tot emmalaltit; i un esperit celest se li va aparèixer en somnis.

Era tot resplendent de llum. Tenia sis ales molt boniques, però no tenia ni peus, ni cap, ni cua, i no s'assemblava a res.

—Qui ets? —li digué Memnó.

—Sóc el teu geni tutelar —respongué l'altre.

—Torna'm l'ull, la salut, la fortuna, el seny —li digué Memnó.

A continuació, li explicà de quina manera havia perdut totes aquelles coses en un dia.

—Això són aventures que no ens esdevenen mai en el món en què vivim —digué l'esperit.

—I, en quin món viviu? —digué l'home afligit.

—La meva pàtria —respongué l'esperit— és a cinc-cents milions de llegües del sol, en un estel petit que hi ha a prop de Sírius, que tu pots veure d'aquí estant.

—Quin país més abellidor! —digué Memnó—. Com s'entén! ¿Per aquells topants no hi ha gates maules que enganyin un bon home, ni amics íntims que li escurin els diners i li rebentin un ull, ni bancarroters, ni sàtrapes que es rifin d'un hom refusant-li de fer-li justícia?

—No —digué l'habitant de l'estel—, res de tot això. Mai no ens enganyen les dones, perquè no n'hi ha; no fem excessos en les menges, perquè no mengem; no tenim bancarroters, perquè a casa nostra no hi ha ni or ni diners; no ens pot rebentar ningú els ulls, perquè no tenim pas cos de la manera com el teniu vosaltres; i els sàtrapes no ens fan mai cap injustícia, perquè, en el nostre petit estel, tothom és igual.

Llavors Memnó li digué:

—Monsenyor, sense dona i sense àpat, com us ho feu per passar l'estona?

—Vetllem —digué el geni— sobre els altres globus que ens són confiats; i he vingut per consolar-te.

—Ai las! —replicà Memnó—, com és que no vinguéreu anit per impedir-me que fes tantes ximpleries?

—Era amb Assan, el teu germà gran —digué l'ésser celest—. Encara és més de plànyer que tu. Sa Graciosa Majestat el rei de l'Índia, en la cort del qual té l'honor de trobar-se, ha fet que li rebentessin tots dos ulls per una petita indiscreció, i a hores d'ara és en un calabós, encadenat de mans i peus.

—Sí que paga la pena —digué Memnó—, això de tenir un geni benèfic a la família, perquè, de dos germans, n'hi hagi un que acabi borni, l'altre cec, l'un dormint a la palla i l'altre a la presó.

—El teu destí canviarà —respongué l'animal estel·lar—. Bé cal dir que seguiràs essent sempre borni; però, llevat d'això, seràs prou feliç, amb que no facis mai l'estúpid projecte d'ésser totalment assenyat.

—¿De manera que és una cosa a la qual és impossible d'arribar? —exclamà Memnó sospirant.

—Tan impossible —li replicà l'altre— com ésser totalment hàbil, totalment fort, totalment poderós, totalment feliç. Fins i tot nosaltres som ben lluny d'això. Hi ha un globus en el qual sí que les coses van així; però en els cent mil milions de mons que hi ha escampats a l'estelada, tot va esglaonat. En el segon món, els habitants tenen menys seny i menys plaer que en el primer, i, en el tercer, menys que en el segon. Així mateix passa amb totes les altres coses fins a arribar al darrer món, en el qual tothom és completament boig.

—Tinc molta por —digué Memnó— que aquest petit globus terraqüi nostre sigui precisament el manicomi de l'univers de què ara em feu l'honor de parlar-me.

—No pas del tot —digué l'esperit—; però s'hi acosta: cal que cada cosa sigui en el seu lloc.

—Doncs bé! —digué Memnó—, alguns poetes, alguns filòsofs, s'erren de cap a cap dient que *tot està bé.*[2]

2. Al·lusió irònica i polèmica a l'*Assaig sobre l'home*, de Pope.

—Tenen molta raó —digué el filòsof dels dalts—, si prenem en consideració l'arranjament de tot l'univers.

—Ah!, això, m'ho creuré —replicà el pobre Memnó— quan ja no sigui borni.

HISTÒRIA DELS VIATGES DE SCARMENTADO

Escrita per ell mateix

Traducció de Pere Gimferrer

Vaig néixer a la vila de Càndia, el 1600. Mon pare n'era governador; i recordo que un poeta que era una mitjania, però no pas a l'hora de fer versos de molt mal pair, i que es deia Iro,[1] va escriure en lloança meva una poesia molt malgirbada, en la qual deia que jo descendia directament de Minos; però, com que després el meu pare va caure en desgràcia, va escriure uns altres versos en els quals ja només descendia de Pasífae i del seu amant.[2] Aquell Iro era un home de ben mala jeia, i el brètol més enutjós que hi ha hagut mai a l'illa.

Quan tenia quinze anys, el pare m'envià a estudiar a Roma. Vaig arribar-hi amb l'esperança d'aprendre totes les veritats; perquè, fins en aquell moment, m'havien ensenyat tot el contrari, segons que és costum en aquest baix món des de la Xina fins als Alps. Monsignor Profondo, al qual jo era encomanat, era un home poc corrent i un dels savis més esfereïdors que hi hagi hagut al món. Em volgué ensenyar les categories d'Aristòtil, i va anar d'un pèl que no em posés dins la categoria dels seus amiguets; em vaig escapar d'una de bona. Vaig veure processons, exorcismes i unes quantes rapinyes. Deien, però amb molta de falsedat, que la signora Olimpia,[3] que era una dona de gran prudència, venia tot de coses que no es poden pas vendre. Jo em trobava en una edat en la qual tot això em semblava molt divertit. Una dama jove de costums molt agradosos, que es deia la signora Fatelo,[4] tingué la pensada d'estimar-me. Festejava amb el reverend pare Poignardi-

1. Anagrama del cognom del poeta Pierre-Charles Roy, enemic de Voltaire.

2. Pasífae era la muller de Minos, rei de Creta —l'illa on es troba la ciutat de Càndia—, i va tenir amors mítics amb un toro.

3. Olimpia Maldachini, cunyada i favorita del papa Innocenci X.

4. És a dir: «Feu-ho.»

ni i amb el reverend pare Aconiti,[5] joves professors d'un orde que ja no existeix: els posà d'acord en atorgar-me els seus favors; però al mateix temps vaig córrer el perill d'ésser excomunicat i emmetzinat. Me'n vaig anar de la ciutat molt content de l'arquitectura de Sant Pere.

Vaig marxar cap a França; era quan regnava Lluís el Just.[6] La primera cosa que em preguntaren fou si, per al desdejuni, volia un trosset del mariscal d'Ancre, la carn del qual havia fet rostir el poble i la donaven molt bé de preu a tothom qui en volia.[7]

Aquell Estat sempre era tempestejat per guerres civils, algun cop a causa d'un càrrec en el Consell, algun cop a causa de dues pàgines de controvèrsia. Feia més de seixanta anys que aquesta mena de foc, ara sufocat i adés manxat amb violència, desolava aquelles contrades tan abellidores. Això eren llibertats de l'Església gal·licana. «Ai las! —vaig dir—, tanmateix aquest poble és pacífic de mena: qui el deu haver tret de polleguera així? Fa el plaga, i fa nits de Sant Bartomeu. Beneït sigui el temps en què només faci el plaga!»

Me'n vaig anar a Anglaterra: les mateixes picabaralles hi excitaven les mateixes fúries. Uns sants catòlics havien decidit, per al bé de l'Església, de fer saltar pels aires, amb pólvora,[8] el rei, la família reial i tot el Parlament, i deslliurar Anglaterra d'aquells heretges. M'ensenyaren el lloc on la benaurada reina Maria, filla d'Enric VIII,[9] havia fet cremar més de cinccents súbdits. Un sacerdot hivernès[10] em va assegurar que allò era una acció molt bona: en primer lloc, perquè els qui havien estat cremats eren anglesos; en segon lloc, perquè no prenien mai aigua beneïda i no creien pas en el purgatori de Sant Patrici.[11] Sobretot, el capellà s'estranyava que la reina Maria encara no hagués estat canonitzada; però tenia l'esperança que aviat ho seria, quan el cardenal-nebot[12] tingués una mica de lleure.

Me'n vaig anar a Holanda, on tenia l'esperança de trobar més tranquil·litat en uns pobles més flegmàtics. Quan vaig arribar a la Haia, tallaven el cap a un vell venerable. Era el

5. El primer cognom evoca el mot *poignard*, punyal; el segon, l'acònit, planta metzinosa.

6. Lluís XIII.

7. Al·lusió a l'assassinat de Concino Concini, mariscal d'Ancre, el 1617.

8. L'anomenada «conspiració de la pólvora» (1605).

9. Maria I Tudor (1516-1558), que perseguí els protestants.

10. Irlandès.

11. Forat o balma que duia a l'infern, segons que, en català, ens ha explicat l'obra de Ramon de Perellós *Viatge al Purgatori*.

12. Cardenal nebot del papa regnant.

cap calb del primer ministre Barneveldt,[13] l'home que havia fet més mèrits de cara a la República. Commogut per la llàstima, vaig demanar pel seu crim, i si era que havia traït l'Estat.

—Ha fet una cosa molt pitjor —em va respondre un predicador que duia una capa negra—: és un home que es pensa que és possible de salvar-se per les obres exactament com per la fe. Ja us podeu adonar que, si arribessin a consolidar-se unes opinions així, una república no podria pas subsistir, i, com podeu comprendre, calen lleis severes per tal de reprimir uns horrors tan escandalosos.

Un polític molt saberut del país em digué tot sospirant:

—Ai las!, senyor, la tongada de bon temps no durarà pas sempre; aquest poble només té tant de zel per atzar; el fons del seu tarannà té tirada al dogma abominable de la tolerància; un dia hi anirà a parar: això fa feredat.

El que és jo, mentre no arribava aquell temps funest de la moderació i de la indulgència, me n vaig anar ben de pressa d'un país en el qual la severitat no era assuaujada per cap atractiu, i vaig embarcar-me cap a Espanya.

La cort era a Sevilla; havien arribat els galions;[14] tot respirava abundància i alegria en l'estació més bonica de l'any. Al fons d'un caminal de tarongers i de llimoners vaig veure una lliça immensa envoltada de grades cobertes amb teles precioses. El rei, la reina, els infants, les infantes, eren sota un dosser superb. Acarat a aquella augusta família hi havia un altre tron, però més encimbellat. Vaig dir a un meu company de viatge:

—Si no és que, aquest tron, el reserven per a Déu, no m'imagino per a què pot servir.

Aquells mots indiscrets foren sentits per un espanyol tot tocat i posat i em va costar car. Tanmateix, em pensava que veuríem alguna cavalcada o bé alguna cursa de braus, quan es mostrà en aquell tron el gran inquisidor, i, d'allí estant, beneí el rei i el poble.

A continuació sortí una munió de monjos que desfilaven de dos en dos, vestits de blanc, de negre, de gris, calçats, descalços, amb barba, sense barba, amb caputxa punxeguda i sense caputxa; després venia el botxí; tot seguit, enmig dels agutzils i dels grans d'Espanya, hi havia unes quaranta persones cobertes amb sacs damunt els quals havien estat pintats dimonis i flames. Eren jueus que no havien volgut renunciar del tot

13. Estadista holandès (1549-1619), que, segons Voltaire, fou executat per motius de religió.

14. Els galions amb l'or d'Amèrica.

a Moisès, i cristians que s'havien casat amb llurs padrines, o que no havien adorat la mare de Déu d'Atocha,[15] o que no havien volgut desfer-se dels seus diners en efectiu en favor dels frares jerònims. Foren cantades devotadament unes pregueres molt boniques, i després d'això cremaren a foc lent tots els culpables; va fer l'efecte que la família reial quedava d'allò més edificada amb tot plegat.

A la nit, quan anava a colgar-me, arribaren al meu estatge dos familiars de la Inquisició amb la Santa Hermandad: m'abraçaren afectuosament, i em dugueren, sense dir res, a un calabós tot frescal, moblat amb un llit d'estora i un crucifix molt bonic. M'hi vaig passar sis setmanes, en acabar les quals el reverend pare inquisidor em transmeté el prec d'anar a parlar amb ell: em va estrènyer una estona en els seus braços, amb un afecte tot paternal; em va dir que l'afligia sincerament d'haver-se assabentat que jo estava tan mal allotjat; però que tots els estatges de la casa eren plens, i que tenia l'esperança que un altre cop podria estar més còmode. A continuació em demanà cordialment si no sabia pas per què em trobava allí. Vaig dir al reverend pare que semblava que era pels meus pecats.

—Doncs bé, fill estimat, per quin pecat? Parleu-me amb confiança.

Per més que vaig barrinar, no vaig encertar-la; caritativament, m'orientà.

Finalment vaig recordar-me de les meves paraules indiscretes. Me'n vaig sortir només rebent una tongada d'assots i pagant una multa de trenta mil rals. Em dugueren a fer el compliment de comiat al gran inquisidor: era un home educat, que em va demanar què m'havia semblat la seva festeta. Jo li vaig dir que era una cosa deliciosa, i vaig anar a acuitar els meus companys de viatge que marxessin d'aquell país, tot i que és tan bonic. Els meus companys de viatge havien tingut temps d'ennovar-se de totes les coses importants que els espanyols havien fet en favor de la religió. Havien llegit les memòries del famós bisbe de Chiapa,[16] per mitjà de les quals és palès que a Amèrica, a fi de convertir-los, havien estat degollats o cremats deu milions d'infidels. Vaig considerar que aquell bisbe exagerava; però, mal que reduíssim aquests sacrificis a cinc milions de víctimes, la cosa continuaria essent remarcable.

15. La coneguda devoció madrilenya.

16. Es refereix a fra Bartolomé de las Casas, autor de la *Brevísima historia de la destruición de las Indias* (1552).

El desig de viatjar encara m'esperonava. Tenia pensat d'acabar la meva volta a Europa per Turquia; vam agafar-ne el rumb. Vaig fer-me el ferm propòsit de no dir què pensava de les festes que veiés.

—Aquests turcs —vaig dir als meus companys— són uns descreguts, que no han estat pas batejats, i que en conseqüència seran molt més cruels que els reverends pares inquisidors. Muts i a la gàbia quan siguem a la terra dels mahometans.

De manera que me n'hi vaig anar. Em va sorprendre molt de veure que a Turquia hi havia moltes més esglésies cristianes que no pas a Càndia. Fins i tot hi vaig veure munions nodrides de monjos els quals hom deixava resar lliurement a la mare de Déu i maleir Mahoma, uns en grec, d'altres en llatí, d'altres en armeni.

—Aquests turcs sí que són bons de mena! —vaig exclamar.

Els cristians de confessió grega i els de confessió llatina eren enemics mortals a Constantinoble; eren esclaus que s'empaitaven els uns als altres, com gossada que es mossega pel carrer, i la qual l'amo bastoneja per tal de descompartir-ne els bàndols. En aquell temps, el gran visir protegia els grecs. El patriarca grec m'acusà d'haver sopat a l'alberg del patriarca llatí, i en una sessió plenària del divan vaig ésser condemnat a rebre cent cops donats amb el pla del sabre a la planta dels peus, o bé a rescabalar-los pagant cinc-cents sequins. L'endemà, el gran visir fou escanyat; l'endemà passat el seu successor, que estava a favor del bàndol dels llatins, i que encara va trigar un mes a ésser escanyat, em condemnà a la mateixa multa per haver sopat a l'alberg del patriarca grec. Em vaig trobar en la trista necessitat de no sovintejar les visites ni a l'església grega ni a la llatina. Per tal de consolar-me'n, vaig llogar-me una circasiana molt bonica, que era la dona més manyaga del món quan érem sols i la més devota a la mesquita. Una nit, en els dolços arravataments del seu amor, va exclamar mentre m'abraçava: «*La ilah illa Allah*»;[17] són les paraules sagramentals dels turcs; em vaig pensar que eren les paraules sagramentals de l'amor; vaig exclamar amb la mateixa tendresa: «*La ilah illa Allah.*»

—Ah! —em digué la noia—, lloat sigui el Déu de misericòrdia, sou turc.

Jo li vaig dir que beneïa Déu per haver-me'n dat l'esma, i em vaig donar per ben satisfet. Al matí següent vingué l'imam per tal de circumcidar-me; i, com que li vaig fer una mica de

17. «No hi ha més Déu que Al·là».

resistència, el cadi del barri, que era un home molt lleial, em va proposar d'empalar-me: vaig salvar el prepuci i el pandero amb mil sequins, i vaig fugir de pressa cap a Pèrsia, decidit a no tornar a sentir cap missa grega ni llatina a Turquia, i a no tornar a cridar «*La ilah illa Allah*» en cap encontre amorós.

En arribant a Ispahan, em preguntaren si jo estava a favor del moltó negre o bé del moltó blanc. Vaig contestar que m'era ben indiferent, amb que el moltó fos tendre de carns. Cal que el lector sàpiga que els bàndols del Moltó blanc i del Moltó negre encara dividien els perses en aquell temps.[18] Es van pensar que em rifava de tots dos bàndols, de manera que ja em vaig trobar amb un afer ben revés entre cap i coll tot just a les portes de la ciutat: allò em va tornar a costar sequins a cabassades per tal de desengavanyar-me dels moltons.

Vaig avançar fins a Xina amb un torsimany, que m'assegurà que era el país on es vivia més lliurement i amb més alegria. Els tàrtars se n'havien fet amos, després d'haver-ho passat tot a sang i foc; i els reverends pares jesuïtes d'un costat, exactament com els reverends pares dominics de l'altre, deien que en allò hi guanyaven ànimes per a Déu, sense que ningú en sabés res. Mai no s'ha vist uns convertidors de tant de zel: perquè s'empaitaven els uns als altres adesiara; enviaven a Roma volums plens de calúmnies; es tractaven mútuament d'infidels, i de prevaricadors per una ànima. Sobretot, hi havia un plet terrible entre ells a propòsit de la manera de fer les reverències. Els jesuïtes volien que els xinesos saludessin els pares i les mares a la manera de Xina, i els dominics volien que els saludessin a la manera de Roma.[19] Es va donar el cas que els jesuïtes es varen pensar que jo era un dominic. Em varen fer passar, a l'estatge de Sa Majestat tartàrica, per ésser un espieta del papa. El consell suprem encarregà un primer mandarí, el qual donà ordres a un sergent, el qual manà a quatre esbirros del país que em detinguessin i em lliguessin amb tota cerimònia. Després de cent quaranta genuflexions vaig ser dut a la presència de Sa Majestat. Sa Majestat féu que em demanessin si era espieta del papa, i si era veritat que aquell príncep havia d'anar allí en persona a destronar-lo. Jo li vaig respondre que el papa era un sacerdot de setanta anys; que vivia a quatre mil llegües de Sa Sagrada Majestat tartàri-

18. Al·lusió a la rivalitat entre els descendents de Tamerlà i un altre llinatge tàrtar.

19. Al·lusió a la polèmica sobre l'acceptació de certs ritus xinesos per part dels jesuïtes.

co-xinesa; que tenia si fa no fa dos mil soldats que muntaven guàrdia amb una ombrel·la; que no destronava ningú, i que Sa Majestat podia dormir tranquil·la. Aquesta fou l'aventura menys funesta de la meva vida. M'enviaren a Macau, i d'allí em vaig embarcar cap a Europa.

Cap a les costes de Golconda,[20] el meu vaixell tingué necessitat que el carenessin. Vaig aprofitar aquella tongada de temps per anar a visitar la cort del gran Aureng-Zeb,[21] de la qual es deien meravelles a tot arreu del món: llavors Aureng-Zeb era a Delhi. Vaig tenir el consol de trobar-lo el dia de la pomposa cerimònia en la qual rebé el present celest que li enviava el xerif de la Meca. Era l'escombra amb què havia estat escombrat el sant casal, el Caaba, el Beth Allah.[22] Aquesta escombra és el símbol que neteja totes les sutzures de l'ànima. Aureng-Zeb no semblava que en tingués necessitat; era l'home més piadós de tot l'Indostan. Bé cal dir que havia degollat un seu germà i havia emmetzinat son pare. Vint rajàs i el mateix nombre d'omràs havien mort enmig de suplicis; però això no era res, i només es parlava de la devoció d'Aureng-Zeb. Només li era comparada la Sagrada Majestat del Sereníssim Emperador del Marroc, Mulei-Ismael,[23] que tallava caps cada divendres després de la preguera.

Jo no deia res; els viatges m'havien instruït, i m'adonava que no m'esqueia de decidir entre aquells dos augustos sobirans. Un jove francès amb el qual m'allotjava faltà, ho reconec, al respecte a l'emperador de l'Índia i al del Marroc. Tingué la pensada de dir molt indiscretament que a Europa hi havia sobirans molt piadosos que governaven bé llurs Estats, i que fins i tot freqüentaven les esglésies, sense tanmateix matar els pares i els germans, i sense tallar el cap als súbdits. El nostre torsimany transmeté en hindú el discurs impiu del jove. Alliçonat pel passat, vaig fer que m'ensellessin de pressa els camells: vam marxar, el francès i jo. Més tard he sabut que aquella nit mateixa havien vingut uns oficials del gran Aureng-Zeb per detenir-nos, i només trobaren el torsimany. Fou executat a la plaça pública, i tots els cortesans reconegueren sense cap adulació que la seva mort era molt justa.

Em faltava l'Àfrica per veure, per haver gaudit de totes les dolceses del nostre continent. I sí, la vaig veure. Uns corsaris negres capturaren el meu vaixell. El nostre patró posà el crit

20. L'Índia.
21. Emperador mongol de l'Indostan, que visqué al segle XVIII.
22. En àrab, «la casa de Déu».
23. Soldà del Marroc (1646-1727).

al cel; els demanà per què violaven d'aquella manera les lleis de les nacions. El capità negre li respongué:

—Vosaltres teniu el nas llarg, i nosaltres el tenim xato; teniu els cabells tot llisos, i nosaltres gastem una llana crespada; teniu la pell de color de cendra, i nosaltres de color de banús; en conseqüència nosaltres, per les lleis sagrades de la natura, hem d'ésser sempre enemics. Ens compreu a les fires de la costa de Guinea com bèsties de càrrega, per tal de fer-nos escarrassar en no sé pas quina mena de feina tan pesada com ridícula. Ens feu anar gratant les muntanyes, fuetejant-nos amb xurriaques de nervi de bou, per tal de treure de la roca una mena de terregada groga que en ella mateixa no serveix per a res, i que no val pas, ni de bon tros, una bona ceba d'Egipte; per tant, quan us trobem i som els més forts, us esclavitzem, us fem treballar en els nostres camps, o bé us tallem el nas i les orelles.

No era pas possible d'oposar cap rèplica a un discurs tan assenyat. Me'n vaig anar a treballar al camp d'una negra vella per tal de continuar amb les orelles i el nas al seu lloc. Al cap d'un any em rescataren. Havia vist totes les coses bones, boniques i admirables que hi ha a la terra: vaig decidir de no veure ja res més que els meus déus penats. Em vaig casar a la meva terra; vaig ser cornut, i vaig veure que era l'estat més agradós de la vida.

MICROMEGAS
Història filosòfica

Traducció de PERE GIMFERRER

I. VIATGE D'UN HABITANT DEL MÓN DE L'ESTEL SÍRIUS AL PLANETA SATURN

En un planeta d'aquells que giravolten a l'entorn de l'estel anomenat Sírius, hi havia un jove molt eixerit, que he tingut l'honor de conèixer en el darrer viatge que féu al nostre petit formiguer; es deia Micromegas,[1] un nom que escau força a tots els grans homes. Feia vuit llegües d'alçària: en parlar de vuit llegües, vull dir vint-i-quatre mil passes geomètriques de cinc peus cadascuna.[2]

Uns quants algebristes, que són una mena de gent que sempre és molt útil a la societat, segur que ara mateix agafaran la ploma, i trobaran que, puix que el senyor Micromegas, habitant de la contrada de Sírius, fa vint-i-quatre mil passes de cap a peus, és a dir, cent vint mil peus de rei, mentre que nosaltres, els ciutadans de la terra, amb prou feines fem cinc peus, i el nostre globus fa nou mil llegües de circumferència; trobaran, com deia, que no té dubte que el globus que l'ha engendrat fa exactament vint-i-un milions sis-cents mil cops més de circumferència que aquesta petita terra nostra. No hi ha res de més simple ni de més corrent en la natura. Els Estats d'alguns sobirans d'Alemanya o bé d'Itàlia, que és possible de recórrer en mitja hora, comparant-los amb l'imperi de Turquia, de Moscòvia o bé de Xina, no són sinó una imatge molt feble de les prodigioses diferències que la natura ha posat en tots els éssers.

Com que la talla de Sa Excel·lència era de l'alçària que acabo de dir, tots els nostres escultors i tots els nostres pintors es posaran d'acord sense cap dificultat a reconèixer que pot

1. En grec, «petit-gran».

2. En aquest cas, la distància en llegües ens dóna que Micromegas feia gairebé trenta-nou quilòmetres d'alt.

fer cinquanta mil peus de rei de circumferència de cintura; i això és una proporció molt bonica.

Quant a la seva intel·ligència, és una de les més cultivades que es poden trobar; sap moltes coses, n'ha inventat unes quantes: quan encara no tenia dos-cents cinquanta anys i estudiava, segons que és costum, al col·legi dels jesuïtes del seu planeta, endevinà, per l'agudesa de la seva ment, més de cinquanta proposicions d'Euclides. O sigui, divuit proposicions més que no Blaise Pascal, el qual, després d'haver-ne endevinades trenta-dues jugant, pel que diu la seva germana,[3] esdevingué més endavant un geòmetra prou mediocre i un metafísic de molt mala jeia. Cap als quatre-cents cinquanta anys, en sortir de la infantesa, Micromegas dissecà molts insectes petits d'aquells que no fan pas ni cent peus de diàmetre, i que s'amaguen als microscopis normals; amb això va tenir matèria per escriure un llibre força curiós, però el llibre li va portar uns quants maldecaps. El muftí[4] del seu país, que era molt suspicallós i ignorant, trobà en el llibre tot de proposicions suspectes, malsonants, temeràries, herètiques, que feien flaire d'heretgia, i l'empaità a cor què vols: la qüestió era saber si la forma substancial de les puces de Sírius era de la mateixa natura que la forma substancial dels cargols. Micromegas es defensà amb intel·ligència; posà les dones fent-li costat; el procés durà dos-cents vint anys. Al capdavall el muftí féu que uns jurisconsults que no havien llegit el llibre el condemnessin, i l'autor rebé ordre de no mostrar-se a la cort durant vuit-cents anys.

Micromegas no s'afligí excessivament en veure's bandejat d'una cort que no anava plena sinó de travetes i de petiteses. Va escriure una cançó molt divertida contra el muftí, que no va amoïnar gaire l'interessat; i es va posar a viatjar de planeta a planeta, per tal d'acabar de formar-se *la intel·ligència i el cor*, com diuen.[5] La gent que només viatja en cadira de posta o bé en berlina segur que s'astorarà dels grans vehicles del món dels dalts: perquè nosaltres, en el nostre petit grumoll de fang, no sabem imaginar res més enllà dels nostres costums. El nostre viatger coneixia meravellosament les lleis de la gravitació, i totes les forces d'atracció i de repulsió. Se'n servia tan oportunament que, ara amb l'ajut d'un raig de sol, adés amb la comoditat que li procurava un cometa, anava d'un globus a

3. Gilberte Périer, a la seva *Vida de Pascal* (1684).

4. El muftí, als països islàmics, és un jurisconsult amb autoritat jurídico-religiosa; en el cas de Voltaire, al·ludeix als teòlegs encarregats de la censura eclesiàstica.

5. Nova al·lusió a un llibre que Voltaire també satiritza a *Zadig* (vegeu nota 33 d'aquesta obra).

l'altre, ell i el seu seguici, de la mateixa manera que un ocell voleia d'una branca a l'altra. Recorregué la Via Làctia en poca estona; i em trobo obligat a reconèixer que no veié mai, a través dels estels de què és sembrada, aquell bell cel empiri que l'il·lustre vicari Derham es glorieja d'haver vist a l'extrem de la seva ullera.[6] Això no vol pas dir que jo pretengui que el senyor Derham no ho hagi vist bé, Déu nos en guard!, però Micromegas era en els llocs del cas, és un bon observador, i, el que és jo, no vull pas contradir ningú. Micromegas, després d'haver rodat molt, arribà al globus de Saturn. Tot i que estava molt acostumat a veure coses noves, a la primeria no pogué, en veient la poquesa del globus i dels seus habitants, estalviar-se aquell somriure de superioritat que algun cop s'escapa fins i tot als més assenyats. Perquè, comptat i debatut, Saturn amb prou feines és nou-cents cops més gran que la terra, i els ciutadans d'aquella contrada són uns nans que només fan mil canes d'alçària aproximadament.[7] Micromegas, d'antuvi, se'n rifà una mica amb la gent del seu seguici, si fa no fa de la mateixa manera que un músic italià, quan ve a França, deixa anar la riallada sentint la música de Lulli.[8] Però, com que el sirià era un home de molt bon seny, comprengué aviat que un ésser dotat de pensament pot no resultar rídicul perquè només fa sis mil peus d'alçària. Micromegas es familiaritzà amb els saturnians, després d'haver-los astorat. Es va fer molt amic del secretari de l'Acadèmia de Saturn,[9] que era un home molt intel·ligent, que, si hem de dir la veritat, no havia pas inventat res, però sabia explicar molt bé les invencions dels altres, i escrivia passadorament uns versos ben prims i uns càlculs de molt de gruix.[10] Ara faré report, per a satisfacció dels lectors, d'una conversa singular que un dia tingué Micromegas amb el senyor secretari.

6. L'anglès William Derham (1657-1735), que a la seva *Teologia astronòmica* es proposà de demostrar l'existència de Déu valent-se de la natura.

7. La «cana» tradueix aproximadament la *toise* de l'original. Una cana feia 1,60 m i una *toise*, 1,95 m.

8. D'ençà del 1752 era molt viva a França la polèmica entre els partidaris de la música francesa (Lulli, Rameau) i els de la música italiana (Pergolese).

9. Al·lusió a Fontenelle, secretari de l'Acadèmia de Ciències.

10. Al·lusió paròdica a l'estil refinat i ensucrat de Fontenelle.

II. CONVERSA DE L'HABITANT DE SÍRIUS AMB EL DE SATURN

Després que Sa Excel·lència s'hagué colgat, i el secretari se li hagué acostat a la cara, Micromegas digué:

—Cal reconèixer que la natura és ben variada.

—Sí —digué el saturnià—, la natura és com un parterre les flors del qual...

—Ah! —digué l'altre—, deixeu córrer això del parterre.

—La natura és —continuà el secretari— com una assemblea de dones rosses i brunes els paraments de les quals...

—Ei!, què us empatolleu ara de dones brunes? —digué l'altre.

—Doncs la natura és com una galeria de pintures els trets de les quals...

—Doncs no! —digué el viatger—, la natura és com la natura, i prou. Per què us entesteu a anar-li trobant retirades?

—Per tal de plaure-us —respongué el secretari.

—No vull pas que ningú em plagui —respongué el viatger—, el que vull és que m'informin; comenceu, abans que res, per dir-me quants senys tenen els homes del vostre globus.

—En tenim setanta-dos —digué l'acàdemic—, i no passa dia que no ens queixem de tenir-ne tan pocs. La imaginació ens ultrapassa les necessitats; ens fa l'efecte que amb els nostres setanta-dos sentits, el nostre anell, les nostres cinc llunes,[11] som massa limitats; i, tot i la nostra curiositat i el nombre prou gran de passions que deriven dels nostres setanta-dos sentits, tenim prou i massa temps per avorrir-nos.

—N'estic ben segur —digué Micromegas—; perquè, en el nostre globus, tenim gairebé mil senys, i així i tot ens queda

11. A l'època de Voltaire només eren coneguts cinc dels deu satèl·lits de Saturn.

com una mena de recança vaga, com una mena de neguiteig, que ens adverteix contínuament que som poca cosa, i que hi ha éssers molt més perfectes. He viatjat una mica; he vist mortals molt inferiors a nosaltres; n'he vist de molt superiors; però no n'he vist cap que no tingui més desitjos que vertaderes necessitats, i més necessitats que satisfacció. Potser algun dia arribaré a un país que no passi fretura de res; però fins ara ningú no m'ha dat notícies positives d'un país així.

El saturnià i el sirià, llavors, es basquejaren a fer conjectures, però, després de tot de raonaments molt enginyosos i molt incerts, els calgué tornar als fets.

—Quant de temps viviu? —digué el sirià.

—Ah!, molt poc —replicà l'homenet de Saturn.

—Exactament igual com nosaltres —digué el sirià—; sempre ens queixem que tot sigui tan poc. Això deu ésser una llei universal de la natura.

—Ai las!, nosaltres —digué el saturnià— només vivim el temps de cinc-centes grans revolucions del Sol. (Això equival a quinze mil anys aproximadament, segons la nostra manera de comptar.) Com podeu veure, això ve a ésser com morir gairebé en el moment mateix que naixem; la nostra existència és un punt, la nostra durada un instant, el nostre globus un àtom. Amb prou feines hem començat a instruir-nos una mica quan la mort arriba abans que tinguem experiència. El que és jo, no tinc coratge per fer grans projectes; em fa l'efecte que sóc com una gota d'aigua en un oceà immens. M'avergonyeixo, sobretot davant de vós, de la fila ridícula que faig en aquest món.

Micromegas li replicà:

—Si no fóssiu filòsof, em faria por d'afligir-vos en assabentar-vos que la nostra vida és set-cents cops més llarga que la vostra; però massa que sabeu que quan cal retornar el cos als elements, i reanimar la natura sota una altra forma, el que en diem morir; quan arriba aquest moment de metamorfosi, el fet d'haver viscut una eternitat o bé un dia és exactament el mateix. He estat a països en els quals la gent viu mil cops més que no a la meva terra, i he vist que fins i tot allí remugaven. Però, pertot arreu, hi ha gent entenimentada que sap fer-se'n pagues i donar les gràcies a l'autor de la natura. Aquest autor ha escampat per l'univers una profusió de varietats, amb una mena d'uniformitat admirable. Per exemple, tots els éssers que pensen són diferents, i tots s'assemblen en el fons pel do de tenir pensament i desitjos. La matèria s'estén pertot arreu; però a cada globus té propietats diverses. Quantes propietats diferents d'aquestes teniu a la vostra matèria?

—Si és que parleu de propietats d'aquelles —digué el saturnià—, sense les quals considerem que aquest globus no podria subsistir tal com és, en tenim tres-centes, com és ara l'extensió, la impenetrabilitat, la mobilitat, la gravitació, la divisibilitat i la resta.

—Pel que sembla —replicà el viatger—, amb aquest nombre tan petit n'hi ha prou per als objectius que tenia el Creador quant al vostre petit habitatge. Admiro en tot el seny del Creador; veig diferències pertot arreu, però també hi veig proporcions. El vostre globus és petit, els vostres habitants també; teniu poques sensacions; la vostra matèria té poques propietats: tot això és obra de la Providència. De quin color és el vostre sol, si l'examineu bé?

—D'un color blanc molt grogós —digué el saturnià—; i, quan en dividim un raig, trobem que conté set colors.

—El nostre sol més aviat vermelleja —digué el sirià—, i tenim trenta-nou colors primitius. De tots els sols a què m'he acostat, no n'hi ha cap que s'assembli, de la mateixa manera que, a casa vostra, no hi ha cap cara que no sigui diferent de totes les altres.

Després de diverses preguntes d'aquesta mena, Micromegas s'informà de quantes substàncies essencialment diferents hi havia a Saturn. Fou ennovat que només n'hi havia una trentena, com és ara Déu, l'espai, la matèria, els éssers extensos que senten i pensen, els éssers pensants que no tenen extensió, els que es penetren, els que no es penetren i la resta. El sirià, que al seu planeta en tenia tres-cents, i que n'havia descobert tres mil de més en els seus viatges, deixà d'allò més astorat el filòsof de Saturn. Finalment, després d'haver-se comunicat l'un a l'altre una mica del que sabien i molt del que no sabien, després d'haver enraonat durant tota una revolució del sol, decidiren de fer plegats un petit viatge filosòfic.

III. VIATGE DELS DOS HABITANTS DE SÍRIUS I DE SATURN

Els nostres dos filòsofs estaven a punt per embarcar-se a l'atmosfera de Saturn amb una provisió d'instruments matemàtics que feia molt de goig, quan l'amant del saturnià, que en tingué notícies, anà tota plorosa a fer-li retrets. Era una moreneta molt bonica que només feia sis-centes seixanta canes,[12] però que compensava amb molts atractius la seva poquesa.

—Ah, mal home! —exclamà—; després d'haver-te oposat resistència mil cinc-cents anys, quan finalment començava a rendir-me, quan amb prou feines he passat cent anys en els teus braços, em deixes per anar-te'n a viatjar amb un gegant d'un altre món; au, només ets un tafaner, mai no has sentit amor; si fossis un autèntic saturnià, series fidel. Cap on vas? Què vols? Les nostres cinc llunes són menys errívoles que tu, el nostre anell és menys canviant. S'ha acabat, no tornaré a estimar ningú.

El filòsof l'abraçà, plorà amb ella, tot i ésser tan filòsof, i la senyora, després de tenir un cobriment de cor, anà a consolar-se amb un petimetre del país.

Mentrestant els nostres dos viatgers se n'anaren; de primer, saltaren damunt l'anell, que trobaren que era força pla, cosa que ha estat molt encertadament endevinada per un il·lustre habitant del nostre petit globus;[13] en havent sortit de l'anell anaren de lluna en lluna. Un cometa passava tocant a mà de la darrera lluna; es llançaren damunt el cometa amb servents i atuells. Un cop hagueren recorregut si fa no fa cent cinquanta milions de llegües, es trobaren amb els satèl·lits de

12. Uns mil tres-cents metres.
13. L'astrònom holandès Christian Huyguens (1629-1695).

Júpiter. Passaren a Júpiter mateix, i hi romangueren un any, durant el qual foren ennovats de tot de secrets interessants, que a hores d'ara foren en premsa si no arriba a ésser pels senyors inquisidors, que han trobat que algunes afirmacions feien una mica de mal pair. Però n'he llegit el manuscrit a la biblioteca de l'il·lustre arquebisbe de..., que em va deixar veure els seus llibres amb aquella generositat i aquella bondat que mai no lloaríem prou.

Però tornem als nostres viatgers. En sortint de Júpiter, travessaren un espai com de cent milions de llegües, i vorejaren el planeta Mart, que, com és sabut, és cinc cops més petit que el nostre petit globus; veieren dues llunes que serveixen aquest planeta, i que han escapat de l'esguard dels nostres astrònoms. Prou sé que el pare Castel[14] escriurà alguna cosa, i fins i tot alguna cosa ben divertida, contra l'existència d'aquestes dues llunes; però, el que és jo, m'atinc als qui raonen per analogia. Aquells bons filòsofs saben com fóra de difícil que Mart, que és tan lluny del sol, es conformés amb menys de dues llunes. Ça com lla, els nostres personatges ho trobaren tot plegat tan petit que tingueren por de no trobar-hi lloc per ajeure's, i passaren de llarg, com dos viatgers que desdenyen un hostal de mala jeia d'un llogarret i continuen fins a la vila més propera. Però el sirià i el seu company aviat se'n penediren. Feren via molta estona sense trobar res. Finalment veieren una petita lluor; era la Terra. Una cosa així de petita glaçà les sangs a una gent que venia de Júpiter. Tanmateix, per por de tornar a penedir-se'n, decidiren de desembarcar. Passaren al ròssec del cometa, i, com que es trobaren que hi havia una aurora boreal a punt de funcionar, s'hi posaren dins, i aterraren a la riba septentrional del mar Bàltic, el 5 de juliol del 1737, segons el nou estil.[15]

14. Un jesuïta de l'època.
15. El calendari gregorià.

IV. EL QUE ELS PASSÀ EN EL GLOBUS DE LA TERRA

Després d'haver descansat una estona, es menjaren per esmorzar dues muntanyes que llurs servents els aviaren amb prou pulcritud. A continuació volgueren inspeccionar el petit país en el qual es trobaven. De primer, caminaren del nord al sud. Les passes corrents del sirià i del seu seguici eren si fa no fa de trenta mil peus de rei; el nan de Saturn els seguia de lluny tot esbufegant; ara: calia que fes aproximadament dotze passes quan l'altre feia una gambada: afigureu-vos (si és que és permès de fer comparances d'aquesta mena) un gos falder molt petit que seguís de lluny un capità de la Guàrdia del rei de Prússia.

Com que aquests estrangers fan molta via, en trenta-sis hores donaren la volta al globus, i bé cal dir que el sol, o més ben dit, la terra, fa aquest viatge només en un jorn; però hem de tenir en compte que fa de més bon anar giravoltant sobre el propi eix que no pas caminant. De manera que ja havien tornat al lloc de partença, després d'haver vist aquella bassa gairebé imperceptible per a ells, que rep el nom de *Mediterrani*, i aquell altre petit estany que, sota el nom de Gran Oceà, envolta la talpera. Al nan l'aigua no li havia arribat mai a més de mitja cama, i l'altre amb prou feines s'hi havia mullat el taló. Feren tot el que pogueren anant i venint amunt i avall per tal d'esbrinar si aquell globus era habitat o no. S'acotaren, s'ajagueren, palparen pertot arreu; però, com que no tenien ni els ulls ni les mans proporcionades als petits éssers que fan la viu-viu a la terra, no reberen la més petita sensació que els pogués fer sospitar que nosaltres i els nostres confrares que habiten aquest globus tenim l'honor d'existir.

El nan, que sempre s'apressava un pèl més del compte a treure conclusions, decidí, de primer, que a la terra no hi havia ningú. La primera raó que tenia per dir-ho era el fet que ell no hi havia pas vist ningú. Micromegas, amb cortesia, el féu adonar que allò era una forma bastant dolenta de raonar:

—Perquè —deia— amb els vostres ullets no veieu pas alguns estels de la cinquantena magnitud que jo veig amb molta claredat, ¿que potser trauríeu d'això la conclusió que aquests estels no existeixen?

—Però —digué el nan— prou que he palpat.

—Però —digué l'altre— no heu sentit el que esqueia.

—Però —digué el nan— aquest globus és tan malgirbat, és una cosa tan irregular i d'una forma que em sembla tan ridícula! Aquí, tot sembla trobar-se en el caos: ¿que no veieu aquests rierols cap dels quals no fa via dreturera, aquests estanys que no són ni rodons, ni quadrats, ni ovalats, ni de cap forma regular; tots aquests granets punxeguts de què aquests globus està eriçat, i que m'han escorxat els peus? (Es referia a les muntanyes.) De més a més, fixeu-vos en la forma de tot el globus, com és de pla als pols, com giravolta a l'entorn del sol d'una faisó maldestra, de manera que els climes dels pols són necessàriament adversos al conreu. Realment, el que fa que em pensi que aquí no hi ha ningú és que em sembla que cap persona assenyada no s'hi voldria quedar.

—Molt bé! —digué Micromegas—, potser la gent que hi viu no és pas gent assenyada. Però, comptat i debatut, hi ha alguns indicis que tot això no ha estat fet per a res. Em dieu que aquí tot us sembla irregular perquè, a Saturn i a Júpiter, tot és tirat a cordill. Doncs bé: potser per això mateix aquí hi ha una mica de confusió. Oi que ja us he dit que en els meus viatges sempre havia vist varietat a tot arreu?

El saturnià replicà a tots aquests arguments. La discussió no s'hauria acabat mai, si no arriba a ésser que sortosament Micromegas, acalorant-se en parlar, trencà el fil del collar de diamants que duia. Els diamants caigueren: eren unes boniques pedres menudes, d'aquelles que es venen a pes, prou desiguals, les més grosses de les quals pesaven quatre-centes lliures, i les més petites cinquanta. El nan en recollí unes quantes; s'adonà, en acostar-se-les als ulls, que aquells diamants, per la manera en què havien estat tallats, podien servir molt bé de microscopis. De manera que agafà un microscopi petit de cent seixanta peus de diàmetre, i se l'aplicà a la pupil·la; i Micromegas en trià un de dos mil cinc-cents peus. Eren molt bons microscopis; però, de primer, no ajudaren a veure pas res; calia ajustar-los. Finalment, l'habitant de Saturn veié quelcom d'imperceptible que es bellugava entre dues aigües al mar Bàltic: era una balena. L'agafà amb el dit petit amb molta traça, i posant-se-la a l'ungle del polze, l'ensenyà al sirià, el qual es posà a riure per segon cop de l'excessiva poquesa dels habitants del nostre globus. El saturnià, convençut que el nostre món és habitat, s'imaginà aviat que només hi vivien balenes; i, com que li agradava molt de rumiar, volgué esbrinar d'on podia venir el movimient a un àtom tan petit, i si tenia idees, voluntat, llibertat. Micromegas trobà tot d'entrebancs en la seva comesa: examinà l'animal amb molta paciència, i el resultat de l'examen fou que no hi havia pas manera de creure que allí s'hi pogués estatjar una ànima. De manera que els dos viatgers es decantaven a pensar que no hi ha intel·ligència en el nostre sojorn, quan, amb l'ajut del microscopi, s'adonaren que hi havia alguna cosa més gran que no una balena que flotava pel mar Bàltic. És prou sabut que en aquell temps hi havia un esbart de filòsofs que tornava del cercle polar,[16] al qual havien anat a fer unes observacions que no havien passat abans pel cap de ningú. Les gasetes digueren que el vaixell els naufragà a les costes de Bòtnia i que amb prou feines s'escapoliren; però, en aquest món nostre, mai no sabem l'entrellat de les coses. Ara explicaré ingènuament com rutllà tot, sense afegir-hi res d'invenció meva, cosa que li ve prou costa amunt, a qualsevol historiador.

16. L'expedició duta a terme entre 1736 i 1737 per un grup de savis a Noruega per tal de mesurar un grau del meridià.

V. EXPERIÈNCIES I RAONAMENTS DELS DOS VIATGERS

Micromegas estengué la mà tot blanament cap al lloc on es mostrava l'objecte, i, avançant dos dits i enretirant-los per por d'equivocar-se, i després obrint-los i tancant-los, va agafar amb molta habilitat el vaixell que duia aquells senyors, i se'l col·locà de més a més a l'ungla, sense prémer-lo massa perquè tenia por d'esclafar-lo.

—Aquest animal és ben diferent del d'abans —digué el nan de Saturn; el sirià es posà el pretès animal al palmell de la mà. Els passatgers i la gent de la tripulació, que s'havien pensat que se'ls enduia un huracà, i que es pensaven que eren en una mena de penyal, es posen, tots, en moviment; els mariners agafen bótes de vi, les llancen a la mà de Micromegas, i a continuació es deixen caure. Els geòmetres agafen els seus quadrants de cercle, els seus sectors i unes noies lapones,[17] i davallen cap als dits del sirià. Es basquejaren tant que finalment Micromegas sentí que alguna cosa es bellugava i li feia pessigolles als dits: era una barra de ferro que li enfonsaven a l'índex fins a una fondària d'un peu; Micromegas es pensà, a causa d'aquell pessigolleig, que havia sortit alguna cosa de dins del petit animal que tenia a la mà. Però, de primer, no es va ensumar res més. El microscopi, que amb prou feines feia distingir una balena i un vaixell, no tenia cap poder sobre un ésser tan imperceptible com un home. No és pas que em proposi de ferir en aquest passatge la vanitat de ningú, però em veig obligat a pregar a la gent d'upa que faci en aquest punt una petita observació amb mi: l'observació que, considerant que la talla dels homes és aproximadament de cinc peus, no fem pas a la terra més d'embalum que no en faria, en una bola

17. L'expedició tornà amb dues noies lapones.

de deu peus de circumferència, un animal que tingués d'alçària si fa no fa la sis-centes mil·lèsima part d'una puça. Imagineu-vos una substància que pogués tenir la terra a la mà, i que disposés d'òrgans proporcionals als nostres; i pot molt ben donar-se el cas que, de substàncies així, n'hi hagi moltes: ara, us prego que us imagineu què pensarien d'aquestes batalles en les quals hem conquerit dos llogarrets que després ens ha calgut tornar.

No tinc mica de dubte que, si cap capità dels grans granaders llegeix mai aquest llibre, farà enlairar pel cap baix dos peus més les gorres de la tropa; però l'adverteixo que per mi ja pot basquejar-se, que ell i la seva gent no seran sempre sinó éssers infinitament petits.

Quina traça meravellosa no calgué, doncs, al nostre filòsof de Sírius per albirar els àtoms de què acabo de parlar quan Leuwenhoek i Hartsoeker veieren, o es pensaren que veien, per primer cop la llavor de què nosaltres estem formats,[18] no feren pas, ni de bon tros, una descoberta tan astoradora. Quin plaer no sentí Micromegas en veient remoure's aquells ginys petitons, en examinant totes les voltes que feien, en seguir-los en totes llurs operacions! Quines exclamacions no féu! Amb quina alegria no posà un seu microscopi en mans del company de viatge!

—Els veig —deien tots dos alhora—; oi que veieu que duen fardells, que es vinclen, que es drecen?

Bo i dient això, les mans els tremolaven, d'alegria de veure uns objectes tan novells i de por de predre'ls. El saturnià, passant d'un excés de malfiança a un excés de credulitat, es pensà que veia que treballaven per la propagació de l'espècie.

—*Ah!* —deia—, *he ben enxampat la natura.*[19]

Les aparences, però, l'enganyaven, cosa que no és sinó massa freqüent, tant si fem servir microscopis com si no en fem servir.

18. Tots eren holandesos. Leuwenhoek (1682-1723) descobrí els espermatozoides i Hartsoeker (1656-1725) els estudià amb el microscopi.

19. És una frase de Fontenelle.

VI. EL QUE ELS PASSÀ AMB ELS HOMES

Micromegas, que era molt més bon observador que no el nan, veié clarament que els àtoms parlaven ells amb ells; i ho féu observar al seu company, el qual, avergonyit perquè s'havia equivocat en l'assumpte de la generació, no volgué pas creure que unes menudalles d'aquella mena es poguessin comunicar idees. Tenia do de llengües, com també en tenia el sirià; no sentia que els àtoms parlessin; i suposava que no parlaven. D'altra banda, com hauria pogut resultar que aquells éssers imperceptibles tinguessin òrgans per confegir la veu, i què tindrien per dir? Per tal de parlar, cal pensar abans, o bé alguna cosa que s'hi assembli; però, si pensessin, tindrien en conseqüència quelcom d'equivalent a una ànima. Ara: atribuir l'equivalent d'una ànima a aquella nissaga li semblava una cosa absurda.

—Però —digué el sirià— fa un moment us pensàveu que feien l'amor. ¿Que per ventura us penseu que es pot fer l'amor sense pensar i sense dir alguna cosa, o si més no sense fer-se escoltar? De més a més, ¿que per ventura us penseu que és més difícil de produir un argument que no una criatura? El que és jo, considero que l'una cosa i l'altra són misteris molt grans.

—Ja no m'atreveixo ni a creure ni a negar res —digué el nan—; ja no tinc cap opinió. Cal que mirem d'examinar aquests insectes, i després ja en parlarem.

—Molt ben dit —respongué Micromegas, i de seguida tragué unes tisores amb què es tallà les ungles, i amb una retalladura de l'ungla del polze féu tot d'una una mena de gran trompeta parladora com un vast embut, el tub del qual es posà a l'orella. La circumferència de l'embut envoltava el vaixell i tota la tripulació. Fins i tot la veu més feble entrava a les fibres circulars de l'ungla; de tal manera que gràcies a la seva indústria el filòsof dels dalts sentí perfectament el brunzir dels nostres insectes d'aquí. En poques hores arribà a distingir els mots, i finalment a comprendre el francès. El nan féu el mateix, encara que amb una mica més de dificultat. L'astorament dels viatgers es redoblava a cada moment. Sentien que una mena d'arnes parlaven amb prou bon seny: aquesta plagasitat de la natura els semblava inexplicable. No cal que us digui que el sirià i el seu acompanyant frisaven d'impaciència per fer conversa amb aquells àtoms: tenien por que llur veu de tro, i sobretot la de Micromegas, eixordessin les arnes sense ser-ne compreses. Calia minvar-ne la força. Es posaren a la boca una mena d'escuradents petits, l'extrem molt esprimatxat dels qual anava a donar a prop del vaixell. El sirià tenia el nan als genolls, i el vaixell amb la tripulació en una ungla. Acalava el cap i parlava baix. Finalment, mitjançant totes aquestes precaucions i moltes d'altres, Micromegas encetà així el discurs:

—Insectes invisibles, que la mà del Creador s'ha complagut a fer néixer a l'abisme de l'infinitament petit, dono gràcies al Creador perquè s'ha dignat a descobrir-me uns secrets que semblaven impenetrables. Potser, a la meva cort, ningú no es dignaria a mirar-vos; però, el que és jo, no menyspreo pas ningú, i us ofereixo la meva protecció.

Si mai hi ha hagut algú astorat, foren les persones que sentiren això. No podien endevinar d'on venien els mots. El capellà del vaixell recità les pregueres dels exorcismes, els mariners renegaren, i els filòsofs del vaixell bastiren tot un sistema; però, amb sistema i tot, no pogueren esbrinar qui parlava amb ells. El nan de Saturn, que tenia la veu més suau que no la de Micromegas, els assabentà llavors en poques paraules de la mena d'éssers amb qui se les heien. Els explicà el viatge a Saturn, els ennovà de qui era el senyor Micromegas, i, després d'haver-los compadit per llur poquesa, els demanà si sempre havien estat en aquella condició miseriosa i tan a tocar de l'anorreament, què feien en un globus que semblava que fos el senyoriu de les balenes, si eren feliços, si es multiplicaven, si tenien una ànima, i cent preguntes més d'aquesta mateixa mena.

Un raonador de l'estol, més ardit que els altres i empipat perquè li posaven en dubte l'ànima, observà l'interlocutor amb unes pínules orientades damunt un quadrant de cercle, féu dues parades, i, a la tercera, parlà d'aquesta guisa:

—De manera, senyor, que us penseu que perquè feu mil canes de cap a peus sou un...

—Mil canes! —exclamà el nan—. I ara! Com pot ser que sàpiga la meva alçària? Mil canes! I no s'equivoca pas ni d'una polzada. Com s'entén! Aquest àtom m'ha apamat! És geòmetra i em coneix la grandària; i jo, que no el veig sinó a través d'un microscopi, encara no li conec la seva!

—Sí, us he apamat —digué el físic—, i, de més a més, també apamaré el bordegàs del vostre company.

La proposta fou acceptada; Sa Excel·lència s'ajagué tan llarg com era, perquè, si s'hagués estat dret, el cap li hauria anat massa amunt dins els núvols. Els nostres filòsofs li plantaren un gran arbre en un indret que el doctor Swift anomenaria,[20] però que em guardaré bé prou d'esmentar pel nom a causa del gran respecte que tinc per les senyores. Després, valent-se d'un seguit de triangles enllaçats tots junts, tragueren la conclusió que allò que veien era efectivament un jove que feia cent vint mil peus de rei.

Llavors Micromegas pronuncià els mots següents:

—Ara veig més que mai que no hem de jutgar res per la grandària aparent. Déu meu, que heu dat una intel·ligència a unes substàncies que semblaven tan menyspreables, l'infinitament petit us costa tan poc com l'infinitament gran; i, si és possible que hi hagi éssers més petits que aquests, encara pot passar que tinguin una intel·ligència superior a la d'aquests animals superbs que he vist pel cel, i que només amb el peu cobririen el globus en el qual he davallat.

Un dels filòsofs li respongué que podia creure amb tota seguretat que efectivament hi ha éssers intel·ligents molt més petits que l'home. Li explicà, no pas totes les coses fabuloses que Virgili ha dit sobre les abelles, sinó el que Swammerdam ha descobert, i el que Réaumur ha dissecat.[21] L'ennovà finalment que hi ha uns animals que són per a les abelles el que les abelles són per a l'home, el que el sirià mateix era per a aquells animals tan vastos de què parlava, i el que aquests grans animals són per a d'altres substàncies davant les quals no es mostren sinó com àtoms. A poc a poc la conversa esdevingué interessant, i Micromegas parlà de la manera que veureu.

20. Al·lusió a la cruesa escatològica d'alguns passatges dels *Viatges de Gulliver*, a Lil·liput, principalment.

21. Virgili, cant quart de les Geòrgiques; Swammerdam (1637-1680) era un entomòleg holandès; Réaumur, a més de físic, era també naturalista i havia estudiat els insectes.

VII. CONVERSA AMB ELS HOMES

—Oh àtoms intel·ligents, en els quals l'Ésser eternal s'ha complagut a manifestar la seva traça i la seva puixança, segur que, en el vostre globus, tasteu alegries sense tara; perquè, com que teniu tan poca matèria i sembleu tots esperits, us deveu passar la vida estimant i pensant, perquè això és la veritable vida espiritual. No he vist enlloc la vertadera felicitat, però segur que és aquí.

En sentir això, tots els filòsofs sacsejaren el cap; i n'hi hagué un de més franc que els altres que confessà de bona fe que, llevat d'un petit nombre d'habitants que gaudeixen de molt poca consideració, tota la resta és una arreplega de ximples, de malvats i de desgraciats.

—Tenim prou i massa matèria —digué—, per fer molt de mal, si el mal ve de la matèria, i massa esperit, si el mal ve de l'esperit. ¿Ja sabeu, per exemple, que, en aquest moment mateix, hi ha cent mil bojos de la nostra nissaga, cofats amb capell, que maten uns altres cent mil bestiotes coberts amb un turbant, o bé en són exterminats,[22] i que, gairebé per tota la terra, les coses van així des de temps immemorials?

El sirià s'estremí i demanà quin motiu tenien aquelles conteses horribles entre uns animals tan esquifits.

—És qüestió —digué el filòsof— d'algun grumoll de fang no pas més gros que el vostre taló. Això no vol pas dir que cap dels milions d'homes que es fan degollar pensi que li valgui una malla aquest grumoll de fang. És qüestió només de saber si ha de pertànyer a un individu que és anomenat *Soldà* o bé a un altre que, no sé pas per què, en diuen *Cèsar*. Cap dels dos no

22. Al·lusió a la guerra, per la península de Crimea, entre els turcs, d'un costat, i els russos i els austríacs, de l'altre (1735-1739).

ha vist ni veurà mai la raconada de terra de què és tracta, i gairebé cap d'aquests animals que es degollen mútuament no ha vist mai l'animal pel qual es degollen.

—Ah, desgraciats! —exclamà el sirià indignat—, com es pot concebre aquest excés de ràbia forassenyada? Em vénen ganes de fer tres passes i esclafar amb tres puntades de peu tot aquest formiguer d'assassins ridículs.

—No us prenguéssiu pas aquesta molèstia —li fou respost—; ja prou que s'esforcen ells mateixos a buscar-se la ruïna. Heu de saber que un cop han passat deu anys no queda amb vida ni la centena part d'aquests miserables; heu de saber que, fins i tot en el cas que no haguessin desembeinat mai l'espasa, la fam, la fatiga o la intemperància els arrabassen gairebé tots. D'altra banda, no són pas ells qui cal castigar: són aquells bàrbars sedentaris que, des del fons de llur gabinet, ordenen, mentre van fent la païda, l'extermini d'un milió d'homes, i a continuació en fan dar les gràcies a Déu amb tota solemnitat.

El viatger se sentia commogut de pietat per la petita raça humana, en la qual descobria contrastos tan astoradors.

—Puix que pertanyeu al reduït nombre dels assenyats —digué a aquells senyors—, i, pel que sembla, no mateu ningú per diners, us prego que em digueu en què esmerceu el temps.

—Dissequem mosques —digué el filòsof—, mesurem línies, ajustem nombres, ens posem d'acord sobre dos o tres punts que entenem, i discutim sobre dos o tres mil que no entenem pas.

Immediatament el sirià i el saturnià tingueren l'antull de fer preguntes a aquells àtoms pensants per tal de saber les coses en les quals estaven d'acord.

—Quina distància compteu que hi ha —digueren— des de l'estel de la Canícula fins a l'estrella gran de Gèminis?

Respongueren tots alhora:

—Trenta-dos graus i mig.

—Quina distància compteu que hi ha d'aquí a la lluna?

—Seixanta semidiàmetres de la terra en nombres rodons.

—Quant pesa el vostre aire?

Es pensava que els enxamparia, però tots li digueren que l'aire pesa si fa no fa nou-cents cops menys que un volum semblant de l'aigua més lleugera, i dinou mil cops menys que l'or de ducat.[23] El nanet de Saturn, astorat per llurs respostes, sentí la temptació de considerar bruixots aquells mateixos éssers als quals un quart abans havia refusat una ànima.

23. Moneda d'or fi de l'època.

Finalment Micromegas els digué:

—Ja que sabeu tan bé el que hi ha fora de vosaltres, segur que encara sabeu millor el que hi ha a dins. Digueu-me què és la vostra ànima, i com formeu les idees.

Els filòsofs parlaren tots alhora com abans; però cada un tenia una opinió diferent. El més vell parlava d'Aristòtil, un altre pronunciava el nom de Descartes, un altre el de Malebranche, un altre el de Leibnitz, un altre el de Locke. Un vell peripatètic digué ben alt i segur de si mateix:

—L'ànima és una *entelèquia*, i una raó per mitjà de la qual té la potència d'ésser el que és. Això, ho diu d'una manera ben expressa Aristòtil, a la pàgina 633 de l'edició del Louvre:[24] 'Εντελεχειά ἐστί, etc.

—No entenc gaire el grec —digué el gegant.

—Ni jo tampoc —digué l'arna filosòfica.

—Doncs per què citeu un tal Aristòtil en grec?

—Per què —digué el savi— bé cal que, allò que no entenem gens ni mica, ho citem en la llengua que entenem menys.

El cartesià prengué la paraula, i digué:

—L'ànima és un esperit pur, que ha rebut en el ventre de la mare totes les idees metafísiques i que, en sortir-ne, es veu obligat a anar a l'escola i a aprendre de bell nou[25] allò que ha sabut tan bé i que ja no sabrà.

—De manera que no valia pas la pena —respongué l'animal de vuit llegües— que la teva ànima fos tan saberuda en el ventre de la teva mare, per ésser tan ignorant quan t'hagués crescut la barba. Però, què entens per esperit?

—Quines coses de demanar-me! —digué el raonador—; no ho sé pas: diuen que no és matèria.

—Però, si més no, saps què és la matèria?

—I tant —respongué l'home—. Per exemple, aquesta pedra és grisa i d'una forma així, i té les tres dimensions que li pertoquen, i pesa, i és divisible.

—Molt bé! —digué el sirià—. Aquesta cosa que et sembla que és divisible, pesada i grisa, em sabries dir què és? Veus uns quants atributs; però, coneixes el fons de la cosa?

—No —digué el filòsof.

—O sigui, que no saps pas què és la matèria.

Llavors el senyor Micromegas, adreçant la paraula a un

24. L'edició de Guillaume du Val, publicada el 1619 i reimpresa exactament el 1629. La citació es troba, en efecte, a la pàgina 633 del primer volum, encara que l'exactitud en la citació satiritzi la pedanteria del personatge.

25. Sàtira de la teoria de les idees innates.

altre savi que tenia al polze, li demanà què era la seva ànima, i què feia.

—Res de res —respongué el filòsof de l'escola de Malebranche—, és Déu qui ho fa tot en lloc meu; ho veig tot en ell, ho faig tot en ell: és ell qui ho fa tot sense que jo hi intervingui.

—Doncs fóra el mateix no existir —replicà el savi de Sírius.

—I tu, amic —digué a un leibnitzià que era allí—, què em dius que és la teva ànima?

—És —respongué el leibnitzià—, una agulla que assenyala les hores mentre el meu cos les va tocant; o bé, si ho voleu dir així, l'ànima toca les hores i el cos assenyala l'hora; o bé l'ànima és l'espill de l'univers, i el cos és el marc del mirall: això no té dubte.

Hi havia ben a prop un petit partidari de Locke; i quan finalment li hagueren adreçat la paraula, digué:

—No sé pas com és que penso, però sé que no he pensat mai sinó arran dels meus sentits. No dubto pas que hi ha substàncies immaterials i intel·ligents; però dubto molt i molt que a Déu li sigui impossible de comunicar pensament a la màteria. Venero la puixança eterna, i no em pertoca de posar-li límits; no afirmo res, em conformo amb creure que hi ha més coses possibles que no ens pensem.

L'animal de Sírius somrigué: no li semblà que aquell fos el menys assenyat; i el nan de Saturn hauria abraçat el seguidor de Locke, si no arriba a ésser per l'extrema desproporció corporal. Però, malauradament, hi havia allí un petit animàlcul de capell quadrat[26] que tallà la paraula a tots els animàlculs filòsofs; digué que sabia tot el secret, que era una cosa que podia trobar-se a la *Summa* de sant Tomàs; mirà amb aires de superioritat els dos habitants celests; els sostingué la teoria que llurs persones, llurs mons, llurs sols, llurs estels, tot plegat era fet únicament per a l'home. En sentint això, els nostres dos viatgers es llançaren l'un en braços de l'altre rebentant-se de riure amb aquell riure inextingible que, segons Homer,[27] pertoca als déus; llurs espatlles i llurs ventres anaven i venien, i en aquelles convulsions el vaixell, que el sirià tenia a l'ungla, caigué en una butxaca de la calça del saturnià. Aquells dos bons jans passaren molta estona buscant-lo; finalment retrobaren la tripulació, i tornaren a arranjar-la molt polidament. El sirià reprengué la conversa amb les petites arnes; els continuà parlant amb molta amabilitat, encara que, en el fons del cor,

26. Un doctor de la Sorbona.

27. A la darreria del primer cant de la *Ilíada*.

estava una mica empipat de veure que els infinitament petits tinguessin un orgull gairebé infinitament gran. Els prometé de confegir-los un bell llibre de filosofia, escrit amb una lletreta ben menuda per a ús d'ells, i que en aquell llibre veurien l'entrellat de les coses. Efectivament els donà el volum del cas abans de marxar; el dugueren a París, a l'Acadèmia de Ciències; però, quan el secretari[28] l'obrí, no veié sinó un llibre tot en blanc:

—*Ah!* —digué—, *ja m'ho havia pensat.*

28. Fontenelle.

CÀNDID
O L'OPTIMISME

Traduït de l'alemany
pel senyor doctor Ralph, amb les
addicions que hom trobà a la butxaca
del doctor, quan morí a Minden,
l'any de gràcia 1759

Traducció de Carles Soldevila

Primera edició catalana: Voltaire, *Càndid*, Barcelona: Llibreria Catalònia (Biblioteca Univers, 1), 1928.

I. COM CÀNDID FOU CRIAT EN UN BELL CASTELL I COM EN FOU FORAGITAT

Hi havia a Westfàlia, al castell del senyor baró de Thunder-ten-tronckh, un minyó al qual la natura havia concedit el tarannà més dolç. La seva fesomia anunciava la seva ànima. Tenia el judici prou dret i l'esperit més simple; és per això, em penso, que li deien Càndid. Els criats antics de la casa sospitaven que era fill de la germana del senyor baró i d'un bo i honrat gentilhome del veïnat, que la dita senyoreta no havia volgut prendre per marit perquè no havia pogut provar sinó setanta-un quarters, i la resta del seu arbre genealògic havia estat malmesa per la injúria del temps.

El senyor baró era un dels més poderosos senyors de Westfàlia, puix que la seva casa tenia portes i finestres. Àdhuc la seva sala principal era ornada amb una tapisseria. Tots els gossos plegats dels seus corrals podrien, si calia, formar una canilla; els seus palafreners eren els seus picadors; el vicari del poble era el seu gran almoiner. Tots li deien monsenyor i reien quan explicava contes.

La senyora baronessa, que pesava prop de tres-centes cinquanta lliures, es guanyava per aquest fet una gran consideració, i feia els honors de la casa amb una dignitat que encara la tornava més respectable. La seva filla Cunegunda, de disset anys d'edat, era de color pujat, fresca, grassa, apetitosa. El fill del baró semblava en tot digne del seu pare. El preceptor Pangloss era l'oracle de la casa, i el petit Càndid escoltava les seves lliçons amb tota la bona fe de la seva edat i del seu caràcter.

Pangloss ensenyava la metafísico-teòlogo-cosmolo-ximplologia. Provava admirablement que no hi ha efecte sense causa, i que en aquest món, el millor dels mons possibles, el castell de monsenyor el baró era el més bell dels castells, i la senyora, la millor de les baronesses possibles.

«És cosa demostrada —deia— que les coses no poden ésser d'altra manera; car, essent fet tot per a un fi, tot és necessàriament a fi de bé. Noteu com els nassos han estat creats per a suportar les ulleres; per això mateix n'hi ha, d'ulleres. Les cames són visiblement instituïdes per a portar calces, i tenim calces. Les pedres han estat fetes per a ésser picades i per a ferne castells; així, el senyor baró té un magnífic castell: al baró més gran de la província li pertoca d'ésser el més ben allotjat; i, com que els porcs són fets per a ésser menjats, mengem porc tot l'any; per consegüent, aquells qui han dit que tot està bé, han dit una ximpleria; cal dir que tot està al millor possible.»

Càndid escoltava atentament i creia innocentment; car trobava la senyoreta Cunegunda extremament bella, per bé que mai no tingué la gosadia de dir-li-ho. Concloïa que, després de la felicitat d'haver nascut baró de Thunder-ten-tronckh, el segon grau de la felicitat era d'ésser la senyoreta Cunegunda; el tercer, de veure-la cada dia; el quart, d'escoltar el mestre Pangloss, el filòsof més gran de la província, i, per consegüent, de tota la terra.

Un dia Cunegunda, tot passejant vora el castell, en el bosquet que anomenaven parc, va veure entre dues bardisses el doctor Pangloss, que donava una lliçó de física experimental a la cambrera de la seva mare, noieta bruna molt bonica i dòcil. Com que la senyoreta Cunegunda tenia molta disposició per a les ciències, observà sense dir piu les experiències reiterades de què va ésser testimoni; va veure clarament la raó suficient del doctor, els efectes i les causes, i va tornar tota agitada, tota consirosa, tota plena del desig d'ésser sàvia, pensant que ella podria molt bé ésser la raó suficient del jove Càndid, que també podria ésser la seva.

Va trobar Càndid en tornar al castell i va enrojolar-se. Ella li va dir el bon dia amb veu entretallada; i Càndid li va parlar sense saber el que deia. I l'endemà, en havent dinat, quan es llevaven de taula, varen trobar-se darrera un paravent; Cunegunda va deixar caure el seu mocador, Càndid el va collir; ella li retingué la mà innocentment; el minyó va besar innocentment la mà de la donzella amb una vivacitat, una sensibilitat i una gràcia ben particulars; llurs boques varen ajuntar-se, llurs mans es varen esgarriar. El senyor baró Thunder-ten-tronckh va passar a prop del paravent, i, en veure aquella causa i aquell efecte, va llançar Càndid del castell a puntades de peu al darrera. Cunegunda va desmaiar-se; la baronessa cuità a bufetejar-la així que va retornar-se, i tothom va consternar-se en el més bell i el més agradable dels castells possibles.

II. EL QUE VA ESDEVENIR CÀNDID ENTRE ELS BÚLGARS

Càndid, expulsat del paradís terrestre, va marxar molts dies a la ventura, plorant, alçant els ulls al cel, girant-los sovint cap al més bell dels castells que allotjava la més bella de les baronessetes; va jaure sense sopar al mig dels camps, entre dues regues; la neu queia a grossos flocs. Càndid, tot transit, va arrossegar-se l'endemà fins a la ciutat veïna, que es deia Valdberghoff-trarbk-dikdorf, no tenint cap diner, morint de fam i de cansament. Va deturar-se tristament a la porta d'una taverna. Dos homes vestits de blau se n'adonaren:

—Company —digué l'un—, ve't ací un minyó molt ben plantat i que té l'alçada exigida.

Varen acostar-se a Càndid i l'invitaren a dinar molt polidament.

—Senyors —va dir-los Càndid, amb una modèstia encisera—, em feu molt d'honor, però no tinc amb què pagar el meu escot.

—Ah, senyor —va dir-li un dels blaus—, les persones que tenen la vostra planta i el vostre mèrit no paguen mai res; ¿no feu cinc peus i cinc polzades d'alçada?

—Sí, senyors; aquesta és la meva talla —va dir tot fent la reverència.

—Ah, senyor, poseu-vos a taula; va pel nostre compte. No tolerarem mai que un home com vós manqui de res. Els homes han estat fets per a auxiliar-se recíprocament.

—Teniu raó —va fer Càndid—; és això el que m'ha dit sempre el doctor Pangloss, i veig ben clar que tot va de la millor manera possible.

El preguen d'acceptar alguns escuts, els accepta i es disposa a lliurar-ne rebut, però els altres no en volen. Seuen a taula.

—No estimeu tendrament...?

—Oh, sí —va respondre ell—, estimo tendrament la senyoreta Cunegunda.

—No —va exclamar l'un d'aquells senyors—, us demanem si estimeu tendrament el rei dels búlgars.

—Gens ni mica —va fer—. No l'he vist mai.

—Què dieu? És el més enciser dels reis, i cal que beguem a la seva salut.

—Oh, amb molt de gust, senyors.

I va beure.

—Ja tenim prou —li varen dir— des d'ara sou el suport, el defensor, l'heroi dels búlgars; la vostra fortuna és feta i la vostra glòria assegurada.

I tot seguit el fermen i el duen al regiment. El fan girar a l'esquerra, treure la baqueta, tornar-la a posar, engaltar l'arma, tirar, doblar el pas, i li donen trenta bastonades. L'endemà fa l'exercici una mica menys malament i no rep sinó vint bastonades; el dia següent no li'n donen sinó deu, i els companys el miren com un prodigi.

Càndid, estupefacte, no esbrinava encara gaire bé com havia esdevingut un heroi. Un bonic dia de primavera, prengué el determini de sortir a passejar, marxant enllà, en la creença que era un privilegi de l'espècie humana, com de l'espècie animal, de servir-se al seu albir de les cames. No havia caminat dues llegües, que ja l'atrapen quatre herois de sis peus d'alçada, el lliguen i el duen a un calabós. Li varen demanar jurídicament què s'estimava més: o bé d'ésser fuetejat trenta-sis vegades per tot el regiment, o bé de rebre dotze bales de plom al cervell. El jove va proclamar que les voluntats són lliures i que no volia ni l'una cosa ni l'altra; el capdavall li calgué fer una tria. Va determinar-se, en virtut del do de Déu que anomenem *llibertat*, a passar trenta-sis vegades per les baquetes; va fer dos viatges. El regiment estava compost per dos mil homes. Això vol dir que va rebre quatre mil cops de baqueta, que des de la nuca fins al cul li deixaren músculs i nervis al descobert. Quan anava a realitzar la tercera passada, Càndid no podia més, demanà per favor que li volguessin esberlar el cap; li ho varen atorgar. Li embenaren els ulls i el varen fer agenollar. El rei dels búlgars passa en aquell instant, s'informa del crim del pacient, i, com que aquell rei tenia un gran geni, va comprendre, per tot el que li deien de Càndid, que es tractava d'un jove metafísic força ignorant de les coses d'aquest món, i li va concedir la seva gràcia amb una clemència que serà lloada per tots els diaris i per tots els segles.

Un honrat cirurgià va guarir Càndid en tres setmanes amb els emol·lients ensenyats per Dioscòrides. Tenia ja una mica de pell i podia caminar, quan el rei dels búlgars va lliurar batalla al rei dels abars.

III. COM CÀNDID S'ESCAPÀ D'ENTRE ELS BÚLGARS, I EL QUE ESDEVINGUÉ

Res no hi havia tan bell, tan eixerit, tan brillant, tan ben ordenat, com els dos exèrcits. Les trompetes, els pifres, els oboès, els tambors, els canons, formaven una harmonia tal com mai no n'hi ha hagut a l'infern. Els canons, per començar, aterraven prop de sis mil homes per cada banda; després, la mosqueteria llevà del millor dels mons al voltant de nou o deu mil galifardeus que n'infectaven la superfície. La baioneta fou també la raó suficient de la mort d'alguns milers d'homes. Tot plegat, pujava ben bé a unes trenta mil ànimes. Càndid, que tremolava com un filòsof, va amagar-se tan bé com va poder, durant aquest carnatge heroic. A la fi, mentre que tots dos reis, cadascun en el seu camp, feien cantar un tedèum, va prendre el determini d'anar-se'n a una altra banda a raonar sobre els efectes i les causes. Va passar per damunt de piles de morts i d'agonitzants, i arribà en un poble veí; estava reduït a cendres; era una vila abar que els búlgars havien cremat, segons les lleis del dret públic. Aquí, vells clivellats de cops veien morir llurs dones degollades, els infants agafats a llurs mamelles sangonoses. Més enllà, noies esventrades, després d'haver apaivagat les necessitats naturals d'alguns herois, lliuraven llurs darrers sospirs; d'altres, mig cremades, demanaven a crits que volguessin acabar llur suplici. Cervells vessaven per terra, al costat de cames i de braços tallats.

Càndid va fugir cames ajudeu-me a un altre poble; pertanyia als búlgars, i els herois abars l'havien tractat en la mateixa forma. Càndid, caminant sempre damunt membres palpitants, o a través de ruïnes, sortí finalment del teatre de la guerra, duent algunes provisions en el seu sarró i sense mai oblidar la senyoreta Cunegunda. Les seves provisions li mancaven quan arribava a Holanda; però, havent sentit dir que en aquest país tothom era ric i tothom era cristià, no va dubtar que el tractarien tan bé com ho havia estat en el castell del senyor baró, abans que l'en traguessin els deliciosos ulls de la senyoreta Cunegunda.

Va demanar caritat a diversos personatges greus, que li varen respondre que si continuava fent aquell ofici el tancarien en una casa de correcció per a ensenyar-li de viure.

En acabat, va adreçar-se a un home que havia parlat tota una hora de carrera sobre la caritat, davant una gran assemblea. L'orador el va mirar de cua d'ull i li va dir:

—Què veniu a fer aquí? Esteu al costat de la bona causa?

—No hi ha efecte sense causa —va respondre modestament Càndid—. Tot s'encadena necessàriament i està combinat de la millor manera possible. Ha calgut que fos expulsat de la vora de la senyoreta Cunegunda, que hagi passat per les baquetes, i cal que demani el meu pa, fins a tant que me'l pugui guanyar; tot això no podia pas anar altrament.

—Amic meu —li digué l'orador—, ¿creieu que el papa sigui l'Anticrist?

—Encara no ho havia sentit dir —va respondre Càndid—; però bé el sigui, bé no el sigui, jo no tinc un mos de pa.

—Ni mereixes menjar-ne —va fer l'altre—. Vés-te'n, pocavergonya; vés, miserable, no tornis a acostar-te en els dies de la teva vida.

La dona de l'orador, que havia tret el cap a la finestra, en veure un home que dubtava que el papa fos l'Anticrist, cuità a vessar-li sobre el cap un orinal ple... Oh cel!, a quins excessos el zel religiós mena les senyores!

Un home que no havia estat batejat, un bon anabaptista, anomenat Jaume, va veure la manera cruel i ignominiosa com era tractat un dels seus germans, un ésser de dos peus, sense plomes, que tenia una ànima; el va conduir a casa seva, el va netejar, li va donar pa i cervesa, li féu present de dos florins i fins va voler ensenyar-lo a treballar en les seves manufactures de teixits perses que són fabricats a Holanda. Càndid, prosternant-se gairebé davant seu, exclamà:

—Mestre Pangloss m'ho havia dit prou, que tot és combinat a fi de bé en aquest món, perquè em senti infinitament més commogut per la vostra extrema generositat que per la duresa d'aquell senyor de la capa negra i de la seva senyora muller.

L'endemà, tot passejant, va trobar un captaire tot cobert de pústules, els ulls apagats, la punta del nas ratada, la boca torta, les dents negres i parlant amb veu gutural, turmentat per una tos violenta i escopint una dent a cada esforç.

IV. COM TROBÀ CÀNDID EL SEU ANTIC MESTRE DE FILOSOFIA, EL DOCTOR PANGLOSS, I EL QUE EN VINGUÉ

Càndid, més commogut encara de pietat que d'horror, va donar a aquell espaventable captaire els dos florins que havia rebut del seu honrat anabaptista Jaume. La fantasma el va mirar fixament, vessà unes llàgrimes i se li llançà al coll. Càndid, esglaiat, reculà.

—Ai de mi! —digué l'un miserable a l'altre miserable—; ja no reconeixeu el vostre car Pangloss?

—Què sento? Vós, el meu caríssim mestre? ¿Vós, en aquest horrible estat? Quina desgràcia us ha ocorregut, doncs? Com és que ja no esteu al més bell dels castells? Què ha esdevingut la senyoreta Cunegunda, la perla de les noies, l'obra mestra de la natura?

—No puc més —digué Pangloss.

Tot seguit, Càndid el va dur a l'estable de l'anabaptista, on li féu menjar un bocí de pa; i quan Pangloss va refer-se:

—I bé —li va dir—, Cunegunda?

—És morta —va respondre l'altre.

Càndid s'esblaimà tot sentint aquesta paraula: el seu amic va retornar-lo amb l'ajut d'unes gotes de mal vinagre que per atzar es trobava a l'establa. Càndid obrí altre cop els ulls.

—Cunegunda és morta! Ah, el millor dels mons, on ets? Però de quina malaltia és morta? ¿Per ventura no serà d'haver-me vist foragitat del bell castell del seu senyor pare a puntades de peu?

—No —va dir Pangloss—, ha estat esventrada pels soldats búlgars, després d'haver estat violada tant com sia possible ésser-ho; han trencat el cap del senyor baró, que volia defensar-la; la senyora baronessa ha estat tallada a miques; el meu pobre deixeble, tractat precisament com la seva germana; i pel que fa al castell, no resta pedra sobre pedra, ni una granja, ni un moltó, ni un ànec, ni un arbre; però ens hem ben venjat, perquè els abars han fet altre tant en una baronia veïna que pertanyia a un senyor búlgar.

Havent sentit aquest discurs, Càndid es va tornar a desmaiar; però, refet i després de dir tot el que havia de dir, va inquirir la causa i l'efecte, i la raó suficient que havia posat Pangloss en un estat talment deplorable.

—Ai las! —clamà l'altre—, és l'amor; l'amor, el consolador del gènere humà, el conservador de l'univers, l'ànima de tots els éssers sensibles, el tendre amor.

—Ai de mi! —féu Càndid—, prou l'he conegut, aquest amor, aquest sobirà dels cors, aquesta ànima de la nostra ànima; no li he d'agrair sinó una besada i vint puntades de peu al cul. Com expliqueu que tan bella causa hagi pogut produir en mi un efecte tan abominable?

Pangloss va respondre en aquests termes:

—Oh, el meu estimat Càndid! Vós heu conegut Paqueta, la bonica seguidora de la nostra augusta baronessa; en els seus braços he tastat les delícies del paradís, que han produït aquestes tortures de l'infern que ara em devoren; ella n'estava infectada, potser n'ha mort. Paqueta havia rebut aquest present d'un caputxí molt savi que havia remuntat fins a la font, puix que ho tenia d'una vella comtessa, que l'havia rebut d'un capità de cavalleria, que el devia a una marquesa, que el recollí d'un patge, que l'havia rebut d'un jesuïta, el qual essent novici l'havia tingut en línia directa d'un dels companys de Cristòfor Colom. Jo, en canvi, no l'encomanaré a ningú, puix que em moro.

—Oh Pangloss! —exclamà Càndid—, heus ací una estranya genealogia! L'origen no en serà el mateix diable?

—Ca! —replicà aquell gran home—; era una cosa indispensable en el millor dels mons, un ingredient necessari; perquè, si Colom no hagués atrapat en una illa d'Amèrica aquesta malaltia que emmetzina la font de la generació, que sovint fins impedeix la generació, i que és evidentment l'oposat a la gran finalitat de la natura, no tindríem ni la xocolata, ni la cotxinilla; cal observar també que, ara com ara, aquesta malaltia ens és particular com la controvèrsia. Els turcs, els indis, els perses, els xinesos, els siamesos, els japonesos no la coneixen encara; però hi ha una raó suficient perquè la coneguin d'aquí a alguns segles. Mentrestant, ha fet un progrés meravellós entre nosaltres, i sobretot en aquests grans exèrcits compostos d'estipendiaris ben educats, que decideixen la sort dels Estats; hom pot assegurar que, quan trenta mil homes combaten en batalla formal contra tropes iguals, hi ha si fa no fa vint mil verolats per banda.

—Vet ací una cosa admirable —declarà Càndid—, però cal que us feu guarir.

—I com puc fer-ho? —va dir Pangloss—. No tinc un sou, amic meu, i en tota l'extensió de la terra hom no pot fer-se fer una sagnia ni prendre una lavativa sense pagar o sense que hi hagi algú que pagui per nosaltres.

Aquests darrer parlament determinà Càndid; va anar-se a tirar als peus del seu caritatiu anabaptista Jaume, i li va fer una pintura tan commovedora de l'estat en què es trobava el seu amic, que el bon home no vacil·là a recollir el doctor Pangloss; el va fer curar a despeses seves. Pangloss, en el tractament, no va perdre sinó un ull i una orella. Escrivia bé i coneixia perfectament l'aritmètica. L'anabaptista Jaume en va fer el seu tenidor de llibres. Al cap de dos mesos, tenint necessitat d'anar a Lisboa per a operacions del seu negoci, va emmenar-se en el vaixell els seus dos filòsofs. Pangloss li va explicar com tot era el millor possible. Jaume no era d'aquest parer.

—Cal —deia— que els homes hagin corromput una mica la natura, perquè no han nascut llops i s'han convertit en llops. Déu no els ha donat ni canons de vint-i-quatre ni baionetes, i ells s'han fabricat baionetes i canons per a destruir-se. Podria també retreure les bancarrotes i la justícia que s'apodera dels béns dels bancarrotistes per llevar-los als creditors.

—Tot això és indispensable —replicà el doctor borni—, i les desgràcies particulars fan el bé general; de manera que, com més desgràcies particulars hi ha, més bé va el món.

Mentre que ell enraonava, l'aire es va enfosquir, els vents varen bufar dels quatre punts cardinals, i el vaixell va ésser assaltat per la més terrible tempestat a les envistes del port de Lisboa.

V. TEMPESTA, NAUFRAGI, TERRATRÈMOL, I EL QUE ESDEVINGUEREN EL DOCTOR PANGLOSS, CÀNDID I L'ANABAPTISTA JAUME

La meitat dels passatgers, afeblits, expirant d'aquestes angúnies inconcebibles que el balanceig d'un vaixell imposa als nervis i a tots els humors del cos agitats en sentits contraris, no tenia ni esma per a inquietar-se del perill. L'altra meitat llançava crits i pregava; les veles s'havien esquinçat, els màstils eren romputs, el vaixell fendit. Treballava el qui podia, ningú no s'entenia, ningú no manava. L'anabaptista ajudava una mica a la maniobra; era a la coberta; un mariner furiós li pega furiosament i l'estén sobre les fustes; però va descarregar el cop amb tanta violència, que perdé l'equilibri i caigué fora del navili, cap per avall. Va restar suspès i arrapat a un tros de màstil romput. El bon Jaume corre al seu auxili, l'ajuda a pujar fins a la coberta, però de l'esforç que fa es precipita en la mar a la vista del mariner, que el deixa morir sense ni tan sols dignar-se a mirar-lo. Càndid s'acosta, veu el seu benefactor que reapareix un instant i que és engolit per sempre. Vol tirar-se a l'aigua: el filòsof Pangloss l'en priva, tot provant-li que la badia de Lisboa havia estat feta a posta perquè s'hi negués aquell anabaptista. Mentre que ell argumentava *a priori*, el vaixell es bada, tothom mor, a excepció de Pangloss, de Càndid i d'aquell brutal mariner que havia negat el virtuós anabaptista; el brètol va nedar feliçment fins a la vora, on Pangloss i Càndid foren duts per una fusta.

Quan varen reprendre una mica el coneixement, caminaren cap a Lisboa; els restava algun diner, amb el qual esperaven salvar-se de la fam després d'haver escapat de la tempesta.

Tot just posen els peus a la ciutat, plorant la mort de llur benefactor, senten tremolar la terra sota llurs peus; la mar s'eleva bullint en el port i destrossa els vaixells ancorats. Remolins de foc i de cendres cobreixen els carrers i les places públiques; les cases s'esfondren, els sostres cauen sobre els fonaments, i els fonaments es dispersen; trenta mil habitants de tota edat i sexe són esclafats sota les runes. El mariner deia, xiulant i jurant:

—Alguna cosa hi haurà a guanyar, aquí.

—Quina serà la raó suficient d'aquest fenomen? —deia Pangloss.

—Heus aquí el darrer dia del món —exclamà Càndid.

El mariner corre promptament al mig del desastre, desafia la mort per trobar diner; en troba, se n'apodera, s'embriaga i, després d'haver dormit el vi, compra els favors de la primera dona de bona voluntat que troba entre les ruïnes de les cases aterrades i entre els moribunds i els morts. Pangloss, mentrestant, l'estirava de la màniga:

—Amic meu —li deia—, això no està bé; manqueu a la raó universal; heu triat mal moment.

—Sang i fetge! —va respondre l'altre—, sóc mariner i he nascut a Batàvia; he trepitjat quatre cops el crucifix en quatre viatges al Japó; com hi ha Déu que has trobat el teu home amb la teva raó universal!

Alguns trossos de pedra havien ferit Càndid; estava estès al carrer i cobert de runa. Deia a Pangloss:

—Ai de mi!, procura'm una mica de vi i d'oli; em moro.

—Aquest terratrèmol no és pas una cosa nova —respongué Pangloss—; la ciutat de Lima va experimentar els mateixos sotracs a Amèrica l'any passat; causes iguals, efectes iguals; hi ha probablement una veta de sofre sota terra des de Lima fins a Lisboa.

—Res tan probable —respongué Càndid—; però, per Déu!, una mica d'oli i una mica de vi.

—Què dieu, probable! —replicà el filòsof—. Jo sostinc que la cosa està demostrada.

Càndid va perdre el coneixement, i Pangloss li dugué una mica d'aigua d'una font veïna.

L'endemà, havent trobat algunes provisions de boca entre les ruïnes, varen restaurar una mica les forces. De seguida, varen treballar com els altres per alleujar els habitants que n'havien sortit amb vida. Alguns ciutadans auxiliats per ells els donaren un dinar tan bo com era possible enmig de tal desastre: val a dir que l'àpat era trist; els convidats regaven el pa amb llurs llàgrimes; però Pangloss els consolà assegurant-los que les coses no podien anar de cap altra manera:

—Perquè —va dir— tot plegat és la millor cosa; perquè, si hi ha un volcà a Lisboa, no podia ésser en un altre lloc, perquè és impossible que les coses no siguin on són, perquè tot està bé.

Un homenet negre, familiar de la Inquisició, que li era al costat, prengué polidament la paraula i digué:

—Pel que veig, el senyor no creu en el pecat original; perquè, si tot està tan bé com és possible, no hi ha hagut ni caiguda ni càstig.

—Demano molt humilment perdó a Vostra Excel·lència —va respondre Pangloss, encara més polidament—, car la caiguda de l'home i la maledicció entraven necessàriament en el millor dels mons possibles.

—El senyor no creu, doncs, en la llibertat? —va dir el familiar.

—Vostra Excel·lència m'excusarà —va dir Pangloss—; la llibertat pot subsistir amb la necessitat absoluta; perquè era necessari que fóssim lliures; perquè, en fi, la llibertat determinada...

Pangloss era al bell mig de la seva frase, quan el familiar va fer un senyal de cap al seu criat que li servia vi de Porto, o d'Oporto.

VI. COM ES VA FER UN BONIC *AUTO DE FE* PER A IMPEDIR ELS TERRATRÈMOLS, I COM CÀNDID VA ÉSSER ASSOTAT

Després del terratrèmol que havia destruït les tres quartes parts de Lisboa, els assenyats del país no havien trobat mitjà més eficaç per a prevenir una ruïna total que oferir al poble un bell *auto de fe*; havia estat resolt per la Universitat de Coïmbra que l'espectacle d'algunes persones cremades a foc lent, amb gran cerimònia, és un secret infal·lible per a impedir que la terra tremoli.

En conseqüència, hom havia agafat un biscaí convicte d'haver-se casat amb la seva comare, i dos portuguesos que tot menjant un pollastre n'havien arrencat el llard. En havent dinat vingueren a agafar el doctor Pangloss i el seu deixeble Càndid, l'un per haver parlat i l'altre per haver escoltat amb un aire d'aprovació; tots dos foren conduïts separadament a unes cambres extraordinàriament fresques, en les quals el sol mai no feia nosa. Vuit dies després varen ésser vestits tots dos amb un *sanbenito*, i llurs caps foren coberts amb mitres de paper: la mitra i el *sanbenito* de Càndid estaven pintats de flames capgirades i de diables que no tenien ni cua ni grapes; però els diables de Pangloss tenien cua i grapes i les flames eren dretes. Varen caminar en processó, vestits d'aquesta manera, i varen escoltar un sermó molt patètic, seguit d'una bella música en falset.

Càndid va ésser apallissat seguint la cadència mentre cantaven; el biscaí i els dos homes que no havien volgut menjar llard foren cremats, i Pangloss va ésser penjat, tot i que això s'aparta del costum. El mateix dia la terra va tornar a estremir-se amb un soroll espaventable.

Càndid, esglaiat, atordit, esmaperdut, tot sagnant, tot palpitant, es deia a ell mateix: «Si aquí és el millor dels mons possibles, els altres què seran? Passi encara si sols m'haguessin apallissat; ja ho vaig ésser quan vivia entre els búlgars; però, oh caríssim Pangloss!, el més gran dels filòsofs, calia que us veiés penjat, sense que sàpiga per què? Oh el meu estimat anabaptista, el millor dels homes, ¿calia que us neguéssiu al port? Oh senyoreta Cunegunda!, la perla de les noies, ¿calia que us fendissin el ventre?»

Es retirava, tenint-se dret amb penes i treballs, sermonejat, assotat, absolt i beneït, quan una vella se li va atansar i li va dir:

—Fill meu, preneu coratge i seguiu-me.

VII. COM UNA VELLA VA PRENDRE ESMENT DE CÀNDID I COM VA RETROBAR L'OBJECTE DEL SEU AMOR

Càndid no va prendre coratge, però va seguir la vella fins a una cofurna; ella li va donar un flascó de pomada per a untar-se'n; el deixà menjar i beure: li va ensenyar un llit força net; al costat del llit hi havia un vestit complet.

—Mengeu, beveu, dormiu —li digué la vella—, i que Nostra Dona d'Atocha, i el senyor sant Antoni de Pàdua, i el senyor sant Jaume de Compostel·la us protegeixin! Demà tornaré.

Càndid, sense refer-se de la sorpresa i de tot el que havia vist i patit, i més encara de la caritat de la vella, volgué besar-li la mà.

—No és la meva mà la que us cal besar —digué ella—; tornaré demà. Feu-vos fregues amb la pomada, mengeu i dormiu.

Càndid, tot i el nombre de les seves desgràcies, menjà i dormí. L'endemà la vella li duu el desdejuni, li visita l'esquena, la hi frega ella mateixa amb una altra pomada; més tard li duu el dinar i torna al vespre per dur-li el sopar. L'altre dia encara va repetir les mateixes cerimònies.

—Qui sou? —li demanava Càndid una i altra vegada—; qui us ha inspirat tanta bondat? Com us ho podré pagar?

La bona dona mai no responia. Va tornar cap al tard i no va dur el sopar.

—Veniu amb mi —va fer—, i no digueu paraula.

El pren pel braç i camina amb ell pel camp si fa no fa un quart de milla; arriben a una casa isolada, voltada de jardins i de canals. La vella truca a una petita porta. Obren: ella mena Càndid per una escaleta retirada a una sala daurada, el deixa damunt un canapè de brocat, torna a tancar la porta i se'n va.

 Càndid creia que somniava i considerava tota la seva vida

com un somni funest i el moment present com un somni agradable.

La vella reaparegué aviat; sostenia amb treballs una dona majestuosa, brillant de pedreria i coberta amb un vel.

—Lleveu aquest vel —va dir la vella a Càndid.

El minyó s'acosta; alça el vel amb mà tímida. Quin moment! Quina sorpresa! Creu que veu la senyoreta Cunegunda; la veia, en efecte: era ella mateixa. La força li manca, no pot pronunciar un mot, cau als seus peus. Cunegunda cau en el canapè. La vella els ruixa amb aigües espirituoses, reprenen llurs sentits, es parlen. De primer, bescanvien mots entretallats, preguntes i respostes, sospirs, llàgrimes, crits. La vella els recomana que no facin tant soroll i els deixa en llibertat.

—Com! Sou vós? —li digué Càndid—. Viva encara! Us trobo a Portugal! No us han, doncs, violat? ¿No us han estripat, com m'havia assegurat el filòsof Pangloss?

—Sí, sí —digué la bella Cunegunda—; però no sempre es mor d'aquests dos accidents.

—Però, el vostre pare i la vostre mare han estat assassinats?

—Aí, sí —va dir Cunegunda, plorant.

—I el vostre germà?

—També han mort el meu germà.

—I com és que sou a Portugal?, i com heu sabut que jo hi era? I per quina estranya aventura m'heu fet conduir en aquesta casa?

—Us ho contaré tot —replicà la dama—; però abans cal que m'expliqueu tot el que us ha ocorregut després de la innocent besada que ens vàrem fer i de les puntades de peu que vàreu rebre.

Càndid l'obeí amb un profund respecte, i, malgrat la seva emoció, tot i que la seva veu era feble i tremolosa, tot i que l'espinada li feia encara una mica de mal, li va explicar de la manera més ingènua el que havia experimentat després de llur separació. Cunegunda alçava els ulls al cel; va concedir unes llàgrimes a la mort del bon anabaptista i de Pangloss; en acabat, parlà en aquests termes a Càndid, que no perdia un mot i la devorava amb els ulls.

VIII. HISTÒRIA DE CUNEGUNDA

—Era al meu llit i dormia pregonament, quan va plaure al cel d'enviar els búlgars al nostre bell castell de Thunder-ten-tronckh; varen degollar el meu pare i el meu germà i varen tallar la meva mare a bocins. Un búlgar, de sis peus d'alçada, veient que durant tal espectacle havia perdut el coneixement, es va posar a violar-me; això em va retornar els sentits, vaig cridar, vaig debatre'm, vaig mossegar, vaig esgarrapar, volia llevar els ulls a aquell gran búlgar, no sabent encara que tot el que ocorria aleshores al castell del meu pare era completament usual; el salvatge em va donar una coltellada al costat esquerre, on encara duc la cicatriu.

—Ai, Déu meu, espereu, que la veuré —va dir l'ingenu Càndid.

—La veureu —va fer Cunegunda—; però continuem.

—Continueu —va dir Càndid.

Ell va reprendre d'aquesta manera el fil de la seva història:

—Un capità búlgar entrà, va veure'm tota plena de sang, i el soldat no es torbava pas. El capità va encolerir-se de veure el poc respecte que li demostrava aquell salvatge, i el va matar damunt el meu cos. Després em féu curar i se'm va endur presonera de guerra al seu quarter. Rentava les poques camises que ell tenia, li feia la cuina; em trobava molt bonica, cal confessar-ho; i no negaré pas que ell estava molt ben fet i que tenia la pell blanca i fina; altrament, poca intel·ligència, poca filosofia; es veia prou que no havia estat educat pel doctor Pangloss.

»Al cap de tres mesos, havent perdut tot el seu diner i havent-se cansat de mi, em va vendre a un jueu anomenat don Issachar, que traficava a Holanda i a Portugal i que amava apassionadament les dones. Aquest jueu agafava molt d'afecte a la meva persona, però no en podia triomfar; li he resistit millor que no al soldat búlgar: una persona d'honor pot ésser violada un cop, però el seu honor se n'enrobusteix. El jueu, per amansir-me, em dugué a aquesta casa de camp, on em veieu. Creia que no hi havia res al món tan bell com el castell de Thunder-ten-tronckh; me n'he desenganyat.

»El gran inquisidor es va adonar de mi un dia, a l'església; em va mirar molt i em va fer dir que li calia parlar-me d'afers secrets. Vaig ésser conduïda al seu palau; li vaig revelar la meva naixença; ell em féu avinent com era per sota el meu rang de pertànyer a un israelita. De part seva varen proposar a don Issachar de cedir-me a monsenyor. Don Issachar, que és el banquer de la cort i home de crèdit, no hi va venir bé. L'inquisidor el va amenaçar amb un *auto de fe*. Al capdavall, el meu jueu, intimidat, va concloure un pacte en virtut del qual la casa i jo pertanyeríem a tots dos en comú; que el jueu tindria per a ell dilluns, dimecres i el dia de sàbat, i que l'inquisidor tindria els altres dies de la setmana.

»Fa sis mesos que aquesta convenció subsisteix. No hi han mancat les discussions, perquè sovint ha estat indecís si la nit del dissabte al diumenge pertanyia a la llei antiga o a la nova. Pel que m'afecta, fins avui he resistit a tots dos; i crec que és per aquesta raó que segueixo essent estimada.

»En fi, per desviar el flagell dels terratrèmols i per atemorir don Issachar, va plaure a monsenyor l'inquisidor de celebrar un *auto de fe*. Em va fer l'honor d'invitar-m'hi. Vaig estar molt ben col·locada; entre la missa i l'execució varen servir refrescos a les senyores. Us confesso que em vaig esgarrifar quan vaig veure que cremaven de viu en viu aquells dos jueus i aquell honrat biscaí que s'havia casat amb la seva comare; però, com varen ésser la meva sorpresa, el meu esglai, el meu trasbals, quan vaig veure, dins un *sanbenito* i sota la mitra, una cara que semblava la de Pangloss! Em fregava els ulls, el mirava àvidament, vaig veure com el penjaven; em vaig mig esvair. A penes recobrava els sentits, us vaig veure tot nu; aleshores el meu horror, la meva consternació i la meva pena arribaren al súmmum. Us declararé francament que la vostra pell és encara més blanca i d'un rosat més perfecte que la del meu capità dels búlgars. Aquesta visió redoblà tots els sentiments que m'aclaparaven, que em devoraven. M'agitava, volia dir: "Atureu-vos, bàrbars!", però la veu em faltà i els meus crits haurien estat inútils. Quan us varen haver escorxat, vaig demanar-me: "Com és possible que l'amable Càndid i el savi Pangloss es trobin a Lisboa, el primer per a rebre cent assots i el segon per a ésser penjat per ordre de monsenyor l'inquisidor, de qui sóc l'estimada? Pangloss m'enganyava ben cruelment quan em deia que tot va tan bé que no pot anar millor en aquest món!"

»Agitada, sense esma, tan aviat fora de mi, tan aviat a punt de morir de defalliment, tenia el cap ple de l'assassinat del meu pare, de la meva mare, del meu germà, de la insolència d'aquell vil soldat búlgar, de la coltellada que em va donar, de la meva servitud, del meu ofici de cuinera, del meu capità búlgar, del meu infame don Issachar, del meu abominable inquisidor, del penjament del doctor Pangloss, d'aquell gran *miserere* en falset, durant el qual us assotaven, i, sobretot, del bes que us havia fet darrera el paravent el dia que us havia vist per darrera vegada. Lloava Déu, que us havia dut a mi a través de tantes proves. Vaig recomanar a la meva vella que tingués cura de vós i que us dugués aquí tan aviat com fóra possible. Ella ha acomplert molt bé la meva comissió; he gaudit del plaer inefable de reveure-us, de sentir-vos, de parlar-vos. Deveu tenir una fam devoradora; jo tinc molt apetit; comencem per sopar.

Ja els tenim que s'entaulen per sopar; i en havent sopat s'instal·len en aquell bonic canapè de què hem parlat; hi eren encara quan el senyor don Issachar, l'un dels amos de la casa, va comparèixer.

Era el dia de sàbat. Venia a fruir dels seus drets i explicar el seu tendre amor.

IX. EL QUE ESDEVINGUÉ DE CUNEGUNDA, DE CÀNDID, DEL GRAN INQUISIDOR I D'UN JUEU

Aquest Issachar era l'hebreu més colèric que hàgiu vist de la captivitat de Babilònia ençà.

—Què, gossa cristiana, ¿encara no n'hi ha prou amb monsenyor l'inquisidor? ¿Cal també que aquest poca-vergonya comparteixi amb mi...?

Tot dient això desembeinava un llarg punyal que sempre duia a sobre, i, creient que el seu adversari no duia armes, es llançà contra Càndid; però el nostre bon westfalià havia rebut de la vella una bona espasa, alhora que el vestit complet. Engrapa l'espasa tot i tenir un tarannà molt dolç, i us deixa el vell israelita mort i estirat als peus de la bella Cunegunda.

—Verge Santa! —cridà ella—, què ens passarà? Un home mort a casa meva! Si la justícia ve, estem perduts.

—Si Pangloss no hagués estat penjat —va fer Càndid—, ens donaria un bon consell en aquest compromís, perquè era un gran filòsof. En defecte d'ell, consultem la vella.

Ella era molt prudent, i començava a dir el seu parer quan una altra porteta es va obrir. Era la una de la nit, era el començament del diumenge. Aquest dia pertocava a monsenyor l'inquisidor. Entra i veu l'assotat Càndid, l'espasa als dits, un mort estès a terra, Cunegunda esverada i la vella donant consells.

Heus ací el que va passar en aquell moment per l'ànima de Càndid, i com va raonar: «Si aquest sant baró demana auxili, em farà infal·liblement cremar, i podrà fer-ne altre tant amb Cunegunda; m'ha fet fuetejar implacablement; és el meu rival; estic en disposició de matar; doncs, no val a badar.»

Aquest raonament va ésser net i ràpid, i sense donar temps a l'inquisidor per a refer-se de la seva sorpresa, el travessa de banda a banda i el tira al costat del jueu.

—Encara un altre! —diu Cunegunda—. No hi ha remissió possible. Estem excomunicats, la nostra última hora és aquí. Com us ho haveu fet, vós que vàreu néixer tan tendre, per a matar en dos minuts un jueu i un prelat?

—Gentil senyoreta —respongué Càndid—, quan un hom està enamorat, gelós i fuetejat per la Inquisició, no sap el que fa.

La vella aleshores prengué la paraula i digué:

—A la cavallerissa hi ha tres cavalls andalusos, amb llurs selles i llurs brides; que el valent Càndid els prepari; la senyora té brillants i *moyadors*;[1] muntem de seguida a cavall, tot i que jo no m'hi puc aguantar sinó damunt una sola anca, i anem a Cadis; fa un temps immillorable i és un plaer viatjar en la fresca de la nit.

Tot seguit Càndid ensella els tres cavalls; Cunegunda, la vella i ell fan trenta milles d'una sola embranzida. Mentre que s'allunyaven, la Santa Hermandad arriba a la casa; enterra monsenyor en una bella església i llença Issachar al femer.

Càndid, Cunegunda i la vella eren ja a la petita ciutat d'Avacena, enmig de les muntanyes de Serra Morena, i enraonaven així en una taverna:

1. Monedes d'or.

X. EN QUIN ESTAT DESASTRÓS CÀNDID, CUNEGUNDA I LA VELLA ARRIBEN A CADIS, I LLUR EMBARCAMENT

—Qui ha pogut robar-me els meus diners i els diamants? —deia plorant Cunegunda—: de què viurem?; com ens ho farem?; on trobaré jueus i inquisidors que me'n donin altres?

—Ai las! —digué la vella—, sospito molt d'un reverend pare menoret que ahir va dormir en el mateix hostal que nosaltres a Badajoz; Déu em guardi de fer un judici temerari, però entrà dos cops en la nostra cambra i va marxar força temps abans que nosaltres.

—Ai de mi! —exclamà Càndid—, el bon Pangloss m'havia provat sovint que els béns de la terra són comuns a tots els homes, que tothom hi té un dret igual. Aquest menoret, seguint aquests principis, havia d'haver-nos deixat amb què acabar el viatge. ¿No us resta, doncs, absolutament res, bella Cunegunda?

—Ni un maravedí —va dir ella.

—Quin determini prendrem? —digué Càndid.

—Venguem un dels nostres cavalls —va dir la vella—; muntaré a la gropa darrera la senyoreta, puix que no puc tenir-me sinó sobre una sola anca, i arribarem a Cadis.

En el mateix hostal hi havia un prior de benedictins; va comprar el cavall sense pagar-lo gaire. Càndid, Cunegunda i la vella varen passar per Lucena, per Chillas, per Lebrija, i a la fi varen arribar a Cadis. Hi equipaven una flota i s'arreplegaven tropes per a fer entrar en raó els reverends pares jesuïtes del Paraguai, que eren acusats d'haver provocat la revolta de llurs hordes contra els reis d'Espanya i de Portugal, vora la ciutat del Sant Sagrament. Càndid, que havia servit entre els búlgars, va fer l'exercici búlgar davant el general del petit exèrcit amb tanta gràcia, celeritat, traça, arrogància i agilitat, que li varen donar el comandament d'una companyia d'infanteria. Ja el teniu capità; s'embarca amb la senyoreta Cunegunda, la vella, dos criats i els dos cavalls andalusos que havien pertangut a monsenyor el gran inquisidor de Portugal.

Durant tota la travessia enraonaven molt sobre la filosofia del pobre Pangloss.

—Anem a un altre univers —deia Càndid—; és en aquest sens dubte que tot està bé; perquè val a dir que ens podem plànyer una mica del que passa en el nostre, així en el físic com en el moral.

—Us estimo de tot cor —deia Cunegunda—; però estic encara tota trasbalsada pel que he vist i pel que he sentit.

—Tot anirà bé —digué Càndid—; la mar d'aquest nou món ja es comporta millor que els nostres mars d'Europa; és més calma, els vents més constants. No dubtem que és el nou món el millor dels universos possibles.

—Déu ho vulgui! —deia Cunegunda—; però he estat tan horriblement desgraciada en el meu, que el meu cor és gairebé tancat a l'esperança.

—Us queixeu —els va dir la vella—; ai, si haguéssiu passat infortunis com els meus!

A Cunegunda gairebé li escapà el riure, i va fer-li molta gràcia que la bona vella pretengués ésser més dissortada que ella mateixa.

—Ai las —li digué—; bona vella, a menys que no hàgiu estat violada per dos búlgars, que no hàgiu rebut dues ganivetades al ventre, que no hagin demolit dos dels vostres castells, que davant els vostres ulls no us hagin assassinat dos pares i dues mares; que no hàgiu vist dos dels vostres amants fuetejats en un *auto de fe,* no veig com em podeu guanyar; afegiu que he nascut baronessa amb setanta-dos quarters, i que he estat cuinera.

—Senyoreta —respongué la vella—, no sabeu pas quina és la meva naixença, i, si us mostrés el meu darrera, no parlaríeu com ho feu, i suspendríeu el vostre judici.

Aquest parlament féu néixer una viva curiositat en l'esperit de Cunegunda i de Càndid. La vella els va parlar en aquests termes:

XI. HISTÒRIA DE LA VELLA

—No he tingut sempre els ulls extraviats i vorejats d'escarlata; el meu nas no ha davallat sempre fins a tocar la meva barba, i no he estat sempre serventa. Sóc la filla del papa Urbà X i de la princesa Palestrina. Em van criar fins a l'edat de catorze anys en un palau al qual tots els castells dels vostres barons alemanys no haurien servit d'estable; i un dels meus vestits valia més que totes les magnificències de Westfàlia. Creixia en bellesa, en gràcia, en talent, enmig de plaers, de respectes i d'esperances; ja inspirava amor; el meu pit s'aponcellava; i quin pit!: blanc, ferm, tallat com el de la Venus de Mèdicis; i quins ulls!, quines parpelles!, quines pestanyes negres!, quines flames brillaven en les meves pupil·les negres, i esborraven la lluïssor dels estels, com em deien els poetes del veïnat. Les dones que em vestien i em despullaven queien en èxtasi tot mirant-me per davant i per darrera; i tots els homes haurien volgut trobar-se a llur lloc.

»Vaig ésser promesa a un príncep sobirà de Massa-Carrara; quin príncep!: tan bell com jo, ple de dolçor i d'encisos, brillant d'intel·ligència i ardent d'amor; jo l'estimava amb idolatria, amb deliri. Preparaven les noces: era una pompa, una magnificència inoïda; eren festes, *carroussels*, òperes bufes contínues; i tota la Itàlia va fer sonets per a mi, entre els quals no n'hi hagué un de sol que fos passable. Tocava ja el moment de la meva felicitat, quan una vella marquesa, que havia estat amistançada del meu príncep, va invitar-lo a prendre xocolata a casa seva; va morir en menys de dues hores entre convulsions esgarrifoses; però això no és sinó una minúcia. La meva mare, desesperada i menys afligida que jo, volgué fugir algun temps d'un sojorn tan funest. Tenia una molt bella propietat a prop de Gaeta; vàrem embarcar en una galera del país, daurada com l'altar de Sant Pere de Roma. Vet ací que aleshores un corsari de Salé ens aborda: els nostres soldats es defensaren com a soldats del papa; tots es posaren de genolls mentre llançaven les armes i demanaven al corsari una absolució *in articulo mortis*. De seguida els varen deixar nus com uns simis, i la meva mare també, i les nostres dames d'honor també, i a mi també. És una cosa admirable la diligència amb què aquests senyors despullen la gent; però el que em va sorprendre més és que ens varen ficar el dit a un lloc on nosaltres les dones no ens volem deixar ficar altra cosa que les cànules. Aquesta cerimònia em va sobtar molt; ara veieu com jutgem de les coses quan no hem sortit mai del nostre país. Vaig saber aviat que allò ho feien per veure si allí no havíem amagat alguns diamants; és un costum establert des de temps immemorial entre les nacions cultes que circulen per la mar. He sabut que els religiosos cavallers de Malta no se'n descuiden mai quan agafen turcs i turques; és una llei del dret de gents que hom no ha derogat mai.

»No us diré pas com n'és, de dur, per a una jove princesa, de veure's portada esclava al Marroc amb la seva mare; imagineu de sobte tot el que em calgué sofrir en el vaixell corsari. La meva mare era encara molt bella; les nostres donzelles d'honor, les nostres simples cambreres tenien més encisos que els que es poden trobar en tota l'Àfrica; jo era encisadora, era la beutat, la gràcia mateixa, i, de més a més, era verge. No ho vaig ésser gaire temps; aquella flor que havia estat reservada per al príncep de Massa-Carrara em fou arrabassada pel capità corsari; era un negre abominable, que encara creia fer-me molt d'honor. Certament, calia que la princesa de Palestrina i jo fóssim ben fortes per a resistir tot el que ens calgué suportar fins a la nostra arribada al Marroc! Però seguim; són coses tan vulgars que no val la pena de parlar-ne.

»El Marroc s'inundava de sang quan hi vàrem arribar. Cadascun dels cinquanta fills de l'emperador Mulei Ismael tenia el seu partit; la qual cosa era causa de cinquanta guerres civils, negres contra negres, negres contra bruns, bruns contra bruns, mulatos contra mulatos: era un carnatge continu en tota l'extensió de l'imperi.

»Tot just vàrem desembarcar, negres d'una facció enemiga de la del corsari es presentaren per prendre-li el botí. Érem, després dels diamants i l'or, el que hi havia de més preciós. Vaig ésser testimoni d'un combat com no en tenim idea en els nostres climes d'Europa. Els pobles septentrionals no tenen la sang prou ardent; no tenen la ràbia de les dones en el grau que és comú a l'Àfrica. Sembla que els nostres europeus tenen llet a les venes; és vidriol, és foc el que corre per les dels habitants de l'Atlas i dels països veïns. Combatien amb la fúria dels lleons, dels tigres i de les serps de la contrada, per esbrinar a qui pertanyeríem. Un moro va agafar la meva mare pel braç dret; el tinent del meu capità, pel braç esquerre; un soldat sarraí la prengué per una cama; un dels nostres pirates la tenia per l'altra. Les nostres donzelles es varen trobar gairebé totes estirades així mateix, per quatre soldats. El meu capità em tenia amagada darrera seu; tenia la simitarra al puny i matava tot el que s'oposava a la seva ràbia. En fi, vaig veure totes les nostres italianes i la meva mare garfides, tallades, assassinades pels monstres que se les disputaven. Els captius, els meus companys, els qui els havien presos, soldats, mariners, negres, bruns, blancs, mulatos i per últim el meu capità, tot va sucumbir, i jo vaig romandre moribunda sobre una pila de morts. Escenes semblants, com sabeu, s'esdevenien en una estesa de més de tres-centes llegües, sense que ningú manqués a les cinc pregàries per dia ordenades per Mahomet.

»Amb penes i treballs vaig desembarassar-me de la pila de cadàvers sagnants i em vaig arrossegar fins a un gran taronger a la vora d'un rierol pròxim; hi vaig caure d'esglai, de lassitud, d'horror, de desesperació i de fam. Poca estona després els meus sentits aclaparats es varen lliurar a un son que tenia més de desmai que de repòs. Estava en aquest estat de feblesa i d'insensibilitat, entre la mort i la vida, quan vaig sentir-me opresa per alguna cosa que s'agitava damunt el meu cos, i vaig obrir els ulls i vaig veure un home blanc i de bon aspecte que sospirava i que deia entre dents: *"O che sciagura d'essere senza coglioni."*

XII. CONTINUACIÓ DE LES DESGRÀCIES DE LA VELLA

»Admirada i entendrida d'escoltar la llengua de la pàtria, i no menys sorpresa de les paraules que proferia aquell home, li vaig respondre que hi havia pitjors desgràcies que les que ell deplorava; el vaig informar en pocs mots dels horrors que havia suportat, i vaig tornar a desmaiar-me. Ell em va dur a una casa veïna, em féu posar al llit, em féu donar aliment, em va servir, em va consolar, em va afalagar i em va dir que no havia vist res tan bonic com jo i que mai no li havia recat tant d'haver perdut el que ningú no li podia tornar. "He nascut a Nàpols —em digué—, on capen dos o tres mil infants cada any; els uns en moren, els altres adquireixen una veu més bella que la de les dones, altres van a governar alguns Estats. Em varen fer la susdita operació amb un gran èxit i era músic de la capella de la princesa de Palestrina." "De la meva mare", vaig exclamar. "De la vostra mare? —va exclamar ell, plorant—. Com!, ¿per ventura sereu vós aquella jove princesa que vaig educar fins a l'edat de sis anys i que ja prometia d'ésser tan bella com sou vós?" "Sóc jo mateixa; la meva mare és a cent passes d'aquí, tallada a bocins sobre un munt de morts..."

»Li vaig contar tot el que m'havia ocorregut; ell també em contà les seves aventures i em féu saber com havia estat enviat a l'emperador del Marroc per una potència cristiana, per cloure amb aquest monarca un tractat mitjançant el qual li fornirien pólvora, canons i vaixells per ajudar-lo a exterminar el comerç dels altres cristians. "La meva missió és complerta —va dir aquell honrat eunuc—; vaig a embarcar-me a Ceuta i us tornaré a Itàlia. *Ma che sciagura d'essere senza coglioni.*"

»El vaig regraciar amb llàgrimes d'entendriment; i en lloc de portar-me a Itàlia em dugué a Alger i em va vendre al bei d'aquella província. Tot just m'havia venut, aquella pesta que fa el tomb de l'Àfrica, de l'Àsia i de l'Europa es va declarar a Alger amb furor. Vós heu presenciat terratrèmols, però, senyoreta, ¿heu patit mai la pesta?

—Mai —respongué la baronessa.

—Si l'haguéssiu tinguda, confessaríeu que és cent vegades pitjor que un terratrèmol. És molt comuna a Àfrica; en vaig ésser atacada. Afigureu-vos quina situació per a la filla d'un papa, de quinze anys d'edat, que en tres mesos havia patit la pobresa, l'esclavatge, havia estat violada gairebé cada dia, havia vist la mare esquarterada, havia passat fam i guerres, i moria empestada a Alger! Tanmateix, no em vaig morir; però el meu eunuc i el bei, i gairebé tot el serrall d'Alger, sucumbiren.

»Quan hagueren passat els primers estralls d'aquesta espantosa pesta, varen vendre els esclaus del bei. Un agent em va comprar i em dugué a Tunis; em vengué a un altre negociant, que em va revendre a Trípoli; de Trípoli vaig ésser revenuda a Alexandria, i d'Alexandria revenuda a Esmirna; d'Esmirna a Constantinoble. Vaig pertanyer, finalment, a un agà dels genissers, que aviat va rebre l'ordre d'anar a defensar Asov contra els russos que l'assetjaven.

»L'agà, que era molt galant, va emportar-se amb ell tot el seu serrall, i ens va allotjar en un petit fort sobre el Palus-Meòtides, guardat per dos eunucs negres i vint soldats. Varen matar russos d'una manera prodigiosa, però ens ho varen fer pagar ben car; Asov va ésser passat a sang i a foc, sense respectar el sexe ni l'edat; no restava sinó el nostre fortí; els enemics ens volgueren rendir per la fam. Els vint genissers havien jurat de no rendir-se mai. Els excessos de la fam a què es veieren reduïts els obligaren a menjar-se els nostres dos eunucs abans de violar llur jurament. Al cap d'uns dies varen resoldre de menjar les dones.

»Teníem un imam molt piadós i molt compassiu, que els va fer un bell sermó pel qual els persuadí de no matar-nos. "Talleu —els va dir— només una anca a cadascuna d'aquestes dames, n'obtindreu un menjar excel·lent; i, si us cal tornar-hi, en tindreu encara altre tant d'aquí a pocs dies; el cel us agraïrà una acció tan caritativa i sereu socorreguts."

»Tenia molta eloqüència; els va persuadir; ens varen fer aquella horrible operació; l'imam ens aplicà el mateix bàlsam que hom posa als infants acabats de circumcidar; totes cuidàvem morir.

»A penes els genissers varen haver fet l'àpat que nosaltres els havíem procurat, els russos arriben sobre vaixells plans; ni un genisser no en va sortir. Els russos no varen parar cap esment a la situació en què ens trobàvem. Pertot hi ha cirurgians francesos; un d'ells, que era força hàbil, es va preocupar de nosaltres i ens va guarir; i, me'n recordaré tota la vida, quan les meves nafres van tancar-se, em va fer proposicions. D'altra banda, ens digué a totes que ens consoléssim; ens va assegurar que en diversos setges havia passat una cosa semblant, i que era la llei de la guerra.

»Tan aviat com les meves companyes pogueren caminar, les varen fer marxar a Moscou; jo vaig escaure a un boiar que em va convertir en la seva jardinera, i que em donà vint fuetades diàries; però, com sigui que aquest senyor, dos anys després, va ésser posat en roda amb altres boiars per alguna intriga de la cort, vaig aprofitar-me'n; vaig fugir; vaig travessar tot Rússia; molt de temps vaig fer de criada en una taverna de Riga, després a Rostock, a Vismar, a Leipzig, a Kassel, a Utrecht, a Leyden, a la Haia, a Rotterdam; he envellit en la misèria i en l'oprobi, no tenint sinó la meitat del meu darrera, recordant-me sempre que era filla d'un papa; cent vegades em vaig voler matar, però encara estimava la vida. Aquesta ridícula feblesa és potser una de les nostres inclinacions més funestes; perquè, ¿hi ha res més ximple que voler dur contínuament un feix que sempre es té ganes de llençar a terra, que tenir horror de la seva existència i que aferrar-s'hi, que amoixar, en fi, la serp que ens devora fins a tant que ens hagi menjat el cor?

»He vist, en els països que el destí m'ha fet córrer i en les tavernes on he servit, un nombre prodigiós de persones que execraven llur existència; però només n'he vist dotze que hagin posat fi voluntàriament a llur misèria, tres negres, quatre anglesos, quatre ginebrencs i un professor alemany anomenat Robeck. He acabat per venir a raure al servei del jueu don Issachar; ell em va posar al costat vostre, bella senyoreta; he posat afecte al vostre destí i estic més ocupada de les vostres aventures que no de les meves. Ni tan sols us hauria parlat mai de les meves desgràcies, si no m'haguéssiu picat una mica l'amor propi i si no fos costum, en els vaixells, de contar històries per a distreure's. En fi, senyoreta, tinc experiència, conec el món; feu una provatura: inviteu cada passatger a contar-vos la seva història, i, si en trobeu un de sol que no hagi maleït sovint la vida, que no s'hagi dit a si mateix que era el més dissortat dels mortals, llanceu-me de cap a mar!

XIII. COM CÀNDID FOU OBLIGAT A SEPARAR-SE DE LA BELLA CUNEGUNDA I DE LA VELLA

La bella Cunegunda, després d'haver escoltat la història de la vella, li féu tots els compliments que pertocaven a una persona del seu rang i del seu mèrit. Accepta la proposició; invita tots els passatgers, l'un darrera l'altre, a contar llurs aventures. Càndid i ella hagueren de confessar que la vella tenia raó.

—És una pena —deia Càndid— que el savi Pangloss hagi estat penjat contra el costum en un *auto de fe*; ens diria coses admirables sobre el mal físic i sobre el mal moral que cobreixen la terra i el mar, i jo em trobaria prou enfortit per a fer-li respectuosament algunes objeccions.

A mesura que cadascú contava la seva història, el vaixell avançava. Varen abordar a Buenos Aires. Cunegunda, el capità Càndid i la vella anaren a casa del governador don Fernando de Ibarra y Figueroa y Mascarenes y Lampourdes y Souza. Aquest senyor tenia tota l'altivesa que pertoca a un home que duu tants de noms. Parlava als homes amb el desdeny més noble, duent el nas tan enlaire, elevant la veu d'una manera tan cruel, prenent un to tan imposant, afectant un caminar tan superbiós, que tots aquells qui el saludaven eren temptats de pegar-li. Amava les dones amb furor. Cunegunda li va semblar la cosa més bella que mai hagués vist. La primera cosa que va demanar-li és si no era la muller del capità. L'aire amb què va fer la pregunta va alarmar Càndid; no gosà dir que era la seva dona perquè, en efecte, no l'era; no gosava dir que era la seva germana, perquè tampoc no l'era; i per bé que aquesta mentida oficiosa altre temps hagués estat molt de moda entre els antics, i que encara pugui fer servei als moderns, la seva ànima era massa pura per a triar la veritat.

—La senyoreta Cunegunda —va dir— ha de fer-me l'honor

de prendre'm per marit, i tots dos preguem a Vostra Excel·lència que es digni a fer les nostres noces.

Don Fernando de Ibarra y Figueroa y Mascarenes y Lampourdes y Souza, refilant-se el bigoti, va somriure amargament i ordenà al capità Càndid que anés a passar revista a la seva companyia. Càndid va obeir; el governador va restar amb la senyoreta Cunegunda. Cuità a declarar-li la seva passió, va prometre-li que l'endemà s'hi casaria davant l'Església o d'altra manera, tal com plagués a la seva gràcia. Cunegunda li va demanar un quart d'hora per a recollir-se, per a consultar la vella i per a resoldre.

La vella va dir a Cunegunda:

—Senyoreta, teniu setanta-dos quarters i ni un sol òbol; depèn sols de vós d'esdevenir la dona del senyor més poderós de l'Amèrica del Sud, que té un bell bigoti. ¿Us pertany de presumir d'una fidelitat a tota prova? Heu estat violada pels búlgars; un jueu i un inquisidor han obtingut els vostres favors: les desgràcies donen drets. Us confesso que si em trobava en el vostre lloc no tindria cap escrúpol de casar-me amb el senyor governador i de fer la fortuna del senyor capità Càndid.

Mentre que la vella parlava amb tota la prudència que donen l'edat i l'experiència, hom veié entrar en el port un petit vaixell; duia un alcaid i agutzils; i heus ací el que havia passat.

La vella havia endevinat molt bé que era el menoret de la màniga ampla el que havia robat el diner i les joies de Cunegunda a la ciutat de Badajoz, quan ella fugia a corre-cuita amb Càndid. Aquell frare volgué vendre algunes pedreries a un joier. Aquest les va reconèixer com pertanyents al gran inquisidor. El menoret, abans que el pengessin, va confessar que les havia robades, i donà les entresenyes dels fugitius i el camí que seguien. La fuga de Cunegunda i de Càndid era ja coneguda. Els varen seguir a Cadis; varen enviar sense perdre temps un vaixell en llur persecució. El vaixell era ja al port de Buenos Aires. La brama va escampar-se que un alcaid cuidava desembarcar i que perseguia els creditors de monsenyor el gran inquisidor.

La prudentíssima vella veié tot d'una el que calia fer.

—Vós no podeu fugir —digué a Cunegunda—, i no teniu res a témer; no sou vós qui ha mort monsenyor; i, d'altra banda, el governador, que us estima, no permetrà que us maltractin...; resteu!

Tot seguit corre a Càndid:

—Fugiu —li aconsella—, o d'aquí a una hora sereu cremat.

No podia perdre un moment...; però, com separar-se de Cunegunda?, on es refugiaria?

XIV. COM CÀNDID I CACAMBO FOREN REBUTS PELS JESUÏTES DEL PARAGUAI

Càndid havia dut de Cadis un criat com se'n troben molts a les costes d'Espanya i a les colònies. Era un quart d'espanyol, nascut d'un mestís, a Tucumán. Havia estat escolà, sagristà, mariner, frare, factor, soldat, lacai. Es deia Cacambo i estimava molt el seu amo perquè el seu amo era molt bon home. Va ensellar ràpidament els dos cavalls andalusos.

—Anem, senyor; seguim el consell de la vella: partim i correguem sense girar els ulls enrera.

Càndid va vessar unes llàgrimes.

—Oh, la meva estimada Cunegunda, cal abandonar-vos ara que el governador va a fer les nostres noces!... Cunegunda, portada des de tan lluny, què serà de vós?

—Esdevindrà el que podrà —va fer Cacambo—; les dones mai no s'ennaveguen... Déu les ajuda...; cuitem...

—On me duus? On anem? Què farem sense Cunegunda?

—Per sant Jaume de Galícia! —digué Cacambo—, vós anàveu a fer la guerra contra els jesuïtes, doncs anem a fer-la a favor d'ells. Conec prou els camins; us duré a llur reialme; estaran encantats de tenir un capità que faci l'exercici a la búlgara; fareu una fortuna prodigiosa; quan els comptes no surten del dret, un hom els treu del revés. És un goig veure i fer coses noves.

—Tu has estat ja al Paraguai? —demanà Càndid.

—I tant —digué Cacambo—; he estat fàmul al col·legi de l'Assumpció, i conec el govern dels *padres* com conec els carrers de Cadis. És una cosa admirable, aquest govern. El regne ja té més de tres-centes llegües de diàmetre; està dividit en trenta províncies. Els *padres* hi tenen de tot i els pobres res, és l'obra mestra de la raó i de la justícia. Al meu entendre, no hi ha res tan diví com els *padres*, que aquí fan la guerra al rei d'Espanya i al rei de Portugal, i que a Espanya confessen aquests reis; que aquí maten espanyols, i a Madrid els envien al cel. Això m'encanta... Avancem. Sereu el més feliç de tots els homes. Que n'estaran, de contents, els *padres*, quan sabran que arriba un capità que sap l'exercici a la búlgara!

D'ençà que varen arribar a la primera barrera, Cacambo digué a la guàrdia avançada que un capità demanava per parlar amb el comandant. Varen anar a avisar la gran guàrdia. Un oficial paraguaià va córrer als peus del comandant amb la nova. Càndid i Cacambo, de primer antuvi, foren desarmats; es varen apoderar de llurs dos cavalls andalusos. Els dos estrangers foren introduïts al mig de dos rengles de soldats; el comandant era al capdavall amb el barret de tres puntes damunt el cap, la sotana recollida, l'espasa al costat i l'espontó[2] als dits. Va fer un senyal, de seguida vint-i-quatre soldats varen voltar els desconeguts. Un sergent els va dir que calia esperar, que el comandant no els podia parlar, que el reverend pare provincial no permet que cap espanyol badi boca en la seva presència ni resti més de tres hores en el territori.

—I on és el pare provincial? —digué Cacambo.

—És a la parada, després d'haver dit la seva missa —va fer el sergent—, i no podreu besar-li els esperons fins d'aquí a tres hores.

—Però —replicà Cacambo— el senyor capità aquí present, que defalleix de fam com jo, no és pas espanyol: és alemany... No podríem esmorzar tot esperant Sa Reverència?

El sergent anà tot d'una a trametre aquest discurs al comandant.

—Lloat sia Déu! —va exclamar aquest senyor—, puix que és alemany, li puc parlar; que el duguin a la meva enramada.

Immediatament varen conduir Càndid en una caseta de verdor, ornada amb una bonica columnata de marbre verd i or i filats que tancaven lloros, colibrís, ocells-mosques, galls dindis i tota mena d'aus estranyes. Hi havia preparat un excel·lent esmorzar en atuells d'or, i mentre que els paraguaians menjaven blat moresc en escudelles de fusta, a ple camp, sota l'ardència del sol, el reverend pare comandant entrà en l'ombradiu.

Era un galant minyó, caraplè, força blanc, les celles arquejades, l'ull viu, l'orella roja, els llavis vermells, el posat altiu, però amb una altivesa que no era la d'un espanyol ni la d'un jesuïta. Varen tornar a Càndid i a Cacambo les armes que

2. Arma de foc usada al segle XVIII.

els havien pres, així com els dos cavalls andalusos; Cacambo els va fer menjar civada, i no els perdia de vista, sempre temorós d'una sorpresa.

Càndid besà de primer l'orla de la sotana del comandant, després es varen entaular.

—Sou, doncs, alemany? —li va dir el jesuïta en aquesta llengua.

—Sí, reverend pare —digué Càndid.

L'un i l'altre, en dir aquestes paraules, es miraven amb una extrema sorpresa i amb una emoció que no podien dominar.

—I de quin país d'Alemanya sou? —demanà el jesuïta.

—De la bruta província de Westfàlia —va dir Càndid—; he nascut en el castell de Thunder-ten-tronckh.

—Déu meu!, és possible? —exclamà el comandant.

—Quin miracle! —exclamà Càndid.

—Tanmateix, sou vós? —va dir el comandant.

—Això és impossible! —va dir Càndid.

Tots dos es deixen caure d'esquena, tots dos s'abracen, vessen torrents de llàgrimes.

—Com!, sou vós, el meu reverend pare? vós, el germà de la bella Cunegunda!; vós, que vàreu ésser mort pels búlgars!, vós, el fill del senyor baró!; vós, jesuïta al Paraguai! Cal confessar que aquest món és una cosa ben estranya. Oh Pangloss!, Pangloss!, que us trobaríeu a pler si no us haguessin penjat!

El comandant va fer retirar els esclaus negres i els paraguaians que servien de beure en gobelets de cristall de roca. Va regraciar Déu i sant Ignasi mil vegades; estrenyia Càndid en els seus braços; llurs rostres eren banyats en plors.

—Encara estaríeu més sorprès, més entendrit, més fora de vós mateix —digué Càndid—, si jo us digués que la senyoreta Cunegunda, la vostra germana, que heu cregut esventrada, viu plena de salut.

—On?

—En el vostre veïnatge, a casa del governador de Buenos Aires; i jo venia per fer-vos la guerra.

Cada mot que pronunciaven en aquesta llarga conversa acumulava prodigi sobre prodigi. Llur ànima entera volava damunt llur llengua, escoltava amatent en llurs orelles i centellejava en llurs ulls. Com que eren alemanys, varen restar molta estona a taula, esperant el pare provincial; i el comandant va parlar així al seu estimat Càndid:

XV. COM CÀNDID VA MATAR EL GERMÀ DE LA SEVA ESTIMADA CUNEGUNDA

—Tota la meva vida tindré present a la memòria el dia horrible en què vaig veure matar el meu pare i la meva mare i violar la meva germana. Quan els búlgars s'hagueren retirat, no varen trobar aquesta germana adorable, i varen carregar en una carreta la meva mare, el meu pare i jo, dues criades i tres noiets degollats, per dur-nos a enterrar en una capella dels jesuïtes, a dues llegües del castell dels meus pares. Un jesuïta ens llançà aigua beneita: era horriblement salada; n'entraren algunes gotes en els meus ulls; el religiós s'adonà que la meva parpella feia un petit moviment; em va posar la mà al cor i el va sentir que glatia; vaig ésser auxiliat i al cap de tres setmanes vaig refer-me completament. Recordareu prou, estimat Càndid, que jo era un minyó força bonic; encara m'hi vaig tornar més; i fou així com el reverend pare Croust, superior de la casa, em va agafar la més tendra amistat. Em va donar l'hàbit de novici; algun temps després vaig ésser enviat a Roma. El pare general tenia necessitat d'un reclutament de jesuïtes alemanys. Els sobirans del Paraguai reben tan pocs jesuïtes espanyols com poden; s'estimen més els estrangers, dels quals es creuen més segurs. El reverend pare general em va jutjar apte per a venir a treballar en aquesta vinya. Vàrem sortir plegats un polonès, un tirolès i jo. En arribar em vaig trobar honorat amb el subdiaconat i amb una tinença; avui sóc coronel i sacerdot. Rebutjarem vigorosament les tropes del rei d'Espanya; jo us responc que seran excomunicades i vençudes. La Providència us envia aquí per ajudar-nos. Però, tanmateix, ¿és cert que la meva estimada germana Cunegunda és a Buenos Aires, a casa del governador?

Càndid li ho assegurà amb jurament i tot. Llurs llàgrimes varen rajar de bell nou.

El baró no es cansava d'abraçar Càndid; li deia el seu germà, el seu salvador.

—Ah, qui sap —li va confiar— si, plegats, estimat Càndid, podrem entrar com a vencedors a Buenos Aires i deslliurar la meva germana Cunegunda.

—És el que desitjo més —va dir Càndid—; perquè comptava casar-m'hi i encara no hi renuncio.

—Vós, insolent! —respongué el baró—, ¿vós tindríeu la impudència de casar-vos amb la meva germana, que té setanta-dos quarters? No us creia prou desvergonyit per a parlarme d'un propòsit tan temerari.

Càndid, petrificat per semblant discurs, li va respondre:

—Reverend pare, tots els quarters del món no hi farien res; he tret la vostra germana dels braços d'un inquisidor i d'un jueu, m'està prou agraïda, vol casar-se amb mi. Mestre Pangloss m'ha dit sempre que els homes són iguals; i no dubteu que la prendré per muller.

—Això, ho hem de veure encara, pillastre! —digué el jesuïta baró de Thunder-ten-tronckh, i mentrestant li va donar un gran cop al rostre amb l'espasa plana.

Càndid, a l'instant, desembeina la seva i l'enfonsa fins a la guarda en el ventre del baró jesuïta; però en retirar-la tota fumejant es va posar a plorar.

—Ai de mi! Déu meu, he assassinat el meu antic senyor, el meu amic, el meu cunyat; sóc l'home millor del món, i heus ací que ja he mort tres homes, i entre aquests tres hi ha dos capellans.

Cacambo, que feia sentinella a la porta de l'enramada, va acórrer.

—No ens resta sinó vendre cara la nostra vida —li va dir el seu amo—; no trigaran a entrar aquí dins; cal que morim amb les armes als dits.

Cacambo, que n'havia vist de tots colors, no va perdre l'esma; va agafar l'hàbit de jesuïta que duia el baró, en va vestir Càndid, li plantà el bonet carrat, i el féu muntar a cavall. Tot això va fer-se en un girant d'ulls.

—Galopem, senyor; tothom us prendrà per un jesuïta que va a donar ordres; i haurem travessat la frontera abans que puguin empaitar-nos.

I ja volava pronunciant aquestes paraules i cridant en espanyol:

—Pas, pas per al reverend pare coronel!

XVI. EL QUE ESDEVINGUÉ ALS DOS VIATGERS AMB DUES NOIES, DOS SIMIS I ELS SALVATGES ANOMENATS ORELLONS

Càndid i el seu criat havien passat les barreres, que dins el campament ningú no sabia res encara de la mort del jesuïta alemany.

El previsor Cacambo havia tingut cura d'omplir la valisa de pa, de xocolata, de pernil, de fruits i d'algunes mesures de vi. Varen endinsar-se amb llurs cavalls andalusos en un país inconegut en el qual no descobrien cap senda. A la fi, va presentar-se davant d'ells una bella prada entretallada de reguerols. Els nostres viatgers deixen que pasturin llurs cavalcadures. Cacambo proposa al seu amo de menjar, i li'n dóna exemple.

—Com vols —deia Càndid— que mengi pernil, quan he mort el fill del senyor baró, i em veig condemnat a no reveure la bella Cunegunda? De què em servirà prolongar els meus dies miserables, si els he d'arrossegar lluny d'ella, en el remordiment i en la desesperació? I què dirà el «Diari de Trévoux»?

I mentre parlava així, no deixava de menjar. El sol es ponia. Els dos viatgers extraviats sentiren alguns xiscles que semblaven proferits per dones. No sabien si aquells xiscles eren de dolor o de joia; però tots dos s'alçaren precipitadament amb aquella inquietud i aquella alarma que inspira qualsevol cosa en un país inconegut. Aquells clams venien de dues noies completament nues que corrien lleugerament pel marge de la prada, mentre que dos simis les seguien mossegant-los les anques. Càndid va sentir-se mogut per la compassió; havia après de tirar entre els búlgars, i hauria encertat una nou al bell mig d'una bardissa sense tocar una sola fulla. Pren el seu fusell espanyol de dos trets, tira i mata els dos simis.

 —Lloat sia Déu, estimat Cacambo; he deslliurat aquestes

dues criatures d'un gran perill; si he pecat matant un inquisidor i un jesuïta, l'he reparat salvant la vida a aquestes dues noies. Tal vegada són dues senyoretes de condició, i aquesta aventura ens pot procurar grans avantatges en el país.

Anava a seguir, però la seva llengua restà baldada quan veié com aquelles noies abraçaven tendrament els simis, vessaven llàgrimes damunt llurs cossos i omplien l'aire de crits dolorosos.

—No m'esperava pas trobar cors tan piadosos —va dir finalment a Cacambo, el qual va replicar:

—Heu fet una obra galdosa, senyor meu: heu mort els amants d'aquestes noies.

—Llurs amants! És possible? Us burleu de mi, Cacambo; com voleu que us cregui?

—Estimat senyor —replicà Cacambo—, vós us admireu de tot; per què trobeu tan estrany que en alguns països hi hagi simis que obtenen els favors de les dames? Són quarts d'home com jo sóc quart d'espanyol.

—Ai las! —reprengué Càndid—, em recordo d'haver sentit dir a mestre Pangloss que en altres èpoques ocorrien semblants accidents, i que aquestes barreges havien produït la raça dels centaures, dels faunes i dels sàtirs; que diversos personatges de l'antiguitat n'havien vist; però tot plegat ho prenia com una faula.

—Ara us haureu convençut que és una veritat, i veieu com se n'aprofiten les persones que no han rebut una certa educació; el que temo és que aquestes dames no ens portin algun conflicte.

Aquestes reflexions sòlides induïren Càndid a deixar la prada i a internar-se en un bosc. Hi va sopar amb Cacambo, i tots dos, després d'haver maleït l'inquisidor de Portugal, el governador de Buenos Aires i el baró, varen adormir-se damunt la molsa. Quan varen despertar no podien bellugar-se; i és que durant la nit els orellons, habitants del país, als quals les dues dames els havien denunciats, els havien lligats amb cordes d'escorça d'arbre. Eren voltats d'una cinquantena d'orellons nus de pèl a pèl, armats de fletxes, de maces i de destrals de pedra; els uns feien bullir una gran caldera, els altres preparaven l'ast i tots cridaven:

—És un jesuïta, és un jesuïta!; ens venjarem i en farem un bon àpat; mengem jesuïta, mengem jesuïta!

—Ja us ho deia, estimat senyor —exclamà tristament Cacambo—, que aquell parell de noies ens farien una mala passada.

Càndid, veient la caldera i els asts, exclamà:

—Probablement ens bulliran o ens rostiran. Ah ¿què en diria Pangloss, si veia com és feta la natura en estat de puresa? Tot està bé, conforme!, però confesso que és ben cruel d'haver perdut Cunegunda i de veure's rostit a l'ast pels orellons.

Cacambo no perdia mai l'esma.

—No desesperem de res —va dir al seu desolat Càndid—; entenc una mica el llenguatge d'aquests pobles, vaig a parlar-los.

—No deixeu —va dir Càndid— de fer-los avinent com és inhumà de fer coure homes i fins a quin punt contraria la doctrina cristiana.

—Senyors —començà Cacambo—, pel que veig, avui compteu cruspir-vos un jesuïta. Feu molt bé; res no és tan just com tractar així els enemics. Efectivament, el dret natural ens ensenya a matar el nostre proïsme, i és així com es fa damunt tota la terra. Si nosaltres no usem del dret de menjar-lo, és que tenim altres maneres d'obtenir bona vianda; però vosaltres no teniu els mateixos recursos que nosaltres; altrament, val més menjar-se els enemics que no abandonar als corbs i als gaigs el fruit de la victòria. Però, senyors, vosaltres no voldreu pas devorar els vostres amics. Ara penseu que aneu a passar a l'ast un jesuïta i resulta que és el vostre defensor, l'enemic dels vostres enemics, que aneu a rostir. Quant a mi, he nascut en el vostre país; el senyor aquí present és el meu amo, i, ben lluny d'ésser un jesuïta, acaba de matar-ne un, de jesuïta, i per això en porta les despulles; aquí teniu la causa del vostre error. Per comprovar el que us dic, preneu el seu hàbit, porteu-lo a la primera barrera del regne dels *padres*; informeu-vos si el meu amo no ha mort un oficial jesuïta. No us caldrà gaire temps; sempre sereu a temps de menjar-nos si descobriu que us he mentit. Però, si us he dit la veritat, coneixeu massa els principis del dret públic, els costums i les lleis, per a no concedir-nos la vostra gràcia.

Els orellons varen trobar aquest discurs molt raonable; varen delegar dos notables perquè anessin de pressa a esbrinar la veritat; els dos diputats compliren llur comissió com a persones d'enginy i tornaren aviat portant bones noves. Els orellons deslligaren els dos presoners, els feren tota mena de cortesies, els oferiren llurs filles, els donaren refrescos i els conduïren fins als termenals de llurs Estats, cridant amb alegria:

—No és pas un jesuïta, no és pas un jesuïta!

Càndid no es cansava d'admirar el fet de la seva deslliurança.

 —Quin poble! —deia—, quins homes!, quins costums! Si

no hagués tingut la sort de clavar la meva espasa en el cos del germà de Cunegunda, ens menjaven sense remissió. Però, comptat i debatut, la pura natura és bona, perquè aquesta gent, en lloc de menjar-me, m'han fet mil afalacs, d'ençà que han descobert que no era un jesuïta.

XVII. ARRIBADA DE CÀNDID I DEL SEU CRIAT AL PAÍS D'ELDORADO, I DEL QUE HI VEIEREN

Quan varen ésser a les fronteres dels orellons:

—Veieu —va dir Cacambo a Càndid— que aquest hemisferi no val pas més que l'altre; creieu-me, tornem a Europa pel camí més curt.

—Com hi tornarem?, i on anirem? Si vaig al meu país, els abars i els búlgars degollen tothom; si torno a Portugal, m'hi cremen; si restem en aquest país, ens arrisquem que ens posin a l'ast en qualsevol moment. I com podré resoldre'm a deixar la part del món que habita la senyoreta Cunegunda?

—Girem cap a Caiena —va dir Cacambo—; hi trobarem francesos que corren tot el món; ens podran ajudar. Déu potser s'apiadarà de nosaltres.

No era empresa fàcil anar a Caiena; sabien si fa no fa cap a quin cantó s'esqueia; però muntanyes, rius, precipicis, bandits, salvatges, eren terribles obstacles que es trobaven pertot. Llurs cavalls moriren de fatiga; acabaren les provisions; durant tot un mes varen nodrir-se a la riba d'un riuet vorejat de cocoters que varen sostenir llur vida i llurs esperances.

Cacambo, que donava tan bons consells com la vella, va dir a Càndid:

—No podem més; hem caminat prou; veig una canoa buida vora la riba, omplim-la de cocos, tirem-nos a dins, deixem-nos dur pel corrent: un riu mena sempre a algun indret habitat. Si no trobem coses agradables, almenys trobarem coses noves.

—Anem —va dir Càndid—, recomanem-nos a la Providència.

Vogaren algunes llegües entre dues riberes, adés àrides, adés florides, adés planes, adés escarpades. El riu s'eixamplava més cada cop; a la fi, es perdia sota una volta de roques espantoses, que s'elevaven fins al cel. Els dos viatgers tingueren la gosadia d'abandonar-se al corrent sota aquella volta. El riu, reclòs en aquell indret, els arrossegava amb una velocitat i una fressa horribles. Al cap de vint-i-quatre hores tornaren a veure el dia; però llur canoa va estellar-se contra els esculls; els calgué arrossegar-se de roca en roca durant tota una llegua; a la fi, descobriren un horitzó immens voltat de muntanyes inaccesibles. El país apareixia conreat per al plaer no menys que per a la necessitat; arreu l'útil era agradable: els camins eren coberts, o més ben dit, ornats de cotxes d'una forma i d'una matèria brillant que duien dones i homes d'una bellesa singular, arrossegats ràpidament per grossos moltons vermells que superaven en velocitat els millors cavalls d'Andalusia, de Tetuan i de Mequines.

—Vet ací, tanmateix —digué Càndid—, una terra que val més que Westfàlia.

Va posar peu a terra amb Cacambo, vora la primera ciutat que va trobar. Alguns infants, tots coberts de brocats d'or, espellifats, jugaven a la morra, a l'entrada de la ciutat; llurs palets eren una mena de peces amples, rodones, grogues, roges, verdes, que feien una lluïssor singular. Als viatgers els vingué desig d'aplegar-ne alguns; era or, eren maragdes, robins, el més petit dels quals hauria estat el millor ornament del tron del Mogol.

—Sens dubte —digué Càndid—, aquests infants són els fills del rei del país que juguen a la morra.

El mestre de la població aparegué en aquell moment per fer-los entrar a l'escola.

—Aquest és —féu Càndid— el preceptor de la família reial.

Els petits trinxeraires abandonaren tot seguit el joc, deixant a terra llurs palets i tot allò que havia servit per a divertir-los. Càndid els recull, corre al preceptor i els hi presenta humilment, tot fent-li entendre per senyes que llurs alteses reials havien oblidat llur or i llurs pedreries. El mestre de la ciutat, somrient, els tirà per terra, mirà un moment el rostre de Càndid amb molta sorpresa, i continuà el seu camí.

Els viatgers no deixaren pas de recollir l'or, els robins i les maragdes.

—On som? —es demanà Càndid—. Que en deuen estar, de ben educats, aquests fills del rei, perquè sàpiguen menysprear d'aquesta manera l'or i les pedreries!

Cacambo estava tan sorprès com Càndid. A la fi s'acostaren a la primera casa de la ciutat; estava construïda com un palau d'Europa. Una multitud de gent s'aglomerava a la porta, i encara més a dins; es sentia una música molt agradable i es respirava una sentor deliciosa de menjar cuit. Cacambo s'atansà a la porta i va sentir que parlaven peruà: era la seva llengua materna; car tothom sap que Cacambo havia nascut a Tucumán, en un poble on no en parlen d'altra.

—Jo us serviré d'intèrpret —va oferir a Càndid—; entrem, això és una taverna.

De seguida dos minyons i dues noies de l'hostal, vestits de drap d'or i els cabells lligats amb cintes, els invitaren a seure a les taules de l'hostal. Varen servir quatre sopes, cadascuna guarnida amb dues cotorres, un còndor bullit que pesava dues-centes lliures, dos simis rostits d'una sabor excel·lent, tres-centes colibrís en un plat i sis-cents ocells-mosques en un altre; guisats exquisits, pastes delicioses; tot plegat en plates d'una mena de cristall de roca. Els minyons i les minyones de l'hostal servien diversos licors fets de canya de sucre.

Els convidats eren la major part comerciants i traginers, tots d'una polidesa extremada, que varen fer algunes preguntes a Cacambo amb la discreció més circumspecta, i que varen respondre a les seves d'una manera satisfactòria.

Quan l'àpat va acabar, Cacambo va creure, així mateix que Càndid, que pagaven bé el seu escot posant damunt la taula dues d'aquelles gruixudes peces d'or que havien arreplegat; l'hoste i l'hostessa esclafiren una rialla, i bella estona varen tenir-se els costats. Al capdavall es varen refer.

—Senyor —va dir l'hoste—, ja veiem que sou estrangers; no estem acostumats a veure'n. Perdoneu-nos si ens hem plantat a riure quan per a pagar-nos ens haveu ofert els palets dels nostres camins. Sens dubte, no teniu moneda del país, però tampoc no us en cal per a dinar aquí. Tots els hostals establerts per a comoditat del comerç són pagats pel govern. Si no heu menjat de gust aquí, és perquè aquest és un poble pobre, però pertot arreu sereu rebuts com mereixeu.

Cacambo explicava a Càndid tots els parlaments de l'hoste, i Càndid els escoltava amb la mateixa admiració i esverament que Cacambo els traduïa.

—Quin és, doncs, aquest país —es deien l'un a l'altre— desconegut a tota la resta del món i on tota la natura és diferent de la nostra? És, probablement, el país on tot va bé; perquè cal per força que n'hi hagi un d'aquesta mena. I, tot i el que en digui mestre Pangloss, m'he adonat sovint que tot anava prou malament a Westfàlia.

XVIII. EL QUE VEIEREN AL PAÍS D'ELDORADO

Cacambo demostrà al seu hoste tota la curiositat que sentia; l'hoste li va dir:

—Sóc molt ignorant, i tanmateix em prova; però aquí tenim un vell retirat de la cort, que és l'home més savi del reialme i el més comunicatiu.

Tot seguit duu Cacambo a la casa del vell; Càndid no feia sinó el paper de personatge secundari i acompanyava el seu criat. Entraren en una casa molt senzilla, puix que la porta només era d'argent i els sostres de les estades no eren sinó d'or, però treballats amb tant de gust que els sostres més rics no els feien oblidar. L'avantcambra, val a dir-ho, sols era incrustada de robins i maragdes; però l'ordre amb què tot era arranjat compensava amb escreix aquesta extremada simplicitat.

El vell va rebre els dos estrangers en un sofà encoixinat amb plomes de colibrí, i els va fer servir licors en vasos de diamant. Després, va satisfer llur curiositat en aquests termes:

—Tinc cent setanta-dos anys, i conec, pel meu pare, que havia estat escuder del rei, les sorprenents revolucions del Perú, que havia presenciat. El reialme on ens trobem és l'antiga pàtria dels inques, que en varen sortir molt imprudentment per anar a subjugar una part del món i que al capdavall varen ésser anorreats pels espanyols.

»Els prínceps de llurs famílies que varen restar en el país natal tingueren més seny; varen manar, amb el consentiment de la nació, que cap habitant no sortiria mai del nostre petit regne; i és això el que ens ha conservat la innocència i la felicitat. Els espanyols han tingut un coneixement confús d'aquest país i l'han anomenat Eldorado, i un anglès, de nom el cavaller Raleigh, va atansar-s'hi i tot ara fa cent anys; però, com que som voltats de roquissers inabordables i de precipicis, hem estat fins ara a recés de la rapacitat de les nacions d'Europa, que senten una furor inconcebible pels palets dels nostres camins i pel fang de la nostra terra, i que per haver-ne ens matarien tots.

La conversa va ésser llarga; tractà de la forma de govern, dels costums, de les dones, dels espectacles públics, de les arts. Finalment, Càndid, que conservava afecció a la metafísica, va fer demanar per Cacambo si a aquell país hi havia alguna religió.

El vell va enrojolar-se una mica.

—Com goseu dubtar-ne? —va exclamar—. Tal vegada ens preneu per ingrats!

Cacambo demanà humilment quina era la religió d'Eldorado. El vell va tornar a envermellir.

—Per ventura hi pot haver dues religions? —va fer—. Adorem Déu del matí al vespre.

—No adoreu sinó un sol Déu? —demanà Cacambo, que seguia servint d'intèrpret dels dubtes de Càndid.

—Evidentment —va dir el vell—, puix que no hi ha senyals que n'hi hagi dos, ni tres, ni quatre. Us confesso que la gent de la vostra terra fa preguntes ben singulars.

Càndid no es cansava de fer interrogar el pobre vell; va voler esbrinar com pregaven Déu a Eldorado.

—No el preguem pas —va dir el bon i respectable ancià—; no li hem de demanar res; tenim tot el que ens fa falta; li donem gràcies constantment.

Càndid va sentir la curiositat de veure sacerdots; va fer demanar on eren. El bon vell va somriure.

—Amics meus —va fer—, tots en som, de sacerdots; el rei i tots els caps de casa canten solemnement en acció de gràcies tots els matins, i cinc o sis mil músics els acompanyen.

—Com!, ¿no teniu monjos que ensenyen, que disputen, que governen, que conspiren i que fan cremar les persones que no són de llur parer?

—Caldria que fóssim boigs —va fer el vell—; aquí tots pensem igual, i no entenc què voleu dir amb els vostres monjos.

Càndid, en escoltar aquests discursos, restava en èxtasi, i es deia interiorment: «Això és ben diferent de Westfàlia i del castell del senyor baró; si el nostre amic Pangloss hagués vist Eldorado, no hauria dit més que el castell del baró Thunder-ten-tronckh era el que hi havia de millor damunt la terra; és ben cert que cal viatjar.»

 Després d'aquesta llarga conversa, el bon vell va fer enganxar sis moltons a una carrossa, i va donar dotze dels seus criats als viatgers perquè els acompanyessin a la cort.

—Excuseu-me —els va dir— si la meva edat em priva de l'honor d'acompanyar-vos. El rei us rebrà d'una manera que no us desagradarà, i si algun dels usos del país no us fan prou goig, ja voldreu dispensar-nos.

Càndid i Cacambo pugen en carrossa; els sis moltons volaven, i en menys de quatre hores varen arribar al palau del rei, situat en un extrem de la capital. El portal era de dos-cents vuit peus d'alt i de cent d'ample; era impossible d'expressar de quina matèria era construït. D'on pot imaginar-se quina superioritat hauria de tenir sobre aquests palets i aquest fang que nosaltres anomenem or i pedreries.

Vint boniques noies de la guàrdia varen rebre Càndid i Cacambo en davallar de la carrossa; els dugueren al bany, els varen vestir amb robes de borrissol de colibrí i, en acabat, els grans oficials de la corona els varen menar a l'estada de Sa Majestat, entre dos rengles, cadascun de mil músics, segons el costum ordinari. Quan eren a prop de la sala del tron, Cacambo va demanar a un oficial com calia comportar-se per a saludar Sa Majestat, si un hom es llançava de genolls o de ventre a terra, si es posava les mans al cap o al darrera, si llepava la pols de la sala: en un mot, quin era el cerimonial.

—L'usatge —digué el gran oficial— és abraçar el rei i besar-lo damunt les dues galtes.

Càndid i Cacambo saltaren al coll de Sa Majestat, que els va acollir amb tota la gràcia imaginable, i els invità polidament a sopar.

Mentrestant, els varen fer veure la ciutat, els edificis públics, elevats fins als núvols; els mercats, voltats de mil columnes; les fonts d'aigua pura, les fonts d'aigua de roses, les de licors de canya de sucre, que rajaven contínuament en grans places pavimentades amb una mena de pedreria que feia una olor semblant a la del clau i la canyella. Càndid va demanar per veure el tribunal de justícia, el Parlament: li varen dir que no n'hi havia, i que ningú no pledejava. Va informar-se de si hi havia presons, i li varen dir que no. El que va sorprendre'l més i li va fer més goig és el palau de les ciències, en el qual va veure una galeria de dos mil passos, tota plena d'instruments de física i de matemàtiques.

Després d'haver recorregut durant la tarda una mil·lèsima part de la ciutat, els varen tornar a casa del rei. Càndid va seure a taula, entre Sa Majestat, el seu criat Cacambo i diverses dames. Mai no varen menjar tan de gust, ni mai ningú no va mostrar-se tan espiritual com Sa Majestat en aquell sopar.

Cacambo explicava els acudits del rei a Càndid, i, tot i la traducció, sempre li semblaven excel·lents. De tot el que va admirar Càndid, no va ésser això el que va admirar-lo menys.

Varen passar un mes en aquest hospici. Càndid no cessava de dir a Cacambo:

—Tanmateix, amic meu, deixa-m'ho tornar a dir: el castell en què vaig néixer no val pas el país en què ens trobem, però, en fi, la senyoreta Cunegunda no és aquí, i probablement us heu deixat alguna amiga a Europa. Si restàvem aquí fórem iguals que els altres; mentre que, si tornem al nostre món amb sols dotze moltons carregats de palets d'Eldorado, serem més rics que tots els reis plegats, no hi haurà inquisidor que ens faci por i podrem fàcilment recobrar la senyoreta Cunegunda.

Aquest discurs va plaure a Cacambo; és tan humà de córrer a fer-se veure entre la pròpia gent, a ufanar-se del que s'ha vist en els viatges, que els dos benaurats varen resoldre de deixar-ho d'ésser i de demanar al rei llicència per a anar-se'n.

—Feu una ximpleria —els va dir Sa Majestat—; sé ben bé que el meu país no val gran cosa; però quan un hom es troba passablement en alguna banda, cal restar-hi. Segurament no tinc cap dret de retenir uns estrangers; això fóra una tirania que no és ni en els nostres costums ni en les nostres lleis; tots els homes són lliures; partiu quan us semblarà, però la sortida és molt difícil. És impossible de remuntar el riu veloç que, per miracle, us ha dut fins ací, i que corre sota voltes de pedra. Les serralades que afiten el meu reialme tenen deu mil peus d'altura, i són dretes com muralles; d'espessor, cadascuna fa més de deu mil llegües; no en podreu davallar sinó per precipicis. No obstant, vist que de totes passades voleu partir, vaig a donar ordre als intendents de les màquines de fer-vos-en una que us pugui transportar còmodament. Quan us hauran conduït a l'altra banda de les muntanyes, ningú no us podrà acompanyar, perquè els meus sotmesos han jurat no sortir mai del clos del meu reialme, i són massa discrets per a rompre llur vot. Per altra banda, demaneu-me tot el que us plagui.

—No demanem a Vostra Majestat sinó alguns moltons carregats de queviures, de palets i de fang del país.

El rei va riure.

—No concebo —va dir— quin gust té la gent d'Europa pel nostre fang groc; però emporteu-vos-en tant com vulgueu, i bon profit us faci.

A l'instant, donà ordre als seus enginyers de fer una màquina per a hissar aquells homes extraordinaris fora del regne. Tres mil físics de mèrit hi varen treballar; va estar a punt al cap de quinze dies, i no costà pas més de vint milions de lliures esterlines, moneda del país. Varen posar damunt la màquina Càndid i Cacambo; hi havia dos grans moltons vermells ensellats i embridats per a servir-los de cavalcadura quan haurien franquejat les muntanyes, vint moltons de bast carregats de queviures, trenta que duien presents del que hi havia de més curiós al país i cinquanta carregats d'or i pedreria. El rei besà tendrament els dos vagabunds.

Llur partida va ésser un bell espectacle, així com la manera enginyosa com ells i llurs moltons varen ésser hissats dalt la muntanya. Els físics varen acomiadar-se d'ells després d'haver-los posat en lloc segur, i Càndid ja no va tenir altre desig ni altre objecte que d'anar a oferir els seus moltons a la senyoreta Cunegunda.

—Tenim —va dir— amb què pagar el governador de Buenos Aires, si vol posar preu a la senyoreta Cunegunda. Caminem cap a la Caiena, embarquem-nos, i veurem després quin regne podrem comprar.

XIX. EL QUE ELS ESDEVINGUÉ A SURINAM, I COM CÀNDID VA FER CONEIXENÇA AMB MARTÍ

La primera jornada dels nostres viatgers va ésser força agradable. Caminaven encoratjats per la idea de veure's en possessió de més tresors que Àsia, Europa i Àfrica no poden aplegar. Càndid, entusiasmat, va escriure el nom de Cunegunda a l'escorça dels arbres. A la segona jornada, dos moltons varen enfonsar-se en uns aiguamolls i hi varen desaparèixer amb llur càrrega; altres dos moltons varen morir de fatiga alguns dies després; set o vuit varen morir de seguida de fam en un desert; d'altres varen estimbar-se al cap de pocs dies en una cinglera.

Càndid va dir a Cacambo:

—Ja veieu com les riqueses d'aquest món són moridores; no hi ha res sòlid sinó la força i la felicitat de reveure la senyoreta Cunegunda.

—Ho reconec —va dir Cacambo—; però encara ens resten dos moltons amb més tresors que els que tindrà mai el rei d'Espanya; i allà al lluny veig una ciutat que sospito que és Surinam, pertanyent als holandesos. Som al capdavall de les nostres penes i al començament de la nostra felicitat.

En acostar-se a la ciutat varen trobar un negre estès a terra que no tenia sinó la meitat del seu vestit, és a dir, uns calçotets de teixit blau; mancava a aquest home la cama esquerra i la mà dreta.

—Ei, per l'amor de Déu! —li va dir Càndid en holandès—, què feu aquí, bon home, en aquest horrible estat?

—Espero el meu amo, el senyor Vanderdendur, el famós negociant —va respondre el negre.

—Per ventura és el senyor Vanderdendur qui t'ha tractat així?

 —Sí, senyor —va fer el negre—; és el costum. Ens donen

uns calçotets de teixit per tota vestidura, dos cops l'any. Quan treballem a les sucreres i la mola ens atrapa el dit, ens tallen la mà; quan volem fugir, ens tallen la cama; jo m'he trobat en els dos casos. A aquest preu mengen sucre a Europa. No obstant, quan la meva mare em va vendre per deu escuts patagons a la costa de Guinea, prou em deia: «Fill meu, beneeix els nostres fetitxes, adora'ls sempre, et faran viure feliç; tens l'honor d'ésser esclau dels nostres senyors els blancs i així fas la fortuna del teu pare i de la teva mare.» Ai de mi!, no sé si he fet llur fortuna, però ells no han fet pas la meva. Els gossos, els simis i els lloros són mil vegades menys desgraciats que nosaltres; els fetitxes holandesos que m'han convertit em diuen tots els diumenges que tots som fills d'Adam, blancs i negres. No sóc genealogista; però, si aquests predicadors diuen veritat, tots som cosins nascuts de germà. Aleshores, reconeixereu amb mi que un hom no pot tractar els seus parents d'una manera més horrible.

—Oh Pangloss! —exclamà Càndid—, tu no havies pressentit aquesta abominació; no hi ha més remei: caldrà que al capdavall renunciï al teu optimisme.

—Què vol dir optimisme? —demanava Cacambo.

—Ai las! —deia Càndid—, és la fúria de sostenir que tot està bé, quan tot està malament! —I vessava llàgrimes, tot mirant el negre; i, plorant, va entrar a Surinam.

La primera cosa que fan és informar-se si al port hi ha algun vaixell que els pugui enviar a Buenos Aires. L'home al qual es varen adreçar era precisament un patró espanyol, que va oferir-se a cloure amb ells un tracte decorós. Els va donar cita en una taverna. Càndid i el seu fidel Cacambo varen anar a esperar-lo amb llurs dos bens.

Càndid, que tenia el cor als llavis, va contar a l'espanyol totes les seves aventures, i li confessà que volia raptar la senyoreta Cunegunda.

—Em guardaré molt de dur-vos a Buenos Aires —va dir el patró—; estaria perdut i vosaltres també; la bella Cunegunda és la favorita de monsenyor.

Allò fou un llamp per a Càndid. Va plorar bona estona; a la fi, va dur-se Cacambo a un cantó:

—Ve't aquí, estimat amic —li va dir—, el que cal que facis: cadascú duem a les butxaques diamants per valor de cinc o sis milions; tu ets més hàbil que jo; vés a treure la senyoreta Cunegunda de Buenos Aires. Si el governador hi posa algun obstacle, dóna-li un milió; si no es rendeix, dóna-li'n dos; tu no has mort un inquisidor, no es malfiaran de tu. Jo armaré un altre vaixell i t'aniré a esperar a Venècia; és un país lliure, on no hi ha res a témer dels búlgars, ni dels abars, ni dels jueus, ni dels inquisidors.

Cacambo va aplaudir aquesta prudent resolució. Estava desesperat de separar-se d'un amo excel·lent que havia esdevigut el seu amic íntim; però el goig de fer-li un servei va poder més que la pena de deixar-lo. Varen abraçar-se entre llàgrimes. Càndid li va recomanar de no oblidar la bona vella. Cacambo va partir aquell mateix dia: era un boníssim home, aquest Cacambo.

Càndid va romandre algun temps a Surinam i esperà que un altre patró volgués dur-lo a Itàlia, ell i els dos moltons que li restaven. Va prendre criats i comprà tot el que li feia falta per a un llarg viatge; a la fi, el senyor Vanderdendur, amo d'un gran vaixell, se li va presentar.

—Quant voleu —demanà a aquest home— per a dur-me directament a Venècia, a mi, els meus criats, el meu bagatge i dos moltons?

El patró va fixar deu mil piastres. Càndid no dubtà gens.

«Oh, oh! —va dir a part el prudent Vanderdendur—, aquest estranger dóna deu mil piastres tot d'una! Cal que sigui ben ric.» I va tornar una estona després per significar-li que no podia partir per menys de vint mil.

—Bé, doncs, les tindreu! —va dir Càndid.

«Ui, ui! —va dir-se de baix en baix el negociant—, aquest home dóna vint mil piastres amb la mateixa facilitat que deu mil!» Va tornar i li va dir que no el podia conduir a Venècia per menys de trenta mil piastres.

—En tindreu trenta mil —va respondre Càndid.

«Ui, ui, ui! —va dir-se encara el negociant holandès—, trenta mil piastres no li costen gens, a aquest home: sens dubte els dos moltons duen tresors immensos; no insistim més; fem-nos pagar les trenta mil piastres, i després veurem.»

Càndid va vendre dos diamants, el més petit dels quals valia més que tot el diner que demanava el patró. El va pagar per endavant. Els dos moltons foren embarcats. Càndid, en un bot, anava també a reunir-se amb ells a bord del vaixell, que era ancorat a la badia. Però mentrestant el patró aprofita el temps, obre les veles i desamarra; el vent l'afavoreix. Càndid, esmaperdut i estupefacte, el perd aviat de vista.

—Ai de mi! —s'exclama—, heus ací una jugada digna del vell continent.

Torna a la riba, aclaparat de dolor, perquè, fet i fet, ha perdut la fortuna de vint monarques.

Es presenta al jutge holandès, i com que estava una mica trasbalsat, truca violentament a la porta; entra; exposa la seva aventura, i alça la veu una mica més del que fóra convenient. El jutge comença per condemnar-lo a pagar deu mil piastres per la fressa que ha fet; després l'escolta pacientment; li promet examinar l'afer tan aviat com tornarà el negociant, i es fa pagar mil piastres més per les despeses de l'audiència.

Aquest procediment va acabar de desesperar Càndid; tanmateix, havia passat desgràcies mil vegades més doloroses; però la sang freda del jutge i la del patró que l'havia robat varen remoure la seva bilis i va submergir-se en la més negra malenconia. La malignitat dels homes es presentava al seu esperit en tota la seva lletgesa; no podia fer sinó pensaments tristos. A la fi, havent-hi un vaixell francès a punt de sortir cap a Bordeus, com que no tenia per a embarcar més moltons carregats de diamants, va llogar una cambra del vaixell a preu enraonat i va fer saber a la gent que pagaria el passatge, l'alimentació i dues mil piastres encara a la persona decent que volgués fer el viatge amb ell, a condició que aquesta persona fos la que més avorrís el seu estat i la més desgraciada de la província.

Va presentar-se una multitud de pretendents, que tot un estol no hauria estat suficient per a allotjar. Càndid va triar una vintena d'homes que li varen semblar sociables i que tots pretenien merèixer la preferència. Els va reunir en el seu hostal i va dar-los sopar a condició que cadascun faria jurament d'explicar fidelment la seva història; per la seva part, ell els va prometre que elegiria el que li semblés més de plànyer i el que amb raó estigués més malcontent del seu estat, i de donar gratificacions als altres.

La sessió va durar fins a les quatre del matí. Càndid, tot escoltant llurs aventures, recordava el que li havia dit la vella quan navegaven cap a Buenos Aires i la juguesca que li va fer, que no hi havia a bord cap persona a la qual no haguessin ocorregut grans desgràcies. Pensava en Pangloss a cada aventura que li contaven. «Aquest Pangloss —deia— tindria molts treballs per a demostrar el seu sistema. Voldria que fos aquí. Certament, si en alguna banda tot va bé, és a Eldorado, i no pas a la resta de la terra.» A la fi, va decidir-se a favor d'un pobre savi que havia treballat deu anys per a les llibreries d'Amsterdam. Jutjà que no hi havia al món cap ofici del qual un hom pogués estar tan avorrit com d'aquest.

Aquest savi, que, d'altra banda, era un bon home, havia estat robat per la seva dona, pegat pel seu fill i abandonat per la seva filla, que s'havia fet raptar per un portuguès. Acabaven de privar-lo d'un petit treball que era el seu únic mitjà de subsistència; i els predicadors de Surinam el perseguien perquè el prenien per un socinià. Cal confessar que els altres, pel cap baix, eren tan dissortats com ell; però Càndid esperava que el savi el distrauria durant el viatge. Tots els altres rivals varen trobar que Càndid els feia una gran injustícia, però ell els va apaivagar donant-los cent piastres a cadascun.

XX. EL QUE ESDEVINGUÉ, AL MAR, A CÀNDID I MARTÍ

El vell savi, que es deia Martí, va embarcar-se, doncs, cap a Bordeus amb Càndid. L'un i l'altre havien vist moltes coses i patit molt; i, baldament el vaixell hagués hagut de fer vela des de Surinam al Japó pel cap de Bona Esperança, haurien pogut conversar sobre el mal moral i el mal físic durant tot el viatge.

Amb tot, Càndid tenia un gros avantatge sobre Martí: és que ell esperava sempre reveure la senyoreta Cunegunda, i que Martí no esperava res; de més a més, ell tenia or i diamants, i, malgrat haver perdut dos moltons carregats amb tots els tresors de la terra, malgrat que sempre endoloris el seu cor la poca vergonya del patró holandès, tanmateix, quan pensava en el que encara romania en les seves butxaques i quan parlava de Cunegunda, sobretot a les acaballes dels àpats, es decantava al sistema de Pangloss.

—Però vós, senyor Martí —va dir al savi—, què penseu de tot això?, quina és la vostra idea sobre el mal moral i el mal físic?

—Senyor —va respondre Martí—, els meus capellans m'han acusat d'ésser socinià, però la veritat és que jo sóc maniqueu.

—Us rieu de mi —va fer Càndid—; ja no hi ha cap maniqueu al món.

—Hi sóc jo —digué Martí—; no sé pas com fer-m'ho, però no sé pensar d'una altra manera.

—Cal que tingueu el diable al cos —va dir Càndid.

—Es barreja tant i tant en els afers d'aquest món, que no m'estranyaria que fos dins el meu cos, com és arreu; però us confesso que, llançant una mirada a aquest globus, o, més ben dit, a aquest glòbul, penso que Déu l'ha abandonat a algun ésser malfactor; faig sempre excepció d'Eldorado. No he vist mai una ciutat que no desitgi l'ensorrada de la ciutat veïna, cap família que no vulgui exterminar una altra família. Pertot els febles execren els poderosos davant els quals s'arrosseguen, i els poderosos els tracten com ramats dels quals venen la carn i la llana. Un milió de bandits enregimentats, corrent d'un cap a l'altre d'Europa, exerceix l'assassinat i el pillatge amb disciplina, per a guanyar-se el pa, perquè no té ofici més honrat; i en les ciutats que semblen gaudir de la pau, i en les quals floreixen les arts, els homes estan més devorats per l'enveja i tenen més preocupacions i inquietuds que dins una ciutat assetjada. Les penes secretes són encara més cruels que les misèries públiques. En fi, n'he vist tantes, n'he passat de tants colors, que he esdevingut maniqueu.

—No obstant, hi ha alguna cosa bona —replicà Càndid.

—Tal vegada és així —deia Martí—; però no ho conec pas.

Enmig d'aquesta controvèrsia, varen sentir una canonada. El brogit redobla cada cop més. Cadascun pren la seva ullera de llarga vista. Albiren dos vaixells que combaten a una distància de tres milles si fa no fa; el vent dugué l'un i l'altre a prop del vaixell francès, de manera que hom va tenir el plaer de veure el combat còmodament. A la fi, un dels vaixells engegà a l'altre una andanada tan avall i tan justa, que va tirar-lo a fons. Càndid i Martí varen veure un centenar d'homes sobre la coberta del vaixell que s'enfonsava; tots alçaven els braços al cel i llançaven crits esgarrifosos... En un moment tot fou engolit.

—I bé! —digué Martí—, aquí teniu com es tracten els homes ells amb ells.

—La veritat és que hi ha alguna cosa de diàbolic en aquest afer.

Tot parlant així va descobrir alguna cosa d'un vermell brillant que nedava a prop de llur vaixell. Varen destacar un bot per veure què era allò; era un dels seus moltons. Càndid va alegrar-se més de trobar aquest moltó que no d'haver-ne perdut cent de carregats de diamants d'Eldorado. El capità francès s'adonà de seguida que el capità del vaixell enfonsador era espanyol i que el del vaixell submergit era un pirata holandès: era el mateix que havia robat Càndid. Les immenses riqueses de què s'havia apoderat varen sepultar-se en la mar alhora que ell mateix, i sols un moltó va salvar-se.

—Ja veieu —va dir Càndid a Martí— que alguna vegada el crim té el seu càstig; aquest brètol de patró holandès ha tingut la sort que mereixia.

—Sí —féu Martí—, però, ¿calia que els passatgers que anaven en el seu vaixell morissin també? Déu ha castigat aquell brètol, el diable ha ofegat els altres.

Mentrestant, el vaixell francès i l'espanyol seguiren llur via, i Càndid continuà les seves converses amb Martí. Varen discutir durant quinze dies, i al capdavall es trobaren tan avançats com el primer; però, en fi, parlaven, bescanviaven idees, es consolaven. Càndid amoixava el seu moltó.

—Puix que l'he trobat —deia—, bé podré retrobar Cunegunda.

XXI. CÀNDID I MARTÍ S'ATANSEN A LES COSTES DE FRANÇA, I ENRAONEN

A la fi, descobriren les costes de França.

—No heu estat mai a França, senyor Martí? —demanà Càndid.

—Sí —va dir Martí—; he resseguit algunes províncies: n'hi ha que la meitat dels habitants és folla, algunes en què la gent és massa trapella, d'altres on la majoria és prou dolça i prou ximple, d'altres on fan semblant de cultivar l'enginy, i, en totes, la principal ocupació és l'amor, la segona la maledicència i la terça dir nicieses.

—Però, senyor Martí, coneixeu París?

—Sí, conec París: té una mica de cada cosa. És un caos, és una premsa on tothom cerca el plaer i gairebé ningú no el troba; almenys això és el que m'ha semblat. Hi he estat pocs dies; en arribant, uns pillets em van robar tot el que duia a la fira de Saint-Germain; a mi mateix em varen prendre per lladre i vaig passar vuit dies a la presó; després de la qual cosa em vaig fer corrector d'impremta, a fi de guanyar el necessari per a tornar a Holanda. Vaig conèixer la canalla escriptora, la canalla intrigant i la canalla convulsionària... Diuen que hi ha persones molt educades en aquesta ciutat: ho vull creure.

—Per la meva part, no tinc cap curiositat de conèixer França —va dir Càndid—; ja compreneu que, quan un home ha passat un mes a Eldorado, no té esma de veure res més en aquest món, llevat de la senyoreta Cunegunda; vaig a esperar-la a Venècia; travessarem França per anar a Itàlia... No m'acompanyareu?

—De bon grat —va fer Martí—. Diuen que Venècia no és bona sinó per als nobles venecians, però que, tanmateix, hom hi rep força bé els estrangers si porten molt de diner; jo no en tinc gens; vós en teniu; us seguiré pertot.

—A propòsit —demanà Càndid—, ¿creieu que la terra ha estat originàriament una mar, com asseguren en aquest llibràs que pertany al capità del vaixell?

—No crec res d'això, i us dic igual de totes les falòrnies que ens ofereixen d'un temps ençà.

—Però, amb quin objecte, doncs, ha estat creat aquest món? —digué Càndid.

—Per a fer-nos enrabiar —va respondre Martí.

—¿No us admira extraordinàriament —continuà Càndid— l'amor que aquelles dues noies del país dels orellons professaven a dos simis, l'aventura dels quals us he contat dies ha?

—Gens ni mica —digué Martí—; en tal passió no trobo res d'estrany; n'he vist tantes, de coses extraordinàries, que ja no n'hi ha cap que pugui sorprendre'm.

—¿Creieu —va dir Càndid—, que els homes s'han assassinat sempre recíprocament, com ho fan avui?; ¿que sempre han estat mentiders, trapelles, pèrfids, malagraïts, brètols, febles, volubles, covards, envejosos, golafres, embriacs, avars, ambiciosos, sanguinaris, calumniadors, disbauxats, fanàtics, hipòcrites i ximples?

—¿Creieu —va fer Martí— que els esparvers hagin menjat sempre coloms, si els ha escaigut de trobar-ne?

—Sí, sens dubte —va dir Càndid.

—Doncs, aleshores —va dir Martí—, si els esparvers han tingut sempre el mateix caràcter, per què voleu que els homes hagin canviat el llur?

—Oh! —digué Càndid—, no n'hi ha poca, de diferència; perquè el lliure albir...

I enraonant d'aquesta manera varen arribar a Bordeus.

XXII. EL QUE VA OCÓRRER A CÀNDID I A MARTÍ UN COP FOREN A FRANÇA

Càndid no s'aturà a Bordeus sinó el temps indispensable per a vendre alguns palets d'Eldorado i per a procurar-se una bona cadira[3] de dues places. Perquè no podia ja passar-se del seu car filòsof Martí; el contrarià molt solament haver-se de separar del seu moltó, que va deixar a l'Acadèmia de Ciències de Bordeus, la qual va proposar, com a tema del seu premi anual, d'esbrinar per què la llana d'aquell moltó era roja; i el premi va ésser adjudicat a un savi del nord, el qual va demostrar que, per A més B menys C dividit per Z, el moltó havia d'ésser roig i morir d'enyorança.

Mentrestant, tots els viatgers que Càndid trobava als hostals del camí li deien: «Anem a París.» Aquesta embranzida general, al capdavall, li encomanà el desig de veure aquella capital. Fet i fet, no feia gaire marrada volent anar a Venècia.

Va entrar pel raval de Saint-Marceau i va creure que es trobava en la pitjor vileta de Westfàlia.

Tot just va ésser en el seu alberg, Càndid es va sentir atacat per una malaltia lleu, conseqüència de les seves fatigues. Com que duia al dit un brillant enorme i hom va adonar-se que en el seu equipatge duia un cofret prodigiosament feixuc, va tenir de seguida al seu capçal dos metges que no havia pas demanat, alguns amics íntims que no el deixaren pas i dues devotes que li escalfaven el brou. Martí deia:

—Jo prou me'n recordo, d'haver estat també malalt a París, llavors del meu primer viatge; era molt pobre: així s'explica que no tingués ni metge, ni amics, ni devotes, i vaig guarir.

Tanmateix, a còpia de metges i de sagnies, la malaltia de Càndid va tornar-se greu. Un veí del barri va venir a demanar-

3. Cotxe de viatge anomenat així.

li amb manyagueria un billet pagador per a l'altre món. Càndid no en va voler saber res. Les devotes li varen assegurar que era una nova moda. Càndid va respondre que ell no era gens a la moda. Martí va voler tirar el veí per la finestra. El trapella jurà que no enterrarien pas Càndid. Martí jurà que enterrarien el trapella, si seguia importunant-los. La disputa va abrandar-se: Martí l'agafà per les espatlles i l'engegà violentament, la qual cosa va produir un gros escàndol del qual va sortir un procés.

Entre els qui li feien els honors de la ciutat, hi havia un petit abat perigordí, una d'aquestes persones sol·lícites, sempre alerta, sempre servicials, desvergonyits, manyacs, dúctils, que espien els estrangers que passen, els conten la història escandalosa de la ciutat i els ofereixen plaers a tot preu. Aquest que dic va començar per dur Càndid i Martí a la comèdia. Hi representaven una tragèdia nova. Càndid va trobar-se col·locat entre uns quants esperits selectes. Això no el va privar de plorar en escenes perfectament representades. Un dels set-ciències que era al seu costat li va dir durant l'entreacte:

—Feu mal fet de plorar: aquesta actriu és molt dolenta; l'actor que treballa amb ella encara és pitjor; l'obra és pitjor que els actors; l'autor no sap un borrall d'alarb i, tanmateix, l'escena ocorre a l'Aràbia; i, de més a més, és un home que no creu en les idees innates; demà us duré vint fascicles contra ell.

—Senyor, quantes obres de teatre teniu a França? —va demanar Càndid a l'abat, el qual va respondre:

—Cinc o sis mil.

—És molt —va fer Càndid—; i quantes n'hi ha de bones?

—Quinze o setze —replicà l'altre.

—És molt —va fer Martí.

Càndid va mostrar-se molt satisfet d'una actriu que representava la reina Elisabet, en una magríssima tragèdia que donaven alguna vegada.

—Aquesta actriu —va dir a Martí— m'agrada molt; té una certa retirança a la senyoreta Cunegunda; m'encantaria saludar-la.

L'abat perigordí va oferir-se a introduir-lo a casa d'ella. Càndid, educat a Alemanya, va demanar quina era l'etiqueta i com tractaven a França les reines d'Anglaterra.

—Cal distingir —va fer l'abat—; a província, les duen a la taverna; a París, les respecten quan són boniques i les llancen al carrer quan són mortes.

—Reines al carrer! —va exclamar Càndid.

—Sí, en efecte —va dir Martí—; el senyor abat té raó; jo

era a París quan la senyoreta Monime va passar, com se sol dir, d'aquesta vida a l'altra; li varen negar el que aquí s'anomena els *honors de la sepultura*, és a dir, el dret de podrir-se amb tots els miserables del barri en un vil cementiri; va ésser enterrada tota sola en un racó del carrer de Borgonya; la qual cosa degué fer-li una pena extrema, puix que pensava molt noblement.

—Això és ben poc gentil —va dir Càndid.

—Què voleu? —va fer Martí—, aquesta gent es així. Imagineu totes les contradiccions, totes les incompatibilitats possibles, i les trobareu en el govern, en els tribunals, en les esglésies, en els espectacles d'aquesta estrambòtica nació.

—És veritat que a París riuen sempre? —demanà Càndid.

—Sí —digué l'abat—; però riuen tot recremant-se per dintre; perquè es queixen de tot amb grans riallades; i àdhuc s'hi fan tot rient les accions més detestables.

—Qui és —demanava Càndid— aquest grandíssim porc que em deia tant de mal de l'obra que m'ha fet plorar tant i dels actors que m'han fet tant goig?

—És un mal subjecte —respongué l'abat— que es guanya la vida dient mal de totes les obres i de tots els llibres; odia qualsevol que triomfa, com els eunucs odien els qui frueixen; és una d'aquestes serps de la literatura que es nodreixen de fang i de verí!; és un fol·liculari.

—Què enteneu per fol·liculari? —demanà Càndid.

—Un confeccionador de fulles, un Fréron.

D'aquesta manera enraonaven Càndid, Marti i el perigordí, tot mirant la desfilada de la gent que sortia del teatre.

—Tot i que estic molt desficiós de veure la senyoreta Cunegunda —va dir Càndid—, voldria, però, sopar amb la senyoreta Clairon, perquè m'ha semblat admirable.

L'abat no era home per a atansar-se a la senyoreta Clairon, que només tractava gent de qualitat.

—Té compromís aquest vespre —va dir—, però vull tenir l'honor d'acompanyar-vos a casa d'una dama molt distingida on coneixereu tot París com si hi haguéssiu viscut quatre anys.

Càndid, que era naturalment curiós, va deixar-se dur a casa de la dama, que vivia al fons del raval Saint-Honoré; hi jugaven al faraó; dotze tristos jugadors tenien cadascun als dits un llibret de cartes, registre de llurs infortunis. Regnava un pregon silenci, la pal·lidesa s'ensenyoria del front dels jugadors; la inquietud, del front del banquer; i la senyora de la casa, asseguda al costat d'aquell banquer inexorable, vigilava amb ulls de linx totes les maniobres que feia cada jugador per
 assenyalar les cartes, amb plecs i replecs; ella cuitava a fer-les

adreçar amb una atenció severa, però cortesa, i no s'enfellonia gens per por de perdre la parròquia. La dama es feia dir marquesa de Parolignac. La seva filla, de quinze anys, era entre els jugadors, i feia l'ullet per advertir les trapelleries d'aquells infeliços que tractaven de reparar les crueltats de la sort. L'abat perigordí, Càndid i Martí entraren; ningú no va alçar-se, ni va saludar-los, ni tan sols mirar-los; tothom estava profundament ocupat per les cartes. «La senyora baronessa de Thunder-ten-tronckh era més civil», va dir Càndid.

Mentrestant, l'abat va acostar-se a l'orella de la marquesa, que va mig alçar-se, honorà Càndid amb un somriure graciós i Martí amb una expressió de cara completament noble; va fer donar un seient i un joc de cartes a Càndid, el qual va perdre cinquanta mil francs en dues talles; després varen sopar alegrement, i tothom va admirar-se de veure que Càndid no estava gens trasbalsat per la seva pèrdua; els lacais deien entre ells, amb llur llenguatge de lacai: «Cal que sigui ben bé algun milord anglès.»

El sopar fou com la majoria dels sopars de París: de primer, silenci; després, brogit de paraules que no es distingeixen gaire; en acabat, plasenteries, la major part insípides, falses noves, raonaments coixos, una mica de política i molta maledicència; àdhuc es va parlar de llibres nous.

—¿Heu vist —digué l'abat perigordí— la novel·la del senyor Gauchat, doctor en teologia?

—Sí —va respondre un dels convidats—; però no he pogut acabar-la. Patim una allau de llibres impertinents; però tots plegats no arriben a la impertinència del llibre de Gauchat, doctor en teologia; estic tan tip d'aquesta immensitat de llibres detestables que ens inunden, que m'he posat a jugar al faraó.

—I de la *Miscel·lània*, de l'ardiaca Trublet, què me'n dieu?

—Ah! —va exclamar la senyora de Parolignac—, quin tedi mortal!; quina manera té tan curiosa de dir-nos el que tothom sap!; amb quina feixuguesa discuteix allò que no val la pena d'ésser tractat lleugerament!; amb quina poca gràcia s'apropia la gràcia dels altres!; com fa malbé tot el que roba! Però ja no m'ensopirà més; he fet prou de llegir unes quantes planes de l'ardiaca.

Hi havia a la taula un home savi i de gust que subratllava el que deia la marquesa. De seguida varen parlar de tragèdies; la dama preguntava per què hi havia tragèdies que es representaven a vegades i que no es podien llegir. L'home de gust explicà molt bé com era que una peça de teatre pogués tenir cert interès i mancar gairebé de mèrit; va provar en poques paraules que no n'hi havia prou d'aparellar una o dues situacions d'aquestes que es troben en les novel·les, i que sedueixen sempre els espectadors, sinó que cal ésser nou sense ésser estrafolari, sovint sublim i sempre natural, conèixer el cor humà i fer-lo enraonar; ésser gran poeta sense que mai cap personatge de l'obra sembli gran poeta; saber perfectament el seu idioma, parlar-lo amb puresa, amb una harmonia contínua, sense que mai la rima costi cap sacrifici al sentit.

—Aquell —afegí— que no observa totes aquestes regles, pot fer una o dues tragèdies aplaudides en el teatre; però mai no serà comptat en el rengle dels bons escriptors; hi ha molt poques tragèdies bones; les unes són idil·lis en diàlegs ben escrits i ben rimats; les altres, raonaments polítics que adormen o amplificacions que repel·leixen; els altres, somnis d'energúmens, en estil bàrbar, conceptes interromputs, llargues invocacions als déus, perquè hom no sap parlar als homes; màximes falses, llocs comuns ampul·losos.

Càndid escoltava aquests conceptes amb atenció, i es formava una gran idea de l'enraonador; i, com que la marquesa havia tingut cura de col·locar-lo al seu costat, ell va acostar-se a la seva orella i va prendre's la llibertat de demanar-li qui era aquell home que parlava tan bé.

—És un savi —va dir la dama— que no juga mai i que l'abat em porta algun cop a sopar; entén molt de tragèdies i de llibres; i ha fet una tragèdia xiulada i un llibre del qual només s'ha vist fora de la llibreria un exemplar que m'ha dedicat a mi.

—Quin gran home! —exclamà Càndid—, és un altre Pangloss.

Aleshores, girant-se cap a ell, li va dir:

—Senyor, ¿sens dubte penseu que tot està bé en el món físic i en el moral, i que res no podia ésser d'una altra manera?

—Jo, senyor —va respondre el savi—, no penso res d'això; trobo que a casa nostra tot va de tort; que ningú no sap ni quin és el seu estament, ni el seu càrrec, ni el que fa, ni el que ha de fer, i que llevat del sopar, que és força alegre i en el qual apar força unió, la resta del temps se'n va en disputes impertinents: jansenistes contra molinistes, gent del Parlament contra gent d'Església; literats contra literats, cortesans contra cortesans, financers contra poble, dones contra marits, parents contra parents: és una guerra eterna.

Càndid li replicà:

—He vist coses pitjors; però un savi, que després va tenir la desgràcia de morir penjat, m'ensenyà que tot això està divinament, són ombres en un bell quadre.

—El vostre penjat es mofava del món —va dir Martí—; les ombres que dieu són taques horribles.

—Són els homes els que fan les taques —va dir Càndid—, i no se'n poden estar.

—Aleshores, no en tenen la culpa —va dir Martí.

La major part dels jugadors, que no entenien un borrall en aquesta conversa, bevien, i Martí va discutir amb el savi, i Càndid va contar una part de les seves aventures a la mestressa de la casa.

En havent sopat, la marquesa va menar Càndid al seu gabinet i el va fer seure en un sofà.

—Vegem —li va dir—, ¿encara esteu bojament enamorat de la senyoreta Cunegunda de Thunder-ten-tronckh?

—Sí, senyora —va respondre.

La marquesa va replicar amb un somriure tendre:

—Em contesteu com un jove de Westfàlia; un francès m'hauria dit: «És ben cert que he estimat la senyoreta Cunegunda; però quan us veig, senyora, tinc por de no estimar-la més.»

—Ai de mi, senyora, us respondré com voldreu.

—La vostra passió per ella ha començat recollint-li un mocador; doncs jo vull que em recolliu una lligacama.

—Amb tota l'ànima —va fer Càndid, i la va plegar.

—Però també vull que me la torneu a posar —va seguir la dama.

I Càndid la hi tornà a posar.

—Veieu? —va dir la senyora—, vós sou estranger; a vegades faig sospirar els meus amants de París durant quinze dies, però em dono a vós des de la primera nit, perquè cal fer els honors del país a un jove de Westfàlia.

La bella senyora, havent entrevist dos enormes diamants als dits del seu jove estranger, va lloar-los amb tan bona fe, que dels dits de Càndid varen passar als dits de la marquesa.

Càndid, tornant-se'n amb el seu abat perigordí, va experimentar algun remordiment d'haver fet alguna infidelitat a la senyoreta Cunegunda. El senyor abat participà de la seva pena; no tenia sinó una lleugera part en les cinquanta mil lliures perdudes al joc per Càndid, i en el valor dels dos brillants mig donats i mig presos. El seu propòsit era d'aprofitar-se tant com fos possible dels avantatges que la coneixença de Càndid podia procurar-li. Li va parlar molt de Cunegunda, i Càndid li va dir que demanaria perdó de la seva infidelitat a aquella gentil criatura quan la veuria a Venècia.

El perigordí redoblava l'amabilitat i els compliments i posava una tendra atenció a tot el que Càndid deia, a tot el que feia, a tot el que volia fer.

—¿Resulta, doncs, senyor —li digué—, que teniu una cita a Venècia?

—Sí, senyor abat —digué Càndid—, és indispensable que vagi a trobar la senyoreta Cunegunda.

Llavors, arrossegat pel plaer de parlar de la estimada, contà, com solia, una part de les seves aventures amb aquella il·lustre westfaliana.

—Crec —va dir l'abat— que la senyoreta Cunegunda té molta intel·ligència i que escriu unes cartes enciseres.

—Mai no n'he rebut —va fer Càndid—; heu de pensar que, expulsat del castell per l'amor d'ella, no li vaig poder escriure; que poc temps després vaig saber que era morta, que en acabat la vaig trobar i la vaig perdre, i que a dues mil cinc-centes milles d'aquí li he enviat un missatger la resposta del qual encara espero.

L'abat escoltava atentament i semblava una mica meditabund. Aviat va prendre comiat dels dos estrangers, després d'haver-los besats tendrament. L'endemà Càndid va rebre, en despertar, una carta concebuda en aquests termes:

«Senyor i caríssim amant: fa vuit dies que em trobo malalta en aquesta ciutat; acabo de saber que vós també hi sou. Volaria als vostres braços si em pogués bellugar. M'he informat del vostre pas per Bordeus; hi he deixat el fidel Cacambo i la vella, que han de reunir-se amb mi aviat. El governador de Buenos Aires ho ha pres tot, però em resta el vostre cor. Veniu; la vostra presència em tornarà la vida o em farà morir de goig.»

Aquesta lletra deliciosa, aquesta lletra inesperada, transportà Càndid amb una joia inexpressable, i la malaltia de la seva estimada Cunegunda l'aclaparà de dolor. Didivit entre aquests dos sentiments, pren el seu or i els seus diamants i es fa conduir amb Martí a l'hostal on parava la senyoreta Cunegunda. Hi entrà tot trèmul d'emoció, el seu cor palpita, la seva veu sanglota; vol obrir les cortines del llit, vol que duguin un llum.

—Guardeu-vos-en molt —li diu la seguidora—; la claror la mata! —i tot d'una tanca les cortines.

—Estimada Cunegunda —diu Càndid, plorant—, com us trobeu? Si no em podeu veure, parleu-me almenys.

—No pot parlar —diu la seguidora.

La dama aleshores treu enfora del llit una mà molsuda que Càndid rega amb les seves llàgrimes i després omple de diamants, mentre deixa un sac ple d'or damunt la cadira.

Enmig dels seus transports, arriba un sots-tinent seguit de l'abat perigordí i d'una patrulla.

—Aquí teniu aquests dos estrangers sospitosos.

A l'instant els fa agafar i ordena als seus valents de dur-los a la presó.

—No és pas així com tracten els viatgers a Eldorado —diu Càndid.

—Sóc més maniqueu que mai —fa Martí.

—Però, senyor, on ens dueu? —demana Càndid.

—A un pou de presó —diu el sots-tinent.

Martí, havent recobrat la seva sang freda, jutjà que la senyora que es feia passar per Cunegunda era una barjaula, el senyor abat perigordí un brètol que havia abusat tan de pressa com havia pogut de la innocència de Càndid, i el sotstinent, un altre brètol del qual podien alliberar-se fàcilment.

Abans d'exposar-se als procediments de la justícia, Càndid, il·luminat pel seu consell, i d'altra banda sempre impacient per reveure la veritable Cunegunda, ofereix al sots-tinent tres diamants d'unes tres mil pistoles cadascun.

—Ah, senyor! —li va dir l'home del bastó de vori—, baldament haguéssiu comès tots els crims imaginables, sou l'home més honorable del món. Tres diamants! Cadascun de tres mil pistoles! Senyor!, em faria matar per vós, en lloc de dur-vos a una presó. Deturen tots els estrangers, però deixeu-me fer!; tinc un germà a Dieppe, a Normandia; us hi acompanyaré, i si teniu algun diamant per a donar-li, curarà de vós com jo mateix.

—I per què detenen tots els estrangers? —va dir Càndid.

L'abat perigordí prengué aleshores la paraula i digué:

—És perquè un miserable del país d'Atrebàcia ha sentit dir ximpleries; això sol li ha fet cometre un parricidi, no pas com el de 1610, al mes de maig, sinó com el de 1594, al mes de desembre, i com molts d'altres comesos en altres anys i en altres mesos per altres miserables que havien sentit dir ximpleries.

—Ah, els monstres! —exclamà Càndid—; com poden ocórrer semblants horrors en un poble que balla i que canta? ¿No podré cuitar a sortir d'un país on els simis irriten els tigres? En el meu país he vist óssos; d'homes, no n'he vist sinó a Eldorado. Per l'amor de Déu, senyor sots-tinent, dueu-me a Venècia, on he d'esperar la senyoreta Cunegunda.

Aleshores, el sots-tinent explicà de què es tractava.

—No puc sinó menar-vos a la Baixa Normandia —va dir el cap dels arquers.

Tot seguit li fa llevar els grillons, diu que s'ha equivocat, acomiada el sergent, duu a Dieppe Càndid i Martí, i els deixa entre les mans del seu germà. Hi havia una petita embarcació holandesa a la rada. El normand, amb l'ajut d'altres tres diamants convertit en l'home més servicial del món, embarca Càndid i el seu seguici en el vaixell que anava a desplegar veles cap a Portsmouth, a Anglaterra. No era ben bé el camí de Venècia; però Càndid imaginava haver sortir de l'infern i comptava reprendre el rumb de Venècia a la primera ocasió.

XXIII. CÀNDID I MARTÍ VAN A LES COSTES D'ANGLATERRA. EL QUE HI VEUEN

—Ah, Pangloss! Pangloss! Ah, Martí! Martí! Ah, la meva cara Cunegunda!; què és aquest món? —deia Càndid sobre el vaixell holandès.

—Alguna cosa ben folla i ben abominable —responia Martí.

—Coneixeu Anglaterra? Hi són tan boigs com a França?

—És una altra mena de bogeria —digué Martí—. Ja sabeu que aquestes nacions guerregen per alguns arpents de neu cap al Canadà, i que consumen en aquesta guerra molt més del que val tot el Canadà. Ara, si em demaneu si hi ha més gent per a lligar en un país que en l'altre, us diré que aquesta és una cosa que les meves escasses llums no em permeten d'esbrinar; sé només que, en general, la gent que anem a topar és molt atrabiliària.

Tot parlant així arribaren a Portsmouth; una multitud de poble cobria la riba i mirava atentament un home força gros que estava de genolls, els ulls embenats, damunt la coberta d'un dels vaixells de la flota; quatre soldats, col·locats davant d'aquest home, li tiraren cadascun tres bales al crani, amb la major calma del món; i tota la concurrència se n'anà molt satisfeta.

—Què és tot això? —va dir Càndid—; i quin és aquest dimoni que exerceix arreu el seu imperi?

Va demanar qui era aquell home gros que acabaven de matar amb tota cerimònia.

—És un almirall —li varen respondre.

—I per què han mort aquest almirall?

—Perquè —li digueren— no ha fet matar prou gent; ha lliurat combat a un almirall francès i hom troba que no se li ha acostat prou.

—Però —digué Càndid— l'almirall anglès era tan lluny del francès com aquest de l'altre.

—Això és incontestable —li varen replicar—; però en aquest país és bo de matar de tant en tant un almirall per a encoratjar els altres.

Càndid va restar tan atordit i tan sorprès del que veia i escoltava, que ni tan sols volgué desembarcar, i va fer tracte amb el patró holandès (encara que l'hagués de robar com el de Surinam) perquè el dugués immediatament a Venècia.

El patró va estar a punt al capdavall de dos dies. Varen costejar França; passaren a la vista de Lisboa i Càndid s'estremí. Varen entrar per l'estret en la Mediterrània; finalment ancoraren a Venècia.

—Lloat sia Déu! —va dir Càndid, besant Martí—, és aquí on reveuré la bella Cunegunda. Em refio de Cacambo com de mi mateix. Tot està bé, tot va bé, tot va al millor possible.

XXIV. DE PAQUETA I DE FRA GIROFLÉ

Tan bon punt fou a Venècia, va cercar Cacambo en totes les tavernes, en tots els cafès, a casa de totes les dones de la vida, i no el trobà enlloc. Enviava cada dia missatgers a esperar l'arribada de tots els vaixells i de totes les barques: cap nova de Cacambo.

—Com! —deia a Martí—, he tingut temps d'anar de Surinam a Bordeus, de Bordeus a París, de París a Dieppe, de Dieppe a Portsmouth, de costejar Portugal i Espanya, de travessar tota la Mediterrània, de passar uns mesos a Venècia, i la bella Cunegunda no ha arribat encara! No he trobat en el seu lloc sinó una trapella i un abat perigordí! Sens dubte, Cunegunda és morta; no em resta sinó morir. Ah, valia més haver romàs en el paradís d'Eldorado que no venir en aquesta maleïda Europa! Que en teniu, de raó, estimat Martí: tot és il·lusió i calamitat.

Va caure en una negra malenconia i no prengué cap part a l'òpera *alla moda*, ni als altres divertiments de carnaval; cap dona no va desvetllar-li la més lleu temptació. Martí li va dir:

—Tanmateix, sou ben ingenu de creure que un criat mestís que té cinc o sis milions a les butxaques anirà a cercar la vostra amiga a la fi del món i us la durà a Venècia. La prendrà per a ell, si la troba; si no la troba, en prendrà una altra. Us aconsello que oblideu el vostre criat Cacambo i la vostra amiga Cunegunda.

Martí no era consolador. La malenconia de Càndid augmentà i Martí no parava de provar-li que la virtut i la felicitat escassejaven sobre la terra, deixant de banda Eldorado, on ningú no pot anar.

Tot discutint aquesta matèria important i esperant Cunegunda, Càndid albirà un jove teatí que tenia als braços una dona. El teatí semblava fresc, molsut, vigorós; els seus ulls eren brillants, el seu rostre colrat, el seu posat altiu. La dona era molt bonica i cantava: mirava amorosament el seu teatí i de tant en tant li pessigava les galtes plenes.

—Almenys reconeixereu —va dir Càndid a Martí— que aquest parell són feliços. En tota la terra habitada, exceptuant Eldorado, no he trobat sinó desgraciats; però, pel que fa a aquesta minyona i a aquest teatí, em jugo qualsevol cosa que són dues criatures sortoses.

—Jo jugo que no —digué Martí.

—No cal sinó invitar-los a dinar —va dir Càndid—, i ja veureu si m'erro.

De seguida els escomet, els fa reverència i els invita a venir al seu hostal a menjar macarrons, perdiu de Llombardia, ous d'esturió, i a beure vins de Montepulciano, lacrima-christi, Xipre i Samos. La senyoreta s'enrojolà, el teatí acceptà el convit i la noia el va seguir tot mirant Càndid amb ulls de sorpresa i de confusió, que varen entelar-se amb algunes llàgrimes. Tot just va entrar a la cambra de Càndid, que li diu:

—I doncs, senyor Càndid, no voleu reconèixer Paqueta?

En sentir aquestes paraules, Càndid, que fins aleshores no l'havia considerada amb atenció, perquè sols pensava en Cunegunda, li va dir:

—Ai de mi! Pobra criatura, ¿sou vós, doncs, la que va posar el doctor Pangloss en el galdós estat en què l'he vist?

—Ai, sí, senyor Càndid, jo mateixa; veig que esteu informat de tot. He sabut totes les horribles desgràcies que han escaigut a la casa de la senyora baronessa i a la bella Cunegunda. Us juro que el meu destí no ha estat pas menys lamentable. Era molt innocent quan em vàreu conèixer. Un caputxí, que era el meu confessor, em va seduir amb facilitat. Les conseqüències varen ésser desastroses; em vaig veure obligada a abandonar el castell poc temps després que el senyor baró va aviar-vos a puntades de peu. Si un metge famós no s'hagués compadit de mi, era morta. Durant una temporada, per agraïment, vaig ésser l'amistançada d'aquell metge. La seva dona, que era gelosa, fins a la ràbia, em pegava cada dia implacablement; era una fúria. El metge era el més lleig dels homes, i jo, bastonejada per un home que jo no estimava, la més infeliç de les criatures. Ja sabeu, senyor, com és perillós per a una dona rebeca d'ésser la muller d'un metge. Aquest, exasperat pels procediments de la seva dona, un dia, per guarir-la d'un refredat, li va donar una medecina tan eficaç, que en va morir en dues hores, enmig de convulsions horribles. Els parents de la senyora provaren de posar al metge un procés criminal; ell va fer-se fonedís i jo vaig ésser empresonada. La meva innocència no m'hauria salvat si no hagués estat una mica agraciada. El jutge em va absoldre amb la condició que ell fóra el successor del metge. Aviat vaig ésser suplantada per una rival, i em vaig trobar obligada de bell nou a fer aquest ofici abominable que a vosaltres, homes, us sembla tan divertit, i que per a nosaltres és un abisme de misèria. Vaig venir a exercir la meva professió a Venècia. Ah, senyor, si poguéssiu imaginar el que és de trobar-se obligada a acariciar indiferentment un vell comerciant, un advocat, un frare, un gondoler, un capellà; de viure exposada a tots els insults, a totes les vexacions; d'ésser sovint reduïda a anar a manllevar una faldilla per fer-se-la treure per un home fastigós; d'ésser robada per l'un del que has guanyat amb l'altre; de veure com abusen de tu els oficials de justícia i no tenir altra perspectiva sinó una vellesa horrible, un hospital i un femer, acabaríeu per comprendre que sóc una de les criatures més desgraciades del món.

Paqueta obria el seu cor al bon Càndid, en una cambra, en presència de Martí, que deia a Càndid:

—Ja veieu, em penso que he guanyat la meitat de la juguesca.

Fra Giroflé havia restat al menjador i bevia una copa tot esperant el dinar.

—Tanmateix —va dir Càndid a Paqueta—, teníeu un posat tan alegre, tan content, quan us he trobat; cantàveu i acariciàveu el teatí amb una complaença tan natural, que m'heu semblat tan feliç com preteneu ésser desgraciada.

—Ah, senyor —va respondre Paqueta—. Aquesta és una altra de les misèries del nostre ofici. Ahir vaig ésser robada i bastonejada per un oficial i avui em cal presentar-me de bon humor per a plaure a un frare.

Càndid no va voler saber-ne més; va reconèixer que Martí tenia raó. Varen entaular-se amb Paqueta i el teatí; l'àpat va resultar força divertit; i a les acaballes varen parlar-se amb força confiança.

—Pare —va dir Càndid, adreçant-se al religiós—, em fa l'efecte que gaudiu d'un destí que tothom podria envejar; en la vostra cara brilla la flor de la salut, la vostra fesomia anuncia la felicitat, teniu una noia molt bonica per al vostre solaç i sembleu molt content del vostre estat de teatí.

—A fe meva, senyor —digué fra Giroflé—, que el meu desig fóra que tots els teatins fossin al fons del mar. Cent vegades he sentit la temptació de calar foc al convent i d'anar a fer-me turc. Els meus pares em varen forçar, quan tenia quinze anys, a vestir-me aquest hàbit detestable, per a deixar més fortuna a un maleït germà gran que Déu confongui! La gelosia, la discòrdia, la ràbia habiten al meu convent. Cert que he predicat alguns sermons que m'han valgut algun diner, la meitat del qual em roba el prior; la resta em serveix per a mantenir dones de la vida; però, quan al vespre torno al monestir, sento la pruïja d'esberlar-me el cap contra les parets del dormitori; i tots els meus confrares es troben en el mateix cas.

Martí, girant-se cap a Càndid amb la seva ordinària sang freda:

—Ei! —li va dir—, no he guanyat entera la juguesca?

Càndid va donar dues mil piastres a Paqueta i mil piastres a fra Giroflé.

—Us asseguro —va dir— que amb això seran feliços.

—No ho crec de cap manera —va dir Martí—; potser els fareu amb aquestes piastres molt més desgraciats encara.

—Serà com serà —va dir Càndid—; però una cosa em consola: veig que es retroba sovint la gent que no crèieu retrobar mai; podria molt ben ésser que, havent trobat el meu moltó vermell i Paqueta, també retrobi Cunegunda.

—Desitjo —va dir Martí— que algun dia us faci feliç; però, la veritat, en dubto molt.

—Sou ben dur —va fer Càndid.

—És que he viscut —va respondre Martí.

—Però, mireu aquests gondolers —va dir Càndid—; ¿no canten sense treva?

—No els veieu a llur casa, amb llurs dones i infants —va dir Martí—. El dux té els seus maldecaps, els gondolers tenen els llurs. Cert que, fet i fet, la sort d'un gondoler és preferible a la d'un dux; però crec que la diferència és tan mesquina, que no val la pena d'examinar-la.

—Parlen —va dir Càndid— del senador Pococurante, que habita aquell bell palau damunt el Brenta i que rep força estrangers. Pretenen que és un home que mai no ha tingut cap pena.

—M'agradaria conèixer una mena tan rara —va dir Martí.

De seguida, Càndid va fer demanar al senador Pococurante el permís d'anar-lo a visitar l'endemà.

XXV. VISITA A CASA DEL SENYOR POCOCURANTE, NOBLE VENECIÀ

Càndid i Martí varen anar en gòndola pel Brenta i arribaren al palau del noble Pococurante. Els jardins eren ben disposats i ornats de belles estàtues de marbre; el palau, d'una bella arquitectura. L'amo de la casa, home de seixanta anys, va rebre molt cortesament els dos curiosos, però amb molt poca efusió, la qual cosa va desconcertar Càndid i no va desplaure a Martí.

Per començar, dues noies boniques i ben vestides varen servir xocolata i la feren escumejar molt bé. Càndid no va poder-se estar de celebrar llur boniquesa, llur gràcia i llur habilitat.

—Són força bones minyones —va dir el senador Pococurante—; algun cop les faig jeure en el meu llit, perquè estic molt tip de les senyores de ciutat, de llurs gelosies, de llurs disputes, de llurs genis, de llur orgull, de llur ximpleria i dels sonets que cal fer o encarregar per a elles; de tota manera, aquestes noies comencen a enutjar-me.

Càndid, després d'esmorzar, tot passejant per una galeria, es va sorprendre de la bellesa dels quadres. Va demanar de quin mestre eren els dos primers.

—Són de Rafael —va dir el senador—; els vaig comprar molt cars, per vanitat, fa alguns anys... Diuen que és el que hi ha de més bell a Itàlia; però no m'agraden gens; el color és tot enfosquit, les figures no són prou arrodonides i no ressurten prou; els vestits no donen de cap manera la sensació de la tela. En un mot, diguin el que diguin, jo no hi trobo una imitació veritable de la natura; enlloc no n'hi ha d'aquesta mena. Tinc moltes pintures, però ja no les miro mai.

Pococurante, mentre arribava l'hora de dinar, es va fer donar un concert. Càndid va trobar la música deliciosa.

—Aquest soroll —va fer Pococurante— pot divertir durant mitja hora; però, si dura més estona, fatiga tothom, per bé que ningú no ho gosi confessar. La música, avui, no és sinó l'art d'executar coses difícils, i allò que no és sinó difícil, a la llarga no agrada gens. Potser m'agradaria més l'òpera si no haguessin trobat el secret de fer-ne un monstre que em revolta. Anirà, qui voldrà, a veure tragèdies dolentes posades en música, en les quals les escenes no són fetes sinó per a col·locar sense solta dues o tres cançons ridícules que serveixen per a fer valer la gargamella d'una actriu; s'extasiarà qui voldrà o qui podrà veient un castrat que cantusseja el paper de Cèsar o de Cató i que es passeja tot engavanyat damunt les taules. Per a mi, temps ha que he renunciat a aquestes misèries que avui fan la glòria d'Itàlia i que els sobirans paguen tan carament.

Càndid va discutir una mica, però amb discreció. Martí va estar completament d'acord amb el parer del senador.

Varen entaular-se, i, després d'un excel·lent dinar, entraren a la biblioteca. Càndid, en veure un Homer magníficament relligat, va lloar el bon gust de l'il·lustríssim:

—Heus ací un llibre que feia les delícies del gran Pangloss, el millor filòsof d'Alemanya.

—No fa pas les meves —digué fredament Pococurante—; altre temps em varen fer creure que em delectava amb la seva lectura; però aquella repetició contínua de combats que tots s'assemblen, aquells déus que sempre estan en funcions per a no resoldre mai res, aquella Helena que és el motiu de la guerra i que amb prou feines fa un paper en el drama; aquella Troia que assetgen i que no prenen; tot plegat em causava l'ensopiment més mortal. Algun cop he demanat als savis si s'ensopien tant com jo amb aquesta lectura: totes les persones sinceres m'han confessat que el llibre els queia de les mans, però que calia de tota manera tenir-lo a la biblioteca com un monument de l'antiguitat, talment com les medalles rovellades que ja no poden servir per al comerç.

—Vostra Excel·lència no pensa pas així de Virgili —digué Càndid.

—Admeto —va dir Pococurante— que el segon, el quart i el sisè llibre de la seva *Eneida* són excel·lents; però, tocant al piadós Enees, i al fort Cloant, i a l'amic Acates, i al petit Ascani, i a l'imbècil rei Latinus, i a la burgesa Amata, i a la insípida Lavínia, no crec que hi hagi res de tan fred i de més desagradable. Més m'estimo el Tasso i els contes sense solta de l'Ariosto.

—¿Gosaré demanar-vos, senyor —va fer Càndid—, si no trobeu un gran plaer tot llegint Horaci?

—Hi ha màximes —respongué Pococurante— que sempre aprofiten a un home de món, i que, expressades com són en versos enèrgics, es graven més fàcilment a la memòria; però m'interessa molt poc del seu viatge a Brindis, i de la seva descripció d'un mal dinar, i de la disputa dels camàlics entre no sé quin Rupilus, les paraules del qual, diu, *eren plenes de pus*, i un altre les paraules del qual *eren plenes de vinagre.* No he llegit sinó amb un fort disgust els seus versos grossers contra les velles i les bruixes, i no veig quin mèrit hi pot haver a dir al seu amic Mecenes que, si és col·locat per ell en el rengle dels poetes lírics, tocarà els astres amb el seu front sublim. Els toixos ho admiren tot en un autor estimat. Jo no llegeixo sinó per a mi; no estimo sinó el que escau al meu tarannà.

Càndid, que havia estat avesat a no jutjar res per compte propi, estava molt sorprès d'escoltar aquelles sentències, i Martí trobava la manera de pensar de Pococurante força entenimentada.

—Oh!, heus ací un Ciceró —digué Càndid—, pel que fa a aquest gran home, em penso que no us deveu cansar de llegir-lo.

—No el llegeixo mai —va respondre el venecià—. Què se me'n dóna que hagi pledejat per Rabírius o per Clèntius? En tinc prou amb els processos que jutjo. M'hauria avingut més amb les seves obres filosòfiques; però, quan he vist que dubtava de tot, he conclòs que en sabia tant com ell i que no em calia l'auxili de ningú per a ésser ignorant.

—Ah!, aquí tenim vuitanta volums de reculls d'una Acadèmia de Ciències! —exclamà Martí—. És possible que continguin alguna cosa de bo.

—N'hi hauria —va dir Pococurante— si un de sol dels autors d'aquests protocols hagués inventat només l'art de fabricar agulles; però en tots aquests llibres no hi ha sinó sistemes diversos i cap cosa útil.

—Quantes obres teatrals veig aquí! —exclamà Càndid—; en italià, en espanyol, en francès...

—Sí —digué el senador—; n'hi ha tres mil, i ni tres dotzenes de bones... I tocant a aquests sermons que, tots plegats, no valen una pàgina de Sèneca, i tots aquests grossos volums de teologia, ja podeu pensar que no els llegeixo mai, ni jo ni ningú.

Martí descobrí uns prestatges plens de llibres anglesos.

—Crec —va dir— que un republicà ha de delectar-se amb la lectura de la major part d'aquestes obres escrites tan lliurement.

—Sí —va respondre Pococurante—; és bonic d'escriure el que es pensa: és el privilegi de l'home. En tota la nostra Itàlia un hom escriu allò que precisament no pensa; els qui habiten la pàtria dels Cèsars i dels Antonis no gosen tenir una idea sense el permís d'un frare jacobí. Celebraria la llibertat que inspiren els genis anglesos, si la passió i l'esperit de partit no corrompessin tot el que aquesta preciosa llibertat té d'admirable.

Càndid, apercebent un Milton, li va demanar si no considerava aquest autor com un gran home.

—Qui? —va fer Pococurante—; ¿aquest bàrbar que fa un llarg comentari del primer capítol del *Gènesi* en deu llibres de versos durs?; ¿aquest grosser imitador dels grecs, que desfigura la creació i que, mentre que Moisès representa l'Ésser Eternal produint el món mitjançant la paraula, fa que el Messies prengui un gran compàs en un armari del cel per a traçar la seva obra? ¿Jo, enamorat de qui ha fet malbé l'infern del Tasso, que disfressa Llucífer adés de gripau, adés de pigmeu; que li fa mastegar cent vegades el mateix discurs, que el fa disputar sobre la teologia, que, imitant seriosament la invenció còmica de les armes de foc d'Ariosto, fa que els diables engeguin els canons dins el cel? Ni jo ni ningú en tota Itàlia no ha pogut agradar-se de totes aquestes tristes extravagàncies. El «Matrimoni del Pecat i de la Mort», i els serpents que pareix el Pecat, donen nàusees a tothom que té el gust una mica delicat. I la seva llarga descripció d'un hospital no és bona sinó per a un sepulturer. Aquest poema obscur, estrafolari i fastigós, va ésser menyspreat a la primeria; jo el tracto talment com va ésser tractat a la seva pàtria pels seus contemporanis. Altrament, dic el que jo penso, i no em preocupo gens que els altres pensin com jo.

Càndid es sentia afligit per aquests discurs; respectava Homer, i li plaïa una mica Milton.

—Ai de mi! —va dir en veu baixa a Martí—, em fa molta por que aquest home senti un gran menyspreu pels nostres poetes alemanys.

—Això rai, no fóra gran mal —va dir Martí.

—Oh, quin home superior —deia Càndid entre dents—, quin gran geni el d'aquest Pococurante!; res no li arriba a fer goig.

Després d'haver passat així revista a la biblioteca, davallaren al jardí. Càndid en va lloar les belleses.

—No trobo res de tan mal gust —objectà l'amo—; no hi tenim sinó galindaines, però des de demà faré que en plantin un d'un dibuix més noble.

Quan els dos curiosos hagueren pres comiat de Sa Excel·lència:

—Així, doncs —digué Càndid—, convindreu que acabem de veure el més feliç dels homes, puix que és per damunt de tot el que posseeix.

—¿No veieu que el que passa és que sent fàstic de tot el que posseeix? Plató ha dit fa dies que els millors estómacs no són els que rebutgen tots els aliments.

—Però —digué Càndid—, ¿no hi ha un plaer a criticar-ho tot, a descobrir defectes on els altres homes troben qualitats?

—És a dir —reprengué Martí—, ¿que hi ha plaer a no sentir cap plaer?

—Oh, teniu raó; l'únic mortal feliç seré jo, quan reveuré la senyoreta Cunegunda.

—Sempre és bo d'esperar —replicà Martí.

Mentrestant s'escolaven els dies i les setmanes. Cacambo no compareixia, i Càndid estava tan atuït pel dolor, que ni esma tingué per a adonar-se que Paqueta i fra Giroflé no havien vingut tan sols a regraciar-lo.

XXVI. D'UN SOPAR QUE CÀNDID I MARTÍ VAREN FER AMB SIS ESTRANGERS, I QUI EREN

Un vespre que Càndid, seguit de Martí, anava a entaular-se amb els estrangers que paraven en el mateix hotel, un home amb rostre de dolor de sutge se li acostà per darrera, i, agafant-lo pel braç, li va dir:

—Prepareu-vos a partir amb nosaltres... No hi manqueu pas.

Es gira i veu Cacambo. Sols la vista de Cunegunda podia admirar-lo i commoure'l més. Va cuidar tornar-se boig d'alegria. Besa el seu estimat amic.

—Cunegunda és aquí, oi? On és? Condueix-me al seu costat, perquè mori de goig amb ella!

—Cunegunda no és aquí —digué Cacambo—, és a Constantinoble.

—Ah, cel!, a Constantinoble!... Però baldament fos a Xina, jo hi volaria...; partim!

—Sortirem en havent sopat —reprengué Cacambo—; no puc dir-vos més; sóc esclau; el meu amo m'espera; cal que vagi a servir-li la taula... No badeu boca, sopeu i estigueu a punt.

Càndid, dividit entre la joia i el dolor, encantat d'haver revist el seu fidel agent, sorprès de trobar-lo esclau, ple de la idea de retrobar la seva amiga, el cor agitat, l'esperit trasbalsat, va seure a taula amb Martí, que veia amb sang freda totes aquestes aventures, i amb sis estrangers que havien vingut a passar el carnaval a Venècia.

Cacambo, que servia de beure a l'un d'aquests estrangers, s'acostà a l'orella del seu amo, a les acaballes de l'àpat, i li va dir:

—Senyor, Vostra Majestat podrà partir quan voldrà, el vaixell és a punt.

Havent dit aquests mots, sortí. Els comensals, sorpresos, es miraven sense dir paraula, quan un altre criat, acostant-se al seu amo, li va dir:

—Senyor, la cadira de Vostra Majestat és a Pàdua, i la barca és a punt.

L'amo va fer un signe i el criat va partir. Tots els comensals varen tornar a mirar-se, i la sorpresa general redoblà. Un terç criat, acostant-se a un terç estranger, li va dir:

—Senyor, creieu-me, Vostra Majestat no ha de restar aquí més temps; vaig a preparar-ho tot. —I de seguida desaparegué.

Càndid i Martí no varen dubtar que allò era una mascarada de carnaval. Un quart criat digué al quart senyor:

—Vostra Majestat partirà quan voldrà. —I va sortir com els altres.

El cinquè criat va dir el mateix al cinquè senyor. Però el sisè criat va parlar diferentment al sisè estranger, que era a la vora de Càndid; li va dir:

—En bona fe, senyor, no volen fer més crèdit a Vostra Majestat, ni a mi tampoc, i podríem perfectament anar a raure aquesta nit tots dos a la presó; vaig a endegar les meves coses; adéu.

Un cop desapareguts tots els criats, els sis estrangers, Càndid i Martí restaren en un pregon silenci. Al capdavall, Càndid el va rompre:

—Senyors —va dir—, heus ací una trufa singular. Com és que tots sou reis? Us he de confessar que ni jo ni Martí no ho som pas.

L'amo de Cacambo prengué aleshores la paraula i digué en italià:

—No sóc cap plaga, em dic Achmet III: he estat gran soldà alguns anys; vaig destronar el meu germà; el meu nebot m'ha destronat a mi; han tallat el cap als meus visirs; acabo els meus dies en el vell serrall; el meu nebot, el gran soldà Mahmud, em permet de viatjar alguna vegada per la meva salut; i he vingut a passar el carnaval a Venècia.

Un jove que era a prop d'Achmet parlà en acabat i va dir:

—Jo em dic Ivan; he estat emperador de totes les Rússies; em van destronar quan era al bressol; el meu pare i la meva mare varen ésser empresonats; de vegades em donen permís per viatjar acompanyat dels qui em guarden; i he vingut a passar el carnaval a Venècia.

El tercer va dir:

—Sóc Carles-Eduard, rei d'Anglaterra; el meu pare m'ha cedit els seus drets al regne; he lluitat per sostenir-los; han arrencat el cor a vuit-cents dels meus partidaris, i amb ells els han colpejat les galtes; he estat empresonat; vaig a Roma a visitar el meu pare el rei, destronat com jo i com el meu avi; i he vingut a passar el carnaval a Venècia.

El quart va prendre llavors la paraula i va dir:

—Sóc rei dels polonesos; la guerra m'ha privat dels meus Estats hereditaris; el meu pare ha experimentat els mateixos revessos; em resigno a la Providència, com el soldà Achmet, l'emperador Ivan i el rei Carles-Eduard, a qui Déu doni una llarga vida; i he vingut a passar el carnaval a Venècia.

El cinquè va dir:

—Sóc també el rei dels polonesos; he perdut el meu reialme dues vegades; però la Providència m'ha donat un altre Estat en el qual he fet més bé que tots els reis sàrmates plegats no n'han pogut fer a les vores del Vístula. També em resigno a la Providència; i he vingut a passar el carnaval a Venècia.

Només faltava que parlés el sisè monarca:

—Senyors —va dir—, no sóc pas un tan gran senyor com vosaltres; però, tanmateix, he estat tan rei com qualsevol altre; sóc Teodor; em varen elegir rei a Còrsega; m'han dit *Vostra Majestat*, i avui amb prou feines em diuen *Senyor*; he fet encunyar moneda, i avui a penes em resta un diner; he tingut dos secretaris d'Estat, i avui tot just un criat; he segut en un tron, i he passat a Londres un seguit de dies jaient damunt la palla de la presó; em fa por que ací em tractaran de la mateixa manera, tot i que he vingut, com Vostres Majestats, a passar el carnaval a Venècia.

Els altres cinc reis varen escoltar aquest discurs amb una noble compassió. Cadascun d'ells va donar cent sequins al rei Teodor perquè comprés vestits i camises; Càndid li va fer present d'un diamant de dos mil sequins.

—Qui és aquest home —deien els cinc reis— que es troba en condicions de donar cent vegades més que cadascun de nosaltres i que ho dóna? Sou rei també, senyor?

—No, senyors, i no en tinc cap desig.

Just al moment que es llevaren de taula, arribaren cinc alteses sereníssimes, que també havien perdut llurs Estats per efecte de la guerra i que venien a passar la resta del carnaval a Venècia; però Càndid no va ni parar esment en aquests nous vinguts. Sols estava ocupat d'anar a cercar la seva cara Cunegunda a Constantinoble.

XXVII. VIATGE DE CÀNDID A CONSTANTINOBLE

El fidel Cacambo ja havia obtingut del patró turc que anava a reconduir Achmet a Constantinoble que prendria Càndid i Martí a bord. L'un i l'altre s'hi varen presentar després d'haver-se prosternat davant sa miserable altesa. Càndid, tot caminant, deia a Martí:

—Aquí tens, tanmateix, sis reis destronats amb els quals acabem de sopar! I, a més a més, entre els sis reis n'hi ha un al qual he fet almoina. Potser hi ha molts d'altres prínceps més infortunats. Jo, en canvi, no he perdut sinó cent moltons i volo als braços de Cunegunda. Caríssim Martí, un altre cop encara, Pangloss tenia raó: tot està bé.

—Així ho desitjo —digué Martí.

—Però —va dir Càndid— mireu que hem tingut una aventura ben inversemblant a Venècia; mai no s'havia sentit dir ni contar que sis reis destronats sopessin plegats a la taverna.

—Això no és pas més extraordinari que la major part de les coses que ens han ocorregut. És molt corrent que els reis siguin destronats; i, tocant a l'honor que hem tingut de sopar amb ells, és una bagatel·la que no mereix la nostra atenció. Què més té de sopar amb l'un o amb l'altre? L'essencial és sopar bé.

A penes Càndid fou embarcat va saltar al coll del seu antic criat, el seu amic Cacambo.

—I, vegem, què fa Cunegunda? ¿És encara un prodigi de bellesa? M'estima encara? Com es troba? ¿Sens dubte li has comprat un palau a Constantinoble?

—Estimat amo —respongué Cacambo—, Cunegunda renta cassoles a les vores de la Propòntida, a casa d'un príncep que en té molt poques, de cassoles; és esclava a casa d'un ex-sobirà anomenat Ragotski, a qui el Gran Turc dóna tres escuts diaris en el seu asil; però el que és força més trist és que ha perdut la seva bellesa i s'ha tornat horriblement lletja.

—Ah, bella o lletja, sóc un home honrat i el meu deure és d'estimar-la sempre més. Però, com pot trobar-se reduïda a un estat tan abjecte, amb els sis milions que tu li vares dur?

—Vegem —digué Cacambo—; ¿no m'ha calgut donar-ne dos al senyor don Fernando de Ibarra y Figueroa y Mascarenes y Lampourdes, governador de Buenos Aires, per a aconseguir permís de reprendre la senyora Cunegunda, i un pirata no ens ha galdosament privat de tota la resta? Aquest pirata, per ventura, ¿no ens ha passejat pel cap de Matapan, per Milo, Nicària, Samos, Petra, els Dardanels, Màrmara, Scutari? Cunegunda i la vella serveixen a casa del príncep que us he dit, i jo sóc esclau del soldà destronat.

—Quantes calamitats espantoses, encadenades les unes a les altres! —digué Càndid—. Però, després de tot, encara tinc alguns diamants; deslliuraré fàcilment Cunegunda. És llàstima que s'hagi tornat tan lletja.

De seguida, girant-se a Martí:

—Qui penseu que és més de plànyer: l'emperador Achmet, l'emperador Ivan, el rei Carles-Eduard, o jo?

—No ho sé pas —va dir Martí—; caldria que fos dins els vostres cors per a saber-ho.

—Ah! —va fer Càndid—, si Pangloss fos aquí, ell ho sabria i ens ho diria.

—No sé —digué Martí— amb quines balances hauria pogut pesar el vostre Pangloss els infortunis dels homes i avaluar llurs dolors. Tot el que puc preveure és que hi ha milions d'homes al món cent vegades més dignes de compassió que el rei Carles-Eduard, l'emperador Ivan i el soldà Achmet.

—Això també podria ésser —admeté Càndid.

En pocs dies arribaren al canal de la Mar Negra. Càndid va començar per redimir Cacambo a preu molt car; i sense perdre temps es va embarcar en una galera, amb els seus companys, per anar a la ribera de la Propòntida a cercar Cunegunda, per molt lletja que s'hagués tornat.

Hi havia entre la xurma dos forçats que remaven força malament, i als quals el patró aplicava de tant en tant un cop de vit de bou damunt les espatlles nues; Càndid, per un impuls natural, els va mirar més atentament que els altres forçats, i va atansar-se a ells amb pietat. Alguns trets de llurs rostres desfigurats li va semblar que tenien alguna retirança amb els de Pangloss i els d'aquell malaurat jesuïta germà de la senyoreta Cunegunda. Aquesta idea el va commoure i entristir. Encara els va considerar amb més atenció.

—En veritat —va dir a Cacambo—, si no hagués vist penjar el mestre Pangloss i no hagués tingut la desgràcia de matar el baró, creuria que són ells els qui voguen en aquesta galera.

Al nom del baró i de Pangloss, els dos forçats llançaren un crit, s'aturaren i deixaren caure els rems. El cap de xurma acudí de seguida i els cops de vit de bou redoblaren.

—Atureu-vos, atureu-vos, senyor! —cridà Càndid—, us donaré tot el diner que voldreu.

—Com!, és Càndid! —deia l'un dels forçats.

—Com!, és Càndid! —deia l'altre.

—És un somni? —demanava Càndid—; estic despert?; ¿sóc en aquesta galera? Tinc aquí el baró que he mort?; ¿aquest és mestre Pangloss que he vist penjar?

—Som els mateixos, els mateixos —responien ells.

—Com!, aquest és el gran filòsof? —deia Martí.

—Ei!, senyor patró —deia Càndid—, quin rescat voleu pel senyor de Thunder-ten-tronckh, un dels primers barons de l'imperi, i del senyor Pangloss, el més profund metafísic d'Alemanya?

—Gos cristià —respongué el patró—, puix que aquests gossos de forçats són barons o metafísics, la qual cosa sens dubte és una gran dignitat en llur país, me'n donaràs cinquanta mil sequins.

—Els tindreu, senyor; torneu-me com un llamp a Constantinoble, i sereu pagat immediatament. Però no, dueu-me a casa de la senyoreta Cunegunda.

El patró, a la primera oferta de Càndid, ja havia girat proa cap a la ciutat, i feia remar més de pressa que un ocell no fendeix l'aire.

Càndid va besar cent cops el baró i Pangloss.

—I com és que no us he mort, estimat baró?; i com és, estimat Pangloss, que encara sou viu després d'haver estat penjat?; i com és que esteu tots dos en les galeres de Turquia?

—¿És ben cert que la meva estimada germana ha vingut a parar en aquest país? —demanava el baró.

—Sí —respongué Cacambo.

—Torno a veure el meu estimat Càndid! —exclamà Pangloss.

Càndid els va presentar Martí i Cacambo. Tots es besaren; tots parlaven a l'una. La galera volava, ja eren a port. Varen fer venir un jueu a qui Càndid va vendre per cinquanta mil sequins un diamant que en valia cent mil, i ell li va jurar per Abraham que no podia pagar-ne més. De seguida va lliurar el rescat del baró i de Pangloss. Aquest va llançar-se als peus del seu llibertador i els va regar amb llàgrimes; l'altre el va regraciar amb un moviment de cap i li va prometre que li tornaria aquell diner a la primera ocasió.

—Però, tanmateix, ¿és possible que la meva germana sigui a Turquia? —deia.

—Res no és tan possible —contestà Cacambo—, puix que escura la vaixella a casa d'un príncep de Transilvània.

De seguida, varen fer venir dos jueus. Càndid vengué més diamants, i en una altra galera partiren tots de bell nou per anar a rescatar Cunegunda.

XXVIII. EL QUE ESDEVINGUÉ A CÀNDID, A CUNEGUNDA, A PANGLOSS, A MARTÍ, ETC.

—Perdó, una altra vegada —va dir Càndid al baró—; perdó, reverend pare, d'haver-vos clavat aquell cop d'espasa a través del cos.

—No en parlem més —va fer el baró—; vaig ser una mica massa vehement, ho confesso. I ja que voleu saber per quin atzar m'he trobat en una galera, us diré que, després d'haver estat guarit de la meva ferida pel frare apotecari del col·legi, vaig ésser atacat i fet presoner per un escamot espanyol; em varen tancar en una presó de Buenos Aires, quan la meva germana n'acabava de partir. Vaig demanar per tornar a Roma, a la vora del pare general. Vaig ésser nomenat per a venir a fer d'almoiner a Constantinoble, al costat de l'ambaixador de França. No feia vuit dies que havia entrat en funcions, quan vaig trobar cap al tard un jove musulmà molt ben fet. Feia molta calor; el jove va voler-se banyar; vaig aprofitar l'ocasió per a banyar-me també. Ignorava que fos un crim capital per a un cristià d'ésser trobat tot nu amb un jove musulmà. Un cadi em va fer donar cent bastonades a les plantes dels peus, i em va condemnar a les galeres. No crec pas que s'hagi fet una més terrible injustícia. Però voldria saber com és que la meva germana es troba a la cuina d'un príncep de Transilvània, refugiat entre els turcs.

—Però vós, estimat Pangloss, com ha estat que us he pogut reveure?

—És cert —va fer Pangloss— que m'heu vist penjar; em pertocava ésser cremat; però us recordareu que plovia a bots i barrals quan m'anaven a rostir: la tempesta fou tan violenta, que tothom desesperava de poder encendre el foc: vaig ésser penjat perquè no trobaren cosa millor a fer; un cirurgià va comprar el meu cos, em dugué a casa seva i em dissecà. De primer, em féu una incisió crucial des del melic fins a la clavícula. No es podia haver estat més mal penjat del que havia estat jo. L'executor de les altes obres de la Santa Inquisició, que era sots-diaca, tanmateix cremava la gent a la perfecció, però en qüestió de penjar mancava de pràctica; la corda era mullada i va relliscar malament, el nus va restar mal fet; en fi, jo encara respirava; la incisió crucial em va fer llançar un crit tan fort, que el meu cirurgià va caure d'esquena, i creient que dissecava el diable va fugir tot morint de por, i encara va caure escales avall. La seva dona acudí d'una cambra veïna; em va veure estès damunt la taula, amb la meva incisió crucial; encara va tenir més por que el seu marit, va fugir i va caure damunt d'ell. Quan varen refer-se una mica, vaig sentir la cirurgiana que deia: «Amic, per què t'emboliques a dissecar un heretge? No saps que sempre duen el diable al cos? Vaig corrents a cercar un capellà perquè l'exorcitzi.» En sentir aquest propòsit, vaig estremir-me i vaig aplegar les poques forces que em restaven per a cridar: «Tingueu pietat de mi!» Al capdavall el barber portuguès va reprendre coratge; va recosir-me la pell; la seva dona mateixa em va curar i vaig trobar-me altre cop dret al cap de quinze dies. El barber em va trobar una condició i em féu lacai d'un cavaller de Malta que anava a Venècia; però, com que el meu amo no tenia amb què pagar-me, em vaig posar al servei d'un comerciant venecià i vaig venir a Constantinoble. Un dia em va passar pel cap d'entrar en una mesquita; no hi havia sinó un vell imam i una jove devota molt bonica que deia les seves oracions: la seva gorja era tota descoberta; entre les seves mamelletes duia un bell pom de tulipes, de roses, d'anemones i de jacints; ella va deixar caure el seu pom; jo l'hi vaig recollir i l'hi vaig tornar a col·locar amb una precipitació ben respectuosa. Vaig trigar tant a tornar-l'hi a col·locar, que el vell imam va encolerir-se qui-sap-lo, i, veient que jo era cristià, va demanar auxili. Em varen menar a casa del cadi, que em va fer donar cent bastonades a la planta dels peus i m'envià a galeres. Vaig ésser encadenat precisament en la mateixa galera i en el mateix banc que el senyor baró. Hi havia en aquesta galera quatre joves de Marsella, cinc capellans napolitans i dos monjos de Corfú, que em varen dir que semblants aventures passaven tots els dies. El senyor baró pretenia que havia estat víctima d'una injustícia més gran que no jo; jo, en canvi, pretenia que era més permès de col·locar un pomet de flors en el pit d'una dona que no d'estar tot nu amb un musulmà. Disputàvem contínuament i rebíem vint cops de vit de bou cada dia, quan l'encadenament dels esdeveniments d'aquest univers us ha conduït a la nostra galera i ens heu rescatat.

—I ara, vegem, estimat Pangloss —li digué Càndid—: quan heu estat penjat, dissecat, macat de cops i que us ha tocat remar a les galeres, heu seguit pensant que tot anava bé en aquest món?

—Sóc fidel sempre a la meva primera idea —respongué Pangloss—, car tanmateix sóc filòsof; no m'escau de desdir-me, Leibnitz no podia fallar, i l'harmonia preestablerta és, fet i fet, la cosa més bella del món, així com el ple i la matèria subtil.

XXIX. COM CÀNDID RETROBÀ CUNEGUNDA I LA VELLA

Mentre que Càndid, el baró, Pangloss, Martí i Cacambo contaven llurs aventures, bé enraonessin sobre els esdeveniments contingents o no contingents d'aquest univers, bé discutissin sobre els efectes i les causes, sobre el mal moral i sobre el mal físic, sobre la llibertat i la necessitat, sobre els consols que es poden experimentar quan un hom voga en les galeres de Turquia, s'acostaren a la riba de la Propòntida, a la casa del príncep de Transilvània. Els primers objectes que es presentaren foren Cunegunda i la vella, que penjaven a les cordes un rengle de tovallons per fer-los eixugar.

El baró, davant aquest espectacle, va empal·lidir. El tendre amant Càndid, veient la seva bella Cunegunda embrunida, els ulls desviats, la gorja seca, les galtes arrugades, els braços vermellosos i plens d'escates, va recular tres passos, horroritzat, i avançà després per manament de consciència. Ella va besar Càndid i el seu germà; varen besar la vella; Càndid va rescatar-les totes dues.

En els encontorns hi havia un maset; la vella proposà a Càndid que s'hi acomodessin, mentre esperaven que tota la companyia tingués un millor destí. Cunegunda no sabia que s'hagués enlletgit; ningú no la n'havia informada; va recordar a Càndid les seves promeses en un to tan absolut, que el bon minyó no va atrevir-se a refusar. Va, doncs, prevenir el baró que pensava casar-se amb la seva germana.

—Mai no comportaré —va dir ell— semblant baixesa de part d'ella i semblant insolència de part vostra; aquesta infàmia mai no em podrà ésser imputada: els fills de la meva germana no podrien entrar als capítols d'Alemanya. No, la meva germana sols es casarà amb un baró de l'Imperi.

Cunegunda va llançar-se als seus peus i els va regar de llàgrimes; ell va restar inflexible.

—Grandíssim boig —li va dir Càndid—, t'he tret de galeres, he pagat el teu rescat, he pagat el de la teva germana; aquí rentava plats, és lletja, jo tinc la bondat de prendre-la per muller, i tu encara pretens oposar-t'hi! Et tornaria a matar si obeís la meva còlera.

—Pots tornar-me a matar —va dir el baró—; però, jo vivent, tu no et casaràs amb el meva germana.

XXX. CONCLUSIÓ

Càndid, en el fons del seu cor, no tenia cap desig de casar-se amb Cunegunda; però l'extrema impertinència del baró el determinava a concloure el matrimoni; i Cunegunda el coaccionava tan vivament, que no podia desdir-se'n. Va consultar Pangloss, Martí i el fidel Cacambo. Pangloss va fer una bella memòria en la qual provava que el baró no tenia cap poder damunt la seva germana, i que podia, segons totes les lleis de l'imperi, fer matrimoni de la mà esquerra amb Càndid. Martí concloïa que la cosa a fer era llençar el baró de cap a mar; Cacambo opinava que calia tornar-lo al patró de la galera, per a, en acabat, expedir-lo a Roma, al pare general, pel primer vaixell. El parer va plaure; la vella l'aprovà; no en varen dir res a la seva germana; la cosa va fer-se amb algun diner, i així hom tingué el plaer d'atrapar un jesuïta i de castigar l'orgull d'un baró alemany.

Era natural d'imaginar que, després de tants desastres, Càndid, casat amb la seva amiga i vivint amb el filòsof Pangloss i el filòsof Martí, el prudent Cacambo i la vella, havent altrament dut tants diamants de la pàtria dels inques, menaria la vida més agradable del món; però els jueus el varen espoliar tant, que no li va restar sinó el seu maset. La seva dona, cada dia més lletja, esdevingué repatània i insuportable; la vella estava baldada i esdevingué encara de pitjor humor que Cunegunda. Cacambo, que treballava a l'hort i que anava a vendre llegums a Constantinoble, estava aclaparat de treball i maleïa el seu destí; Pangloss estava desesperat de no brillar en alguna universitat d'Alemanya; pel que fa a Martí, vivia ben persuadit que pertot s'està igualment malament; acceptava les coses amb paciència. Càndid, Martí i Pangloss discutien de vegades de metafísica i de moral. Hom veia passar sovint sota les finestres de la masia vaixells carregats d'efendis, de baixàs, de cadis que eren enviats en exili a Lemnos, a Mitilene, a Erzerum; hom veia tornar d'altres cadis, d'altres baixàs, d'altres efendis que prenien el lloc dels expulsats, i que a llur torn eren expulsats; hom veia rengles de caps correctament farcits de palla que hom anava a presentar a la Sublim Porta. Aquests espectacles feien redoblar les dissertacions; i, quan no disputaven, l'ensopiment era tan excessiu, que la vella gosà dir-los un dia:

—Voldria saber què és pitjor, si ésser violada cent cops pels pirates negres, tenir una anca tallada, passar per les baquetes entre els búlgars, ésser fuetejat i penjat en un *auto de fe*, ésser dissecat, vogar a les galeres, experimentar, en fi, totes les misèries que hem passat, o bé restar aquí sense res a fer.

—És una gran pregunta —declarà Càndid.

Aquest discurs va fer néixer noves reflexions, i Martí sobretot va concloure que l'home era nat per a viure en les convulsions de la inquietud o en la letàrgia de l'ensopiment. Càndid no ho admetia, però tampoc no afirmava res. Pangloss confessava que sempre havia patit horriblement; però, havent sostingut una vegada que tot anava de meravella, ho seguia sostenint i no es desdeia.

Una cosa va acabar de confirmar Martí en els seus detestables principis, va augmentar les vacil·lacions de Càndid i la dificultat de Pangloss. I és que un dia veieren comparèixer a llur masia Paqueta i fra Giroflé, tots dos en la més extrema misèria; havien devorat de pressa llurs tres mil piastres, s'havien separat, havien tornat a fer les paus, havien renyit, havien estat a la presó, n'havien fugit, i al capdavall fra Giroflé s'havia fet turc. Paqueta seguia fent pertot el seu ofici i no hi guanyava res.

—Ho havia previst prou —deia Martí a Càndid—, que els vostres presents serien aviat esvaïts i no farien sinó augmentar llurs desgràcies. Vosaltres dos, Càndid i Cacambo, heu posseït milions i milions de piastres, i tanmateix no sou més feliços que fra Giroflé i Paqueta.

—Ah, ah! —digué Pangloss a Paqueta—, el cel us torna, doncs, a la nostra vora. Pobra nena meva, ¿sabeu que m'heu costat la punta del nas, un ull i una orella? Ai, què cosa és aquest món?

Aquesta nova aventura els va embrancar més i més en la discussió filosòfica.

Al veïnat hi havia un dervix molt famós que passava pel millor filòsof de Turquia; l'anaren a consultar; Pangloss portà la paraula i li digué:

—Mestre, venim a pregar-vos que ens digueu per què ha estat creat un ésser tan estrany com l'home.

—Què t'emboliques? —li va dir el dervix—; ¿per ventura és això el teu negoci?

—És que, mon reverend pare —va fer Càndid—, hi ha tant de mal damunt la terra!

—Què importa —va dir el dervix— que hi hagi bé o mal? Quan la Seva Altesa envia un vaixell a Egipte, ¿es preocupa de si els ratolins s'hi troben bé o malament?

—Doncs què cal fer? —demanà Pangloss.

—Callar —va respondre el dervix.

—M'afalagava —digué Pangloss— de conversar una estona amb vós sobre els efectes i les causes, el millor dels mons possibles, l'origen del mal, la natura de l'ànima i l'harmonia preestablerta.

El dervix, en escoltar aquests mots, els tancà la porta al nas.

Durant aquesta conversa, es va escampar la nova que a Constantinoble havien escanyat dos visirs del banc i el muftí i que havien empalat alguns de llurs amics. Aquesta catàstrofe va fer força rebombori durant algunes hores. Pangloss, Càndid i Martí, quan tornaren a llur mas, varen trobar un bon vellet que prenia la fresca sota un dosser de tarongers. Pangloss, que era tan tafaner com raonador, li demanà com se deia el muftí que acabaven d'escanyar.

—No en sé res —va respondre el bon home—, i mai no he sabut el nom de cap muftí ni de cap visir. Ignoro completament l'aventura de què em parleu; sospito que aquells qui es fiquen en els negocis públics de vegades moren miserablement i que ho mereixen; però no m'informo mai del que fan a Constantinoble; m'acontento d'enviar-hi els fruits de l'hortet que conreo.

Havent dit aquests mots, va fer entrar els estrangers a la seva casa; les seves dues filles i els seus dos fills els varen presentar tota mena de gelats que feien ells mateixos, el kaimak d'escorces de poncem confitat, taronges, llimones, ananàs, dàtils, pistatxos, cafè de Moka que no era pas barrejat amb mal cafè de Batàvia i de les illes. Després, les filles d'aquell excel·lent musulmà perfumaren les barbes de Càndid, de Pangloss i de Martí.

—Deveu tenir —digué Càndid al turc— un vast i magnífic patrimoni.

—No tinc sinó un jornal de terra —respongué el turc—; la conreo amb els meus fills; el treball allunya de nosaltres els tres grans mals: el tedi, el vici i la necessitat.

Càndid, tornant al seu mas, va reflexionar profundament sobre el discurs del turc. Va dir a Pangloss i a Martí:

—Aquest bon vellet em sembla que s'ha format un destí força preferible al d'aquells sis reis amb els quals vàrem tenir l'honor de sopar.

—Les grandeses —va fer Pangloss— són molt perilloses, segons parer de tots els filòsofs! Perquè, fixeu-vos-hi: Egló, rei dels moabites, fou assassinat per Aod; Absalom va ésser penjat pels cabells i ferit amb tres dards; el rei Nadab, fill de Jeroboam, fou mort per Baasa; el rei Ela, per Zambri; Ocosies, per Jehú; Atalia, per Jorada; els reis Joaquim, Jeconies i Sedecies foren esclaus. Ja sabeu com varen sucumbir Cresus, Artiage, Darius, Dionís de Siracusa, Pirrus, Perseu, Hannibal, Jugurta, Ariovist, Cèsar, Pompeu, Neró, Otó, Vitel·li, Domicià, Ricard II d'Anglaterra, Eduard II, Enric IV, Ricard III, Maria Stuart, Carles I, els tres Enrics de França, l'emperador Enric IV. Ja sabeu...

—També sé —va dir Càndid— que cal cultivar el nostre hort.

—Teniu raó —va fer Pangloss—; perquè quan l'home va ésser dipositat en el jardí de l'Edèn, hi va ésser posat *ut operaretur eum*, perquè treballés; la qual cosa prova que l'home no és nat per al repòs.

—Treballem sense pensar —digué Martí—; és la sola manera de fer la vida suportable.

Tota la petita societat s'encomanà aquest lloable propòsit; cadascun va posar-se a exercir les seves aptituds. L'exigua propietat va llevar molt. Cunegunda, tanmateix, era ben lletja, però va esdevenir una excel·lent pastissera; Paqueta brodava; la vella curava de la roba. Fins fra Giroflé va retre el seu servei: va ser un bon fuster i àdhuc va esdevenir un home honrat. I Pangloss deia a vegades a Càndid:

—Tots els esdeveniments s'encadenen en el millor dels mons possibles; perquè, reconeixeu-ho, si no haguéssiu estat expulsat d'un bell castell a puntades de peu al darrera per l'amor de la senyoreta Cunegunda; si no haguéssiu estat agafat per la Inquisició, si no haguéssiu corregut Amèrica a peu, si no haguéssiu donat una bona coltellada al baró, si no haguéssiu perdut tots els vostres moltons del bon país d'Eldorado, no seríeu aquí menjant poncems confitats i pistatxos.

—Això està molt ben dit —va respondre Càndid—, però cal que cultivem el nostre hort.

L'INGENU

Història veritable treta dels manuscrits del pare Quesnel

Traducció de C. A. Jordana

Primera edició catalana: Voltaire, *L'ingenu*, Barcelona: Ed. Barcino (Col·lecció Popular Barcino, 31), 1927

I. COM EL PRIOR DE NOSTRA DONA DE LA MUNTANYA I LA SEVA GERMANA VAN TROBAR-SE AMB UN HURÓ

Un dia, sant Dunstan, irlandès de nació i sant de professió, va marxar d'Irlanda en una muntanyeta que navegà vers les costes de França, i va arribar en aquell vehicle a la badia de Saint-Malo. Quan fou a terra, sant Dunstan va beneir la seva muntanya, la qual va fer-li unes quantes reverències profundes i va tornar-se'n a Irlanda pel mateix camí per on havia vingut.

Dunstan va fundar un petit priorat per aquells indrets, i li va donar el nom de priorat de la Muntanya, que encara porta, com tothom sap.

L'any 1689, el 15 de juliol al vespre, l'abat de Kerkabon, prior de Nostra Dona de la Muntanya, es passejava a la vora del mar amb la senyoreta de Kerkabon, germana seva, per prendre la fresca. El prior, ja maduret, era un excel·lent eclesiàstic, amat pels seus veïns, després d'haver-ho estat en altre temps per les seves veïnes. El que feia sobretot que el consideressin molt, és que era l'únic beneficiari del país que hom no es veia obligat a portar al llit quan havia sopat amb els confrares. Era molt decentment entès en teologia; i quan estava cansat de llegir sant Agustí, es divertia amb Rabelais. Per això tothom en parlava bé.

La senyoreta de Kerkabon, que no s'havia casat, per bé que tenia moltes ganes de fer-ho, conservava una certa frescor a l'edat de quaranta-cinc anys. Tenia un caràcter bo i assenyat: amava el plaer i era devota.

El prior deia a la seva germana, tot mirant el mar:

—Ai las! Aquí va embarcar-se el nostre pobre germà amb la nostra estimada cunyada, la senyora de Kerkabon, muller seva, l'any 1669, en la fragata Oreneta, per anar a servir al

Canadà. Si no l'haguessin mort, encara podríem tenir l'esperança de reveure'l.

—¿Creieu —deia la senyoreta de Kerkabon— que la nostra cunyada ha estat menjada pels iroquesos, com ens han dit? És ben segur que, si no se l'haguessin menjada, hauria tornat... Laploraré tota la vida... Era una dona encisera; i el nostre germà, que era molt eixerit, hauria fet de segur una gran fortuna.

Mentre s'entendrien tots dos a base d'aquell record, van veure entrar a la badia de Rance una petita embarcació que arribava amb la marea: eren uns anglesos que venien a vendre gèneres de llur país. Van saltar a terra sense mirar el senyor prior ni la seva germana, la qual es va estranyar molt de la poca atenció que li tenien.

No s'esdevingué pas el mateix amb un minyó molt ben fet, que es llançà saltant per damunt el cap dels seus companys, i es trobà cara a cara amb la senyoreta. Aquell minyó va fer-li un senyal amb el cap, puix que no estava avesat a fer reverències. La seva figura i el seu endegament atragueren les mirades del germà i la germana. Duia el cap descobert i les cames nues, els peus calçats amb petites sandàlies, els cabells llargs molt ben trenats, un curt perpunt que cenyia un cos esvelt i àgil; el seu aire era marcial i dolç. Tenia a la mà una ampolleta d'aigua de les Barbades, i en l'altra una mena de bossa que contenia un cubilet i una excel·lent galeta de mar. Parlava francès d'una manera molt entenedora. Oferí aigua de les Barbades a la senyoreta de Kerkabon i al seu germà; en begué amb ells; els féu repetir la beguda, i tot això amb un aire tan senzill i natural, que el germà i la germana en foren encisats. Ells van oferir-li llurs serveis i li preguntaren qui era i on anava. El minyó els respongué que no ho sabia pas, que era tafaner, que havia volgut veure com eren fetes les costes de França, que havia vingut i se'n tornava.

El senyor prior, judicant per l'accent que no era anglès, va prendre's la llibertat de preguntar-li de quin país era.

—Sóc huró —va respondre el jove.

La senyoreta de Kerkabon, meravellada i encisada de veure un huró que havia estat complimentós amb ella, va invitarlo a sopar. El minyó no es va fer pregar dues vegades, i tots tres se n'anaren plegats al priorat de Nostra Dona de la Muntanya.

La senyoreta baixa i grassona se'l mirava amb tota la capacitat dels seus ullets i deia ara i adés al prior:

—Aquest minyó tan ben plantat té un cutis de lliri i rosa!... Quina pell més bella per a un huró!

—Teniu raó, germana meva —deia el prior.

Ella feia cent preguntes, l'una darrera l'altre, i el viatger contestava sempre molt ajustadament.

De seguida va córrer la veu que hi havia un huró al priorat. La gent de posició del cantó va apressar-se a anar-hi a sopar. L'abat de Saint-Yves va anar-hi amb al seva germana, que era una baix-bretona molt bufona i molt ben educada. El batlle, el recaptador d'impostos i llurs mullers també hi foren. Hom va posar l'estranger entre la senyoreta de Kerkabon i la senyoreta de Saint-Yves. Tothom se'l mirava amb admiració; tots li parlaven i l'interrogaven alhora; l'huró no se n'esverava pas, semblava com si hagués pres per divisa la de lord Bolingbroke: *Nihil admirari*. Però a la fi, amoïnat pel soroll, va dir-los prou dolçament, però amb un xic de fermesa:

—Senyors, en el meu país, hom parla l'un darrera l'altre; com voleu que us respongui, si em priveu de sentir-vos?

La raó fa sempre que els homes es reconcentrin en ells mateixos durant una estona; va haver-hi un silenci molt gran. El senyor batlle, que s'apoderava sempre dels forasters en qualsevol casa on fos, i que era el preguntaire més gran de la província, va dir-li obrint una boca de pam:

—Com us dieu, senyor huró?

—Sempre m'han dit Ingenu —respongué l'huró— i a Anglaterra m'han confirmat aquest nom, perquè sempre dic ingènuament el que penso, com sempre faig el que vull.

—Com heu pogut venir a Anglaterra, essent huró de naixença?

—M'hi han portat. Els anglesos em van fer presoner en un combat, en què jo vaig defensar-me prou bé; i els anglesos, que amen el coratge, perquè són coratjosos i tan honrats com nosaltres, van preguntar-me si preferia d'anar a Anglaterra o de tornar al país dels meus pares. Vaig acceptar la primera proposta, perquè, de natural, sempre he tingut una passió per córrer món.

—Però, senyor huró —digué el batlle en el seu to imponent—, com heu pogut abandonar així pare i mare?

—És que mai no he conegut pare ni mare —digué l'estranger.

Tota la reunió es va commoure, i tothom repetia:

—Ni pare, ni mare!

—Nosaltres li'n farem! —digué la mestressa de la casa al seu germà prior—. Que interessant que és, aquest senyor huró!...

L'Ingenu va remerciar-la amb una cordialitat plena d'un noble orgull, i va fer-li comprendre que no necessitava res.

—M'adono, senyor Ingenu —digué el batlle greument—, que parleu el francès més bé del que pertoca a un huró.

—Un francès, que teníem presoner a Hurònia quan jo era molt jovenet i del qual em vaig fer molt amic, va ensenyar-me el seu llenguatge; jo aprenc molt de pressa tot el que vull aprendre... En arribar a Plymouth, hi he trobat un dels vostres francesos refugiats, un d'aquests que vosaltres anomeneu *hugonots*, no sé per què; m'ha fet fer alguns progressos en el coneixement del vostre idioma; i des que he pogut expressar-me d'una manera entenedora, he vingut a veure el vostre país, perquè els francesos m'agraden prou... quan no pregunten massa.

Malgrat aquesta lleugera advertència, l'abat de Saint-Yves va preguntar-li quina de les tres llengües li agradava més, la hurona, l'anglesa o la francesa.

—La hurona, és clar —respongué l'estranger.

—És possible? —exclamà la senyoreta de Kerkabon—. Sempre havia cregut que el francès era l'idioma més bell de tots, després del baix-bretó.

Aleshores tothom es feia la competència preguntat a l'Ingenu com es deia, en huró, tabac, i ell responia: *taià*; com es deia menjar, i ell responia: *essentèn*. La senyoreta de Kerkabon volgué de totes passades saber com es deia fer l'amor; ell va respondre-li: *trovander*;* i va sostenir, no sense una aparença de raó, que aquells mots eren tan bons com els mots francesos i anglesos corresponents. *Trovander* va semblar molt bonic a tots els convidats.

El senyor prior, que tenia a la seva biblioteca la gramàtica hurona que li havia regalat el reverend pare Sagard-Theodat, recol·let i famós missioner, s'alçà de taula un moment per anar a consultar-la. Va tornar panteixant de tendresa i d'alegria; va reconèixer l'Ingenu com un huró veritable. Hom discutí una mica sobre la multiplicitat de llengües, i hom acordà que, si no hagués estat per l'aventura de la torre de Babel, tota la terra hauria parlat francès.

El batlle interrogador, que, fins aleshores, s'havia malfiat una mica del personatge, va començar a sentir envers ell un respecte profund; va parlar-li amb més polidesa que abans, de la qual cosa l'Ingenu no va pas adonar-se.

La senyoreta de Saint-Yves tenia un gran desig de saber com feien l'amor al país dels hurons.

—Fent bones accions —respongué ell— per plaure a les persones que se us assemblen.

*** Tots aquests noms són efectivament hurons.**

Tots els comensals aplaudiren meravellats. La senyoreta de Saint-Yves va tornar-se vermella i va estarrufar-se. La senyoreta de Kerkabon també va tornar-se vermella, però no es va estarrufar; estava un si és no és ressentida que el compliment no hagués estat per a ella; però era tan bona persona que l'afecte que havia posat a l'huró no es modificà gens ni mica. Ella va preguntar-li, molt bondadosament, quantes amants havia tingut a Hurònia.

—No n'he tingut mai més que una —digué l'Ingenu—. Era la senyoreta Abacaba, la bona amiga de la meva dida estimada; els joncs no són més drets, l'ermini no és més blanc, els anyells són menys manyacs, les àligues menys altives, i els cérvols no són més lleugers del que ho era Abacaba. Ella perseguia un dia una llebre per la nostra rodalia a cinquanta llegües si fa no fa de casa nostra; un algonquí malcriat, que vivia cent llegües més enllà, va voler-li prendre la llebre; vaig saber-ho; hi vaig córrer; vaig aterrar l'algonquí d'un cop de maça; vaig tirar-lo, lligat de peus i mans, als peus d'Abacaba. Els pares de la noia se'l volien menjar; però a mi no m'ha agradat mai aquesta mena d'àpats; vaig dar-li llibertat i vaig guanyar un amic. El meu capteniment va commoure tant Abacaba, que la noia va preferir-me a tots els seus amants. Encara m'estimaria, si un ós no se l'hagués menjada. Vaig castigar l'ós; durant molt de temps n'he dut la pell a sobre; però això no m'ha consolat pas.

La senyoreta de Saint-Yves, a base d'aquest relat, sentia un plaer secret de saber que l'Ingenu no havia tingut més que una amant, i que Abacaba ja no existia; però no destriava la causa del seu plaer. Tothom tenia la vista fixa en l'Ingenu; hom el lloava molt, perquè havia impedit que els seus companys es mengessin un algonquí.

El batlle despietat, que no podia reprimir la seva furor de preguntaire, allargà en fi la tafaneria fins a informar-se de quina religió tenia el senyor huró: si havia triat la religió anglicana, o la gal·licana, o la hugonota.

—Jo tinc la meva religió —digué ell— com vosaltres teniu la vostra.

—Ai las! —exclamà la Kerkabon—. Ja veig que aquests anglesos ni tan sols han pensat a batejar-lo.

—Senyor! —deia la senyoreta de Saint-Yves—, com és que els hurons no són catòlics? ¿Els reverends pares jesuïtes no els han convertits tots?

L'Ingenu va assegurar-li que, al seu país, hom no convertia ningú; que un huró veritable no canviava mai de parer, i que fins i tot no hi havia en el seu llenguatge cap terme que signifiqués *inconstància*. Aquestes darreres paraules van plaure d'allò més a la senyoreta de Saint-Yves.

—El batejarem, el batejarem —deia la Kerkabon al senyor prior—. Tindreu aquest honor, estimat germà meu; jo vull ésser de totes passades la seva padrina. El senyor abat de Saint-Yves el presentarà a les fonts baptismals: serà una cerimònia brillant de debò; hom en parlarà per tota la Baixa Bretanya; i això ens farà un gran honor.

Tota la reunió secundava la mestressa de la casa; tots els convidats cridaven:

—El batejarem!

L'Ingenu va contestar que a Anglaterra hom deixava viure la gent de la manera que els semblava; va mostrar que la proposta no li agradava gens i que la llei dels hurons era tan bona, almenys, com la dels baix-bretons; en fi, va dir que se'n tornava l'endemà. Li acabaren de buidar l'ampolla d'aigua de les Barbades i cadascú se'n va anar al seu llit.

Quan l'Ingenu fou a la seva cambra, la senyoreta de Kerkabon i la seva amiga, senyoreta de Saint-Yves, no van poder estar-se de mirar pel forat d'un pany molt gran per veure com dormia un huró: veieren que havia estès a terra el cobrellit, i que reposava en l'actitud més bella del món.

II. L'HURÓ, ANOMENAT INGENU, RECONEGUT PELS SEUS PARENTS

L'Ingenu va despertar-se amb el sol, com solia, en sentir el cant del gall, que és anomenat, a Anglaterra i a Huriònia, «la trompeta del dia». No era com la gent de posició que llangueix en un llit ociós fins que sol ha fet la meitat de la volta, que no pot dormir ni llevar-se, que perd tantes d'hores precioses en aquest estat mitger entre la vida i la mort i encara es plany que la vida és massa curta.

Ja havia fet dues o tres llegües de camí, ja havia mort trenta caps de caça amb bala sola, quan va trobar, a la tornada, el senyor prior de Nostra Dona de la Muntanya i la seva amable germana, els quals es passejaven pel jardí portant encara el casquet i la còfia nocturns. Els va oferir tota la caça i, després de treure's de sota la camisa una mena de petit talismà que portava sempre penjat al coll, va pregar-los que l'acceptessin com a mostra de gratitud per la bona rebuda.

—És la cosa que té més de valor per a mi —va dir-los—: m'han assegurat que seria sempre feliç mentre portés damunt aquesta quincalla; i us la dono perquè sigueu sempre feliços.

El prior i la senyoreta somrigueren commoguts per la simplicitat de l'Ingenu; aquell present consistia en dos retrats mal fets, lligats ensems amb una corretja greixosa.

La senyoreta de Kerkabon va preguntar-li si a Huriònia hi havia pintors.

—No —digué l'Ingenu—, aquesta raresa em ve de la dida. El seu marit va trobar-la escorcollant els cossos d'uns francesos del Canadà que ens havien fet la guerra... Això és tot el que n'he sabut.

El prior mirava atentament els retrats; canvià de color, es commogué, les mans li tremolaren.

—Per Nostra Dona de la Muntanya! —exclamà—. Em sembla que veig el rostre del capità i de la seva muller!

A la senyoreta, que els contemplava amb la mateixa emoció, va semblar-li el mateix. Ambdós estaven meravellats i plens d'una alegria amb què la dolor es barrejava; ambdós s'entendrien; ambdós ploraven; els palpitava el cor; feien exclamacions; s'arrencaven els retrats de les mans; cadascun els agafava i els tornava vint vegades per segon; devoraven amb els ulls els retrats i l'huró; li preguntaven alternadament i alhora on, quan, com aquelles miniatures havien caigut en mans d'aquella dida; relacionaven, comptaven el temps escolat d'ençà de la partença del capità; es recordaven d'haver tingut notícia que havia arribat fins al país dels hurons, i que, des d'aleshores, no n'havien sentit parlar més.

L'Ingenu els havia dit que no havia conegut pare ni mare. El prior, que era home de seny, remarcà que l'Ingenu tenia una mica de pèl al mentó; sabia prou bé que els hurons no n'hi tenen.

—Té el mentó cotonós; és fill, doncs, d'un europeu... El meu germà i la meva cunyada no han aparegut després de l'expedició contra els hurons, l'any 1669... El meu nebot devia ésser aleshores un nen de mames... La dida hurona li ha salvat la vida i li ha fet de mare.

En fi, després de cent preguntes i de cent respostes, el prior i la seva germana van concloure que l'huró era llur propi nebot. L'abraçaven plorant; i l'Ingenu reia, perquè no podia imaginar-se que un huró fos nebot d'un prior baix-bretó.

Tot l'aplec davallà. El senyor de Saint-Yves, que era un gran fisonomista, va comparar els dos retrats amb el rostre de l'Ingenu; va fer remarcar molt enginyosament que tenia els ulls de la seva mare, el front i el nas del difunt senyor de Kerkabon, i unes galtes que tenien part de l'un i de l'altra.

La senyoreta de Saint-Yves, que no havia vist mai ni el pare ni la mare, assegurà que l'Ingenu se'ls assemblava exactament. Tots admiraven la Providència i l'encadenament de les coses d'aquest món.

Van anar a donar-ne gràcies a Déu a l'església de Nostra Dona de la Muntanya, mentre l'huró, indiferent, es divertia bevent a la casa.

Els anglesos que l'havien portat, i que estaven a punt d'hissar veles, vingueren a dir-li que ja era hora d'anar-se'n.

—Sembla —va dir-los ell— que no heu retrobat oncles i ties... Em quedo... Torneu a Plymouth; us dono el meu equipatge; ja no necessitaré res, puix que sóc nebot d'un prior.

Els anglesos hissaren veles, capficant-se poc de si l'Ingenu tenia o no parents a Baixa Bretanya.

Quan l'oncle, la tia i els altres hagueren cantat el tedèum; i el batlle hagué aclaparat l'Ingenu altra vegada amb les seves preguntes; i hom hagué exhaurit tot el que l'esbalaïment, l'alegria i la tendresa poden fer dir, el prior de la Muntanya i l'abat de Saint-Yves decidiren de fer batejar l'Ingenu com més aviat millor. Però hom no podia fer amb un huró cepat de vint-i-dos anys com amb un infant, que hom regenera sense que ell se n'adoni. Calia instruir-lo; i això semblava difícil; perquè l'abat de Saint-Yves suposava que un home que no havia nascut a França no tenia sentit comú.

El prior va fer observar als seus hostes que si era veritat que el senyor Ingenu, nebot seu, no havia tingut la sort de néixer a Baixa Bretanya, no per això era menys eixerit; que hom podia jutjar-ho per les respostes que feia, i que sens dubte la natura l'havia afavorit molt, tant pel costat paternal com pel maternal.

Van preguntar-li de primer si havia llegit mai cap llibre. Va dir que havia llegit Rabelais, traduït a l'anglès, i alguns fragments de Shakespeare que sabia de cor; que havia trobat aquests llibres a la llibreria del capità del vaixell que l'havia dut d'Amèrica a Plymouth, i que n'havia quedat satisfet. El batlle no deixà pas d'interrogar-lo sobre aquells llibres.

—Us confesso —digué l'Ingenu— que he cregut endevinar-hi quelcom i que no he pas entès la resta.

L'abat de Saint-Yves, sentint això, va reflexionar que ell havia llegit sempre d'aquella manera, i que la major part dels homes no ho fan d'una manera gaire diferent.

—Deveu haver llegit la Bíblia —digué a l'huró.

—Res d'això, senyor abat; no era pas entre els llibres del capità... No n'he sentit parlar mai.

—Vet ací com són aquests maleïts anglesos! —exclamava la senyoreta de Kerkabon—. Fan més cabal d'una obra de Shakespeare, d'un *plumb-pudding* i d'una ampolla de rom que del Pentateuc! Per això no han convertit mai ningú, a Amèrica... Està vist que estan deixats de la mà de Déu, i que els prendrem aviat Jamaica i Virgínia.

De totes maneres, hom va fer venir el sastre més hàbil de Saint-Malo perquè vestís l'Ingenu de cap a peus... La reunió va desfer-se. El batlle se'n va anar a preguntar a una altra banda. La senyoreta de Saint-Yves, en anar-se'n, va girar-se unes quantes vegades per mirar l'Ingenu; i ell va fer-li unes reverències més profundes que cap de les que havia fet mai a ningú en tota sa vida.

Abans de prendre comiat, el batlle va presentar a la senyoreta de Saint-Yves un bordegassot, fill seu, que havia acabat tot just els estudis; però ella va mirar-se'l a penes, de tan ocupada com estava amb els compliments de l'huró.

III. L'HURÓ, ANOMENAT INGENU, CONVERTIT

El senyor prior, veient que ell era ja maduret, i que Déu li enviava un nebot per al seu conhort, va ficar-se al cap que li podria deixar el seu benefici, si aconseguia de batejar-lo i de fer-lo entrar en les ordres.

L'Ingenu tenia una memòria excel·lent. La fermesa dels òrgans de Baixa Bretanya, fortificada pel clima del Canadà, li havia fet el cap tan vigorós, que quan hom l'hi picava a fora, ell amb prou feines se'n sentia, i quan hom hi gravava a l'interior, res no s'esborrava. Mai no havia oblidat res. Com que no li havien carregat la infantesa amb les inutilitats i ximpleries que aclaparen la nostra, concebia amb més de vivesa i de claredat les coses, que li entraven al cervell sense boires. El prior va decidir finalment de fer-li llegir el Nou Testament. L'Ingenu va devorar-lo amb molt de gust; però com que no sabia ni quan ni on s'havien esdevingut les aventures que aquell llibre contava, va pensar sempre que el lloc de l'escena era a Baixa Bretanya; i va jurar que tallaria el nas i les orelles a Caifàs i a Pilat, si mai es topava amb aquells brètols.

El seu oncle, encisat d'aquelles bones disposicions, va posar-lo al corrent en poca estona; el va lloar pel zel que mostrava; però li va dir que era un zel perdut, puix que aquella gent ja feia uns mil sis-cents noranta anys que eren morts. L'Ingenu va saber-se aviat gairebé tot el llibre de cor. Exposava de vegades algunes dificultats que apuraven d'allò més el prior. Aquest es veia obligat a consultar sovint l'abat de Saint-Yves, el qual, no sabent què respondre, féu venir un jesuïta baixbretó per acabar la conversió de l'huró.

En fi, la gràcia va obrar; l'Ingenu va prometre de fer-se cristià; estava segur que havia de començar per la circumcisió.

—Perquè —deia ell— en el llibre que m'han fet llegir, no hi sé trobar un sol personatge que no hagin circumcidat; és evident, doncs, que he de fer el sacrifici del meu prepuci, i com més aviat millor.

No s'entretingué pas; va enviar a cercar el cirurgià del poble i va pregar-li que li fes l'operació, segur que la senyoreta de Kerkabon i tots els altres es posarien molt contents quan sabrien que la cosa era feta. El cirurgià, que no havia fet mai aquella operació, va avisar la família, que es va exclamar terriblement. La senyoreta de Kerkabon, que era tan bona, tremolava pensant que el seu nebot, que semblava resolut i expeditiu, es faria ell mateix, malament, l'operació, i que en resultarien uns efectes molt tristos... pels quals les dames s'interessen sempre per bonesa d'ànima.

El prior va adreçar les idees de l'huró; va explicar-li que la circumcisió ja no estava de moda, que el bateig és molt més suau i saludable, que la llei de gràcia era una altra cosa que la llei de rigor. L'Ingenu, que era un minyó molt assenyat i dreturer, va discutir, però reconegué el seu error (la qual cosa no passa gaire, a Europa, entre els que discuteixen); en fi, va prometre de fer-se batejar quan volguessin.

Calia, abans, que es confessés... i això era el més difícil. L'Ingenu duia sempre a la butxaca el llibre que li havia dat el seu oncle. No hi trobava ni un apòstol que s'hagués confessat, i això el feia molt refractari. El prior va tancar-li la boca ensenyant-li, en l'epístola de sant Jaume el Menor, aquests mots que tant amoïnen els heretges: «Confesseu-vos els pecats els uns als altres.» L'huró va callar i es va confessar a un recol·let. Quan va haver acabat, va treure el recol·let del confessionari, va agafar-lo amb mà vigorosa, es posà al seu lloc i el va fer agenollar davant seu.

—Vaja, amic meu, la dita és: «Confesseu-vos els uns als altres»; jo t'he contat els meus pecats, no sortiràs d'aquí fins que m'hagis contat els teus.

Dient això, recolzava el genoll damunt el pit de la part adversa. El recol·let feia retrunyir l'església amb els seus esgarips. Van córrer-hi, van veure el catecumen que apunyegava el frare en nom de sant Jaume el Menor. L'alegria de batejar un huró baix-bretó i anglès era tan gran, que hom va passar per damunt aquestes singularitats. Àdhuc hi va haver molts de teòlegs que pensaven que la confessió no era pas necessària, perquè el baptisme ho suplia tot.

Hom va acordar el dia amb el bisbe de Saint-Malo, el qual, afalagat, és clar, de batejar un huró, va arribar amb tota la pompa seguit del seu clergat. La senyoreta de Saint-Yves va posar-se el millor vestit que tenia, tot beneint Déu, i va fer venir una pentinadora de Saint-Malo per lluir força a la cerimònia. El batlle preguntaire va comparèixer amb tota la contrada. L'església estava parada magníficament; però, quan fou l'hora de menar l'huró a les fonts baptismals, no el van trobar enlloc.

L'oncle i la tia el cercaven pertot. Hom creia que havia sortit de cacera com solia. Tots els convidats a la festa recorregueren els boscos i els pobles veïns; cap notícia de l'huró.

Hom començava a témer que no se n'hagués tornat a Anglaterra. Hom es recordava d'haver-li sentit dir que li agradava molt aquell país. El senyor prior i la seva germana estaven convençuts que hom no hi batejava ningú, i tremolaven a base de l'ànima de llur nebot. El bisbe estava confús i disposat a tornar-se'n. El prior i l'abat de Saint-Yves es desesperaven. El batlle interrogava tots els passavolants amb la seva gravetat usual. La senyoreta de Kerkabon plorava; la senyoreta de Saint-Yves no plorava, però feia uns sospirs profunds que semblaven indicar l'afecció que tenia pels sagraments. Les dues senyoretes es passejaven tristament al llarg dels salzes i els rosers que voregen el rierol Rance, quan albiraren al mig del riu una gran figura, blanca a bastança, que tenia els braços creuats sobre el pit. Les senyoretes van fer un crit i s'apartaren. Però la tafaneria va vèncer tota altra consideració, i s'esmunyiren a la quieta per entre els rosers; i una vegada ben segures que no podien veure-les, van voler veure de què es tractava.

IV. L'INGENU, BATEJAT

El prior i l'abat, que hi havien corregut, preguntaren a l'Ingenu què era el que feia allí.

—Què faig? Espero que em bategin. Ja fa una hora que estic amb l'aigua fins al coll, i no està pas bé que em deixeu refredar d'aquesta manera.

—Nebot meu —va dir-li el prior tendrament—, no batègem pas així a Baixa Bretanya... Torneu-vos a vestir i veniu amb nosaltres.

La senyoreta de Saint-Yves, sentint això, deia baixet a la seva companya:

—Senyoreta, creieu que es tornarà a vestir tan aviat?

L'huró, mentrestant, replicava al prior:

—Ara no em convencereu com l'altra vegada... He estudiat molt d'ençà d'aleshores i estic segur que el bateig no es fa d'altra manera; l'eunuc de la reina Candàcia fou batejat en un rierol... No em podreu ensenyar, en el llibre que m'heu dat, cap cas d'un bateig diferent... O no em batejo o em bategen al riu.

Ja podien dir-li que els costums havien canviat; l'Ingenu era tossut, perquè era bretó i huró. No el podien treure de l'eunuc de la reina Candàcia; i encara que la seva tia i la senyoreta de Saint-Yves, que l'havien observat d'entre els salzes, tenien motius per a dir-li que no li estava bé de citar un home semblant, no li'n digueren res tanmateix, de tan discretes com eren. El bisbe i tot va anar a parlar a l'Ingenu, i això és molt; però no en tragué res; l'huró va discutir amb el bisbe.

—Ensenyeu-me —va dir-li—, en el llibre que m'ha dat el meu oncle, un sol home que no hagi estat batejat al riu, i faré tot el que voldreu.

 La tia, desesperada, havia remarcat que, quan l'huró havia

començat a fer reverències, n'havia fet una de més profunda a la senyoreta de Saint-Yves que a cap altra persona; que no havia saludat ni el bisbe amb aquell respecte cordial que havia mostrat envers la bella senyoreta. Va decidir-se a demanar-li ajut en aquell gran compromís; va pregar-li que interposés la seva influència per convèncer l'huró de deixar-se batejar igual que els bretons, convençuda que el seu nebot no podria ésser mai cristià si persistia a voler ésser batejat en aigua corrent.

La senyoreta de Saint-Yves va tornar-se vermella pel plaer secret que sentia en ésser encarregada d'una comesa tan important; s'acostà modestament a l'Ingenu, i estrenyent-li la mà d'una manera ben noble:

—No voleu fer res per mi? —li digué; i en pronunciar aquests mots, abaixava els ulls i els tornava a alçar amb una gràcia entendridora.

—Ah!, tot el que voldreu, senyoreta, tot el que em manareu: bateig d'aigua, bateig de foc, bateig de sang, no us puc refusar res.

La senyoreta de Saint-Yves va tenir la glòria de fer, amb dues paraules, el que no havien pogut fer ni la sol·licitud del prior, ni els interrogatoris del batlle, ni els mateixos raonaments del senyor bisbe. Ella es va adonar del seu triomf; però no en va comprendre tot l'abast, encara.

El baptisme fou administrat i rebut amb tota la decència, tota la magnificiència, tot l'abelliment possibles. L'oncle i la tia van cedir al senyor abat de Saint-Yves i a la seva germana l'honor de presentar l'Ingenu a les fonts baptismals. En veure's padrina, la senyoreta de Saint-Yves estava radiant d'alegria. No sabia la servitud que aquell títol li imposava; va acceptar l'honor sense conèixer-ne les conseqüències fatals.

Com que no hi ha hagut mai cerimònia sense àpat, hom es va posar a taula en sortir del bateig. Els graciosos de Baixa Bretanya digueren que no calia pas batejar el vi. El senyor prior deia que el vi, segons Salomó, alegra el cor de l'home. El senyor bisbe afegia que el patriarca Judes devia fermar el ruc als ceps i xopar la capa amb sang de raïm, i que era ben trist que no es pogués fer una cosa semblant a Baixa Bretanya, la qual Déu havia privat de les vinyes. Cadascú mirava de dir una paraula escaient sobre el bateig de l'Ingenu, i de fer compliments a la padrina. El batlle, tan interrogador com sempre, preguntava a l'huró si seria fidel a les seves prometences.

—Com voleu que hi manqui —respongué l'huró— si les he fetes entre les mans de la senyoreta de Saint-Yves?

L'huró va acalorar-se; va beure molt a la salut de la seva padrina:

—Si m'hagués batejat la vostra mà —digué—, l'aigua freda que m'han tirat al clatell m'hauria cremat.

El batlle, que no sabia com l'al·legoria és usual al Canadà, va trobar això massa poètic. Però la padrina va estar-ne d'allò més satisfeta.

Havien posat el nom d'Hèrcules al batejat. El bisbe de Saint-Malo preguntava encara qui era aquell sant del qual no havia sentit parlar mai. El jesuïta, que era molt savi, li digué que era un sant que havia fet dotze miracles; hi havia un tretzè miracle que valia tant com els altres dotze plegats, però no era escaient que un jesuïta en parlés: era el d'haver convertit cinquanta noies en dones en una sola nit. Una plaga que hi havia allí va retreure aquest miracle amb energia. Totes les dames van abaixar els ulls, i van pensar, judicant per l'aspecte de l'Ingenu, que era digne del sant del qual portava el nom.

V. L'INGENU, ENAMORAT

Cal confessar que, d'ençà d'aquell bateig i aquell dinar, la senyoreta de Saint-Yves sentia un desig apassionat que el senyor bisbe li fes prendre part en algun altre bell sagrament amb el senyor Hèrcules Ingenu. Tanmateix, com que era ben educada i molt modesta, no gosava confessar-se del tot, ni a ella mateixa, els seus sentiments tendres; i si se li escapava una mirada, una paraula, un gest, un pensament, ho embolcallava tot amb un vel de pudor amabilíssim: era amorosa, vivaç i assenyada.

Quan el senyor bisbe hagué marxat, l'Ingenu i la senyoreta de Saint-Yves es trobaren sense adonar-se que es buscaven. Van parlar sense haver pensat què es dirien. L'Ingenu va dir-li d'antuvi que l'estimava amb tot el cor, i que la bella Abacaba, que li girava el cap al seu país, no podia comparar-se amb ella. La senyoreta va respondre-li, amb la seva modèstia usual, que calia que en parlés de seguida al senyor prior i a la tia, i que, de la seva banda, ella en diria alguna cosa al seu estimat germà, l'abat de Saint-Yves, i que confiava en un consentiment general.

L'Ingenu va contestar-li que ell no tenia necessitat del consentiment de ningú; que li semblava extremament ridícul d'anar a preguntar als altres el que calia fer: que, quan dos s'avenen, no els cal pas un tercer per posar-los d'acord.

—Jo no consulto ningú —digué— quan tinc ganes d'esmorzar o de caçar o de dormir... Sé prou bé que en qüestions d'amor no està malament de tenir el consentiment de la persona interessada; però com que no estic enamorat ni del meu oncle ni de la meva tia, no és pas a ells a qui m'he d'adreçar en aquest afer; i, si em creieu, vós també us passareu del senyor abat de Saint-Yves.

Hom pot pensar que la bella bretona va posar en joc tota la subtilesa del seu enginy per fer entrar el seu huró al camp de les conveniències; ella s'enutjà i tot, i aviat va tornar a assuaujar-se. En fi, hom no sap com hauria acabat aquella conversa si, cap al tard, el senyor abat no s'hagués endut la seva germana a l'abadia. L'Ingenu va deixar que jaguessin el seu oncle i la seva tia, que estaven una mica cansats de la cerimònia i de llur llarg dinar. Ell va passar una part de la nit fent versos en huró en honor de la seva estimada; perquè cal saber que no hi ha cap país de la terra on l'amor no hagi tornat poetes els enamorats.

L'endemà, el seu oncle va parlar-li així, havent esmorzat, a presència de la senyoreta de Kerkabon, que estava tota emocionada:

—Lloat sigui Déu, caríssim nebot, que tingueu l'honor d'ésser cristià i baix-bretó!... Però no n'hi ha prou, amb això; em faig vell; el meu germà no ha deixat sinó un petit tros de terra que no és pas gran cosa..., tinc un bon priorat; si, com espero, volíeu fer-vos sots-diaca, jo us cediria el priorat, i viuríeu alleradament, després d'haver estat el consol de la meva vellesa.

L'Ingenu respongué:

—Oncle, bon profit us faci!..., viviu tant com pugueu. No sé què és això d'ésser sots-diaca ni de cedir; però tot m'anirà bé, mentre pugui tenir la senyoreta de Saint-Yves a la meva disposició.

—Oh, Déu meu! Què em dieu, nebot? ¿Esteu follament enamorat d'aquesta senyoreta?

—Sí, oncle.

—Ai las!, nebot, no podeu pas casar-vos-hi...

—Jo trobo que és ben possible, oncle; perquè no solament m'ha estret la mà en deixar-me, sinó que m'ha promès que em demanaria en matrimoni...., i és clar que m'hi casaré.

—Us dic que és impossible; és la vostra padrina..., és un pecat esgarrifós que una padrina estrenyi la mà del fillol... No és permès de casar-se amb la padrina, s'hi oposen les lleis divines i humanes.

—Mal llamp!, oncle, us burleu de mi: quin mal pot haver-hi a casar-se amb la padrina, si és jove i bufona?... En el llibre que m'heu dat, no he vist pas que fos mal fet de casar-se amb les noies que us han ajudat a batejar-vos... Cada dia m'adono que aquí hom fa una infinitat de coses que no són al vostre llibre, i que ningú no hi fa res del que diu; us confesso que això em meravella i m'enutja... Si em priven de la bella Saint-Yves amb el pretext del meu bateig, us adverteixo que me l'emporto i que em desbatejo.

El prior va atribolar-se; la seva germana va plorar.

—Germà meu —deia ella—, cal que el nostre nebot no es damni; el nostre sant pare, el papa, pot donar-li dispensa, i aleshores podrà ésser cristianament feliç amb la seva estimada.

L'Ingenu va abraçar la seva tia.

—Qui és aquest home enciser —va dir— que afavoreix tan bondadosament els amors dels minyons i les noies?... Vull anar a parlar amb ell de seguida.

Hom va explicar-li què era el papa; i l'Ingenu va esbalair-se més que mai.

—No hi ha una paraula de tot això en el vostre llibre, estimat oncle... He viatjat; conec el mar... Som aquí a la vora de l'oceà..., i deixaria la senyoreta de Saint-Yves per anar a demanar permís d'estimar-la a un home que sojorna vers la Mediterrània, a quatre-centes llegües d'aquí, i del qual no conec el llenguatge!... Això és tan ridícul que no es comprèn... Me'n vaig tot d'una a casa de l'abat de Saint-Yves, que no està sinó a una llegua d'aquí; i us asseguro que em casaré avui mateix amb la meva estimada.

Parlava encara, quan va entrar el batlle, el qual, segons el seu costum, va preguntar-li on anava.

—Vaig a casar-me —digué l'Ingenu corrent. I al cap d'un quart d'hora ja era a casa de la seva estimada baix-bretona, que dormia encara.

—Ah, germà meu —deia la senyoreta de Kerkabon al prior—, mai no fareu un sots-diaca del nostre nebot!

El batlle estava molt descontent d'aquella excursió; perquè pretenia que el seu fill es mullerés amb la Saint-Yves; i aquell fill era encara més ximple i més insuportable que el seu pare.

VI. L'INGENU VISITA LA SEVA ESTIMADA, I S'ENFURISMA

Tot just arribat, l'Ingenu, després de preguntar a una criada vella on era la cambra de la seva mestressa, havia empès amb força la porta mal tancada, i s'havia precipitat vers el llit. La senyoreta de Saint-Yves, despertant-se sobresaltada, havia exclamat:

—Què és això? Vós!... Ah!, sou vós!... Atureu-vos..., què feu?

Ell havia respost:

—Em caso...

I, en efecte, s'hi casava, si ella no s'hagués debatut amb tota l'honradesa d'una persona ben educada.

L'Ingenu no estava per burles; trobava d'allò més impertinents totes aquelles postures.

—No es portava pas així la senyoreta Abacaba, la meva primera estimada... No us porteu decentment; m'heu promès de casar-vos amb mi i no voleu acomplir el matrimoni... Això és mancar a les lleis més essencials de l'honor... Us ensenyaré a tenir paraula i us tornaré al camí de la virtut.

L'Ingenu posseïa una virtut mascla i intrèpida, digna d'Hèrcules, el seu patró, el nom del qual li havien posat en batejar-lo; anava a exercir-la en tota l'extensió, quan, sentint els xiscles de la senyoreta, més discretament virtuosa, va comparèixer corrents l'assenyat abat de Saint-Yves amb la seva majordoma, un vell criat devot i un capellà de parròquia. La vista d'aquella gent va moderar el coratge de l'assetjant.

—Déu meu!, estimat veí —va dir-li l'abat—, què és el que feu?

—El meu deure —replicà el minyó—: acompleixo les meves prometences, que són sagrades.

La senyoreta de Saint-Yves va tapar-se sufocada. Hom s'endugué l'Ingenu a una altra estança. L'abat va retreure-li l'enormitat de la seva conducta. L'Ingenu es defensava a base dels privilegis de la llei natural, que coneixia perfectament. L'abat va voler-li provar que la llei positiva havia d'ésser preferida i que, sense les convencions establertes entre els homes, la llei de natura no seria gairebé mai altra cosa que un bandidatge natural.

—Calen notaris —li deia—, capellans, testimonis, contractes, dispenses...

L'Ingenu va contestar-li amb l'observació que fan sempre els salvatges:

—Deveu ésser una gent ben poc honrada quan heu de prendre tantes de precaucions entre vosaltres!

L'abat va tenir feina a resoldre aquesta dificultat.

—Entre nosaltres —digué— hi ha molts d'inconstants i de murris, i n'hi hauria tants entre els hurons si estiguessin aplegats en una gran vila; però també hi hà ànimes assenyades, decents, enlairades, i aquests homes són els que fan les lleis; com més bo sou, més us hi heu de sotmetre: cal donar l'exemple als dolents, que respecten un fre que la virtut s'ha dat a ella mateixa.

Aquesta resposta va impressionar l'Ingenu. Hom ha remarcat abans que era un minyó eixerit. Van apaivagar-lo amb paraules falagueres; van donar-li esperances (aquests són els dos paranys on cauen els homes dels dos hemisferis); van presentar-li i tot la senyoreta de Saint-Yves, quan ella va haver-se arranjat. Tot això va fer-se molt correctament; però, malgrat la correcció, els ulls guspirejants de l'Ingenu Hèrcules feien abaixar sempre els de la seva estimada, i tremolar els altres.

Va costar molt de fer-lo tornar a casa dels seus parents. Hom va haver d'emprar altra vegada la influència de la bella Saint-Yves; i ella, com més sentia el poder que tenia sobre ell, més l'estimava. El va fer marxar i va afligir-se molt de la seva partença. En fi, quan ell fou fora, l'abat, que no era solament el germà molt gran de la senyoreta de Saint-Yves, sinó també el seu tutor, va decidir de sostraure la seva pupil·la a la sol·licitud d'aquell terrible enamorat. Va anar a consultar el batlle, que destinava el seu fill a la germana de l'abat i que va aconsellar-li de posar la pobra noia en una comunitat. Fou un cop terrible; una indiferent s'escridassaria si hom la tancava al convent; però una enamorada, i una enamorada tan plena de seny i de tendresa! N'hi havia per desesperar-se.

L'Ingenu, en tornar al priorat, va explicar-ho tot amb la seva ingenuïtat usual. Va haver de patir les mateixes reconvencions i consells, que van fer un cert efecte en el seu esperit, però no en els seus sentits; però l'endemà, quan va voler tornar a casa de la seva bella estimada per discutir amb ella sobre la llei natural i la llei de convenció, el senyor batlle va assabentar-lo, amb una alegria insultant, de com la noia era dintre un convent.

—Està bé! —digué l'Ingenu—. Aniré a discutir al convent.

—No pot ésser —digué el batlle; i li va explicar extensament què cosa era un convent; que aquesta paraula venia del llatí *conventus*, que significa assemblea; i l'huró no podia entendre per què ell no podia ésser admès a l'assemblea. Quan va saber que aquella assemblea era una mena de presó on hom tancava les noies, cosa horrible!, desconeguda entre els hurons i entre els anglesos, va enfurismar-se com el seu patró Hèrcules quan Eurite, rei d'Ecàlia, no menys cruel que l'abat de Saint-Yves, va refusar-li la bella Iola, filla seva, no menys bella que la germana de l'abat. L'huró volia anar a calar foc al convent, i treure'n l'estimada o cremar-se amb ella. La senyoreta de Kerkabon, aterrida, renunciava més que mai a tota esperança de veure sots-diaca el seu nebot, i deia, plorant, que el minyó tenia al dimoni el cos d'ençà que l'havien batejat.

VII. L'INGENU REBUTJA ELS ANGLESOS

L'Ingenu, submergit en una melangia profunda i ombrívola, caminà vers la platja, amb el fusell de repetició a l'espatlla, el gran coltell al costat, tirant de tant en tant contra els ocells, temptat sovint de disparar contra ell mateix; però estimava encara la vida per esguard de la senyoreta de Saint-Yves. Adés maleïa el seu oncle, la seva tia, tota la Baixa Bretanya i el bateig; adés els beneïa, puix que li havien fet conèixer l'estimada. Decidia de cremar el convent, i aturava de sobte la seva decisió, de por de cremar-hi l'amant; les aigües de la Mànega no són tan somogudes pels vents de llevant i ponent com ho era el seu cor per aquells moviments contraris.

Caminava a grans passes, sense saber on anava, quan va sentir un so de tabals. Veié de lluny tot un poble, una meitat del qual corria cap a la platja mentre l'altra meitat s'escapava.

Mil crits s'alçaven de pertot; la tafaneria i el coratge el llançaren tot d'una vers l'indret d'on sortien els clams; s'hi presentà amb quatre gambades. El comandant de la milícia, que havia sopat amb ell al priorat, va reconèixer-lo tot d'una; va rebre'l amb els braços oberts:

—És l'Ingenu!, combatrà per nosaltres!

I les milícies, que es morien de por, es tranquil·litzaren, i exclamaren també:

—És l'Ingenu!, l'Ingenu!

—Senyors —digué ell—, de què es tracta? Per què esteu tan esverats? Han tancat en convents les vostres amades?

Aleshores cent veus confuses s'exclamaren:

—No veieu que els anglesos aborden?

—Molt bé! —replicà l'huró—. Són bona gent..., no m'han pres l'estimada.

El comandant va fer-li entendre que els anglesos venien a saquejar l'abadia de la Muntanya, a beure's el vi del seu oncle i a endur-se tal vegada la senyoreta de Saint-Yves; que la petita embarcació amb què havia arribat a Bretanya no havia vingut més que per explorar la costa; que feien actes d'hostilitat sense haver declarat la guerra al rei de França, i que la província estava en perill.

—Ah!, si és així, violen la llei natural... Deixeu-me fer; he sojornat molt de temps entre ells; conec llur llenguatge; hi parlaré... no crec que puguin tenir intencions tan dolentes.

Durant aquesta conversa, l'estol anglès s'acostava: l'huró hi corre, salta en una barca, arriba, puja al vaixell almirall, i pregunta si és veritat que vénen a barrejar el país sense haver declarat honradament la guerra. L'almirall i tota la tripulació van esclafir unes grans riallades, li van fer beure ponx i l'acomiadaren.

L'Ingenu, ferit en l'amor propi, ja no va pensar en res més que a batre's contra els seus antics amics, pels seus compatriotes i pel senyor prior. Els gentilhomes de la rodalia acudien de pertot; ell s'hi ajunta. Tenien uns quants canons: els carrega, els apunta, els dispara l'un darrera l'altre. Els anglesos desembarquen: ell hi corre, en mata tres i àdhuc fereix l'almirall, que s'havia burlat d'ell. El seu coratge desperta el de tota la milícia; els anglesos s'embarquen i tota la costa retruny amb els crits de:

—Victòria! Visca el rei! Visca l'Ingenu!

Tothom l'abraçava, tothom volia estroncar-li la sang de les ferides.

—Ah! —deia ell—, si la senyoreta de Saint-Yves fos aquí, em posaria una compresa.

El batlle, que estava amagat al celler durant el combat, sortí a complimentar-lo com els altres. Però es va quedar ben sorprès quan va sentir com Hèrcules Ingenu deia a una dotzena de minyons volenterosos, que el voltaven:

—Amics meus, no n'hi ha prou d'haver alliberat l'abadia de la Muntanya; cal que alliberem una noia.

Tota la joventut eixelebrada s'inflamà sentint aquelles paraules. Una multitud seguia l'huró, corrien cap al convent... Si el batlle no hagués avisat el comandant de seguida, si hom no hagués corregut darrera l'abrivat escamot, la cosa era feta... Hom va portar l'Ingenu al priorat i el seu oncle i la seva tia van xopar-lo amb llurs llàgrimes d'emoció.

—Ja veig que no sereu ni sots-diaca ni prior —va dir-li l'oncle—; sereu un oficial més coratjós encara que el meu germà i probablement tan tronat.

I la senyoreta plorava abraçada al seu coll i deia:

—Es farà matar com el meu germà; valdria més que fos sots-diaca.

L'Ingenu, en el combat, havia collit una gran bossa plena de guinees, que probablement l'almirall havia deixat caure. No dubtà gens que amb aquella bossa podria comprar tota la Baixa Bretanya, i sobretot fer una gran dama de la senyoreta de Saint-Yves. Tothom l'exhortava a emprendre el camí de Versalles, per rebre-hi el preu dels seus serveis. El comandant i els oficials principals van curullar-lo de certificats. L'oncle i la tia van aprovar el viatge del nebot. El deurien presentar al rei sense dificultat: això sol li daria un relleu extraordinari a la província. Aquelles dues persones excel·lents van afegir a la bossa anglesa una quantitat considerable de llurs estalvis. L'Ingenu es deia dintre seu:

—Quan veure el rei, li demanaré la senyoreta de Saint-Yves en matrimoni, i és segur que ell no m'ho refusarà.

Va marxar, doncs, entre les aclamacions de tot el cantó, ofegat d'abraçades, xop de llàgrimes de la seva tia, beneït pel seu oncle, i encomanant-se a la bella Saint-Yves.

VIII. L'INGENU VA A LA CORT. SOPA, PEL CAMÍ, AMB UNS HUGONOTS

L'Ingenu va seguir el camí de Saumur en diligència, perquè aleshores no hi havia altra comoditat per a viatjar. Quan fou a Saumur, va estranyar-se de trobar la vila gairebé deserta, i de veure diverses famílies que se n'anaven. Li digueren que, sis anys abans, Saumur tenia més de quinze mil ànimes, i que aleshores no n'hi havia ni sis mil. No va deixar de parlarne, a l'hora de sopar, al seu hostal. Hi havia, a taula, diversos protestants; els uns es planyien amargament; uns altres tremolaven de ràbia; uns altres deien plorant:

...Nos dulcia linquimus arva,
nos patriam fugimus.[1]

L'Ingenu, que no sabia llatí, va fer-se explicar aquestes paraules, que signifiquen: «Deixem les nostres dolces campades, fugim de la nostra pàtria.»

—I per què fugiu de la vostra pàtria?

—És que volen que reconeguem el papa.

—I per què no el reconeixeríeu? ¿No us voleu, doncs, casar amb la padrina? Perquè m'han dit que és ell qui en dóna permís.

—És que el papa diu que ell és senyor del domini dels reis.

—Però, senyors, quina és la vostra professió?

—La major part som drapers i fabricants.

—Si el vostre papa diu que ell és l'amo dels vostres draps i de les vostres fàbriques, feu molt bé de no reconèixer-lo; però, quant als reis, és cosa d'ells; per què us hi emboliqueu?[2]

1. Virgili, *Eglog.* I, 3.
2. Resposta de Fontenelle a un mercader jansenista de Rouen.

Aleshores un homenet fosc prengué la paraula i exposà molt sàviament els greuges de la colla. Va parlar de la revocació de l'edicte de Nantes amb tanta d'energia, va deplorar d'una manera tan patètica la sort de cinquanta mil famílies fugitives i d'altres cinquanta mil convertides pels dragons, que l'Ingenu també va plorar.

—Com pot ésser —deia— que un rei tan gran, la fama del qual s'estén fins al país dels hurons, es privi així de tants de cors que l'haurien amat i de tants de braços que l'haurien servit?

—És que l'han enganyat com els altres grans reis —respongué l'home fosc—. Li han fet creure que, amb una paraula que digués, tots els homes pensarien com ell; i que ens faria canviar de religió com el seu músic Lulli fa canviar en un moment les decoracions de les seves òperes. No solament perd amb això de cinc a sis mil súbdits molt útils, sinó que els converteix en enemics seus; i el rei Guillem, que és actualment l'amo d'Anglaterra, ha format ja diversos regiments amb aquests mateixos francesos que haurien combatut per llur monarca. Un desastre així és més estrany encara si considerem que el papa regnant,[3] al qual Lluís XIV sacrifica una part del seu poble, és el seu enemic declarat. Ja fa deu anys que tenen una renyina violenta; la qual ha estat duta tan lluny, que França ha esperat de veure a la fi com es trencava el jou que la té sotmesa de fa tants de segles a aquest estranger, i sobretot de no donar-li més diners, que és el mòbil principal dels afers d'aquest món. Sembla, doncs, evident que han enganyat aquest gran rei, tant pel que fa als seus interessos com respecte a l'extensió del seu poder, i que hom ha falsejat la magnanimitat del seu cor.

L'Ingenu, cada vegada més commogut, va preguntar qui eren els francesos que així enganyaven un monarca tan car als hurons.

—Són els jesuïtes —li respongueren—, sobretot el pare de la Chaise, confessor de Sa Majestat. Tinguem l'esperança que Déu els castigarà un dia i que seran perseguits com ells ens persegueixen a nosaltres. Hi ha cap desgràcia comparable a la nostra? Monsenyor de Louvois ens envia de pertot jesuïtes i dragons.

—I bé!, senyors —replicà l'Ingenu, que ja no es podia contenir—, vaig a Versalles a rebre la recompensa deguda als meus serveis; parlaré amb aquest monsenyor de Louvois: m'han dit que era ell qui feia la guerra des del seu gabinet.

3. Innocenci XI.

Veuré el rei, l'assabentaré de la veritat; és impossible que en sentir-la no la reconegui. Tornaré aviat per casar-me amb la senyoreta de Saint-Yves, i us convido a bodes.

Aquella bona gent van prendre'l aleshores per un gran senyor que viatjava d'incògnit. Alguns van creure que era el fill del rei.

Hi havia a taula un jesuïta disfressat que feia d'espia del reverend pare de la Chaise. Li dava compte de tot i el pare de la Chaise n'assabentava monsenyor de Louvois. L'espia va escriure. L'Ingenu i la carta arribaren gairebé alhora a Versalles.

IX. ARRIBADA DE L'INGENU A VERSALLES. REBUDA QUE LI FAN A LA CORT

L'Ingenu va baixar de la carreta,[4] al pati de les cuines. Va preguntar als portadors de cadira a quina hora hom podia veure el rei. Els portadors van riure's d'ell tal com havia fet l'almirall anglès. Ell va tractar-los de la mateixa manera: va pegar-los; ells van voler tornar-s'hi, i la sang hauria corregut si no hagués passat un guàrdia de corps, gentilhome bretó, que va fer apartar la terregada.

—Senyor —va dir-li el viatger—, em sembleu un home com cal; sóc el nebot del senyor prior de Nostra Dona de la Muntanya; he mort uns quants anglesos, vinc a parlar amb el rei; us prego que em porteu a la seva cambra.

El guàrdia, encisat de trobar un minyó de la seva província que no semblava avesat als usatges de cort, va dir-li que hom no parlava al rei d'aquesta manera, que calia fer-se presentar per monsenyor de Louvois.

—Bé, doncs!, anem a veure aquest monsenyor de Louvois que em portarà de segur a veure Sa Majestat.

—Encara és més difícil —replicà el guàrdia— de parlar a monsenyor de Louvois que no a Sa Majestat; però us menaré a casa del senyor Alexandre, el primer delegat de la guerra; és com si parléssiu al ministre.

Van anar, doncs, a casa d'aquell senyor Alexandre, primer delegat, i no el van poder veure; estava molt enfeinat amb una dama de la cort, i havia dat ordre de no deixar entrar ningú.

—Bé —digué el guàrdia—, no hem perdut res; anem a veure el primer delegat del senyor Alexandre; és com si parléssiu al senyor Alexandre mateix.

L'huró, esbalaït, va seguir-lo; s'estigueren junts una mitja hora en una petita avantcambra.

4. Petita carreta coberta que fa el servei de París a Versalles.

—Què vol dir tot això? —digué l'Ingenu—. Tothom és invisible en aquest país; és molt més fàcil de batre's a Baixa Bretanya amb els anglesos que de trobar a Versalles la gent amb qui heu de parlar.

Va desenutjar-se contant els seus afers amorosos al seu compatriota. Però els tocs de l'hora cridaven el guàrdia de corps al seu lloc. Es prometeren de reveure's l'endemà i l'Ingenu romangué encara una altra mitja hora a l'avantcambra, pensant en la senyoreta de Saint-Yves i en la dificultat de parlar al rei i als primers delegats.

A la fi va aparèixer el patró.

—Senyor —va dir-li l'Ingenu—, si hagués esperat tant per rebutjar els anglesos com vós m'heu fet esperar l'audiència, actualment estarien saquejant a tot pler la Baixa Bretanya.

Aquestes paraules van impressionar el delegat. Va preguntar a la fi al bretó:

—Què demaneu?

—Recompensa —digué l'altre—. Vet ací els meus títols. —I li posà davant tots els certificats.

El delegat, va dir-li, després de llegir, que hom li concediria probablement permís per a comprar una lloctinença.

—Què? ¿Que despengui diners perquè he rebutjat els anglesos? ¿Que pagui el dret de fer-me matar per vosaltres, mentre vosaltres doneu aquí tranquil·lament les vostres audiències? Encara em fareu riure. Vull una companyia de cavalleria, de franc; vull que el rei faci sortir del convent la senyoreta de Saint-Yves i me la doni en matrimoni; vull parlar al rei en favor de cinquanta mil famílies que vull tornar-li: en una paraula, vull ésser útil; que em facin servir i m'ho recompensin.

—Com us dieu, vós que parleu tan fort?

—Oh, oh! —exclamà l'Ingenu—. ¿No heu llegit, doncs, els meus certificats? Així ho feu? Em dic Hèrcules de Kerkabon; sóc batejat, sojorno al Quadrant Blau i em planyeré de vós al rei.

El delegat va pensar, com la gent de Saumur, que no hi era tot, i no va fer-ne gaire cabal.

Aquell mateix dia, el reverend pare de la Chaise, confessor de Lluís XIV, havia rebut la carta del seu espia, que acusava el bretó Kerkabon d'afavorir secretament els hugonots i de criticar el comportament dels jesuïtes. Monsenyor de Louvois, de la seva banda, havia rebut una carta del batlle preguntaire que descrivia l'Ingenu com una mala peça que volia cremar convents i raptar noies.

L'Ingenu, després de passejar-se pels jardins de Versalles i d'avorrir-se, després de sopar com un huró i un baix-bretó, s'havia colgat amb la dolça esperança de veure el rei l'endemà, d'obtenir en matrimoni la senyoreta de Saint-Yves, de tenir almenys una companyia de cavalleria, i de fer cessar la persecució contra els hugonots. Es condormia amb aquests pensaments falaguers quan els soldats van envair-li la cambra. Van apoderar-se, primer de tot, del fusell de repetició i del gran sabre.

Hom va fer un inventari dels seus diners, i el menaren al castell que va fer construir el rei Carles V, fill de Joan II, vora el carrer Sant Antoni, a la porta de les Torrelles.[5]

Podeu pensar si n'estava, d'esbalaït, pel camí, l'Ingenu! De primer va creure que somiava. Romangué ensopit una estona; després, de sobte, a l'impuls d'una furor que li doblava les forces, agafa pel coll dos dels qui estaven amb ell dins la carrossa, els tira per la portella, es llança darrera d'ells i arrossega el tercer que volia subjectar-lo. Cau amb l'esforç; el lliguen, el fan pujar altra vegada al vehicle.

—Això és el que se'n treu —deia ell—, d'expulsar els anglesos de Baixa Bretanya! Què diries, bella Saint Yves, si em veies en aquest estat?

En fi, van arribar al cau que li havien destinat. Van menarlo en silenci a la cambra on havien de tancar-lo, com qui porta un mort al cementiri. Aquella cambra era ja ocupada per un vell solitari de Port Royal, anomenat Gordon, que hi llanguia des de feia dos anys.

—Mireu —li digué el cap dels esbirros—, us porto companyia.

I de seguida hom va córrer els enormes forrellats de la porta gruixuda, reforçada amb grosses barres. Els dos captius van quedar separats de tot l'univers.

5. La Bastilla.

X. L'INGENU, TANCAT A LA BASTILLA AMB UN JANSENISTA

El senyor Gordon era un vell ben conservat i serè que sabia dues grans coses: suportar l'adversitat i consolar els dissortats. Avançà en actitud franca i compassiva vers el seu company i va dir-li, abraçant-lo:

—Sigueu qui sigueu, vós que veniu a compartir la meva tomba, estigueu segur que m'oblidaré sempre de mi per endolcir la vostra angoixa dins l'abís infernal on hem caigut. Adorem la Providència que ens hi ha menat, sofrim amb calma, i esperem.

Aquestes paraules van fer en l'ànima de l'Ingenu l'efecte de les gotes d'Anglaterra, que tornen el mort a la vida i li fan desaclucar els ulls meravellats.

Després dels primers compliments, Gordon, sense atiar-lo a dir-li la causa de la seva dissort, va inspirar-li amb l'amabilitat de la seva conversa, i amb aquell interès que dos dissortats senten l'un per l'altre, el desig d'obrir el cor i descarregar-se del pes que l'aclaparava; però no podia imaginar-se el motiu de la seva dissort; li semblava un efecte sense causa; i el bon Gordon n'estava tan estranyat com ell.

—Cal que Déu tingui grans designis sobre vós —digué el jansenista a l'huró—, puix que us ha menat del llac Ontàrio a Anglaterra i a França, us ha fet batejar a Baixa Bretanya, i us ha posat aquí per a la vostra salvació.

—Per ma fe —respongué l'Ingenu—, jo crec que només el dimoni s'ha ocupat del meu destí. Els meus compatriotes d'Amèrica no m'haurien tractat mai amb la barbàrie de què ara sóc víctima; no en tenen idea; són gent de bé ordinària, i els homes d'aquest país són brètols refinats. Estic sorprès de debò d'haver vingut d'un altre món per ésser tancat en aquest amb un capellà; però penso en el nombre prodigiós d'homes que surten d'un hemisferi per anar-se a fer matar a l'altre, o que naufraguen pel camí, i els peixos se'ls mengen: no sé veure els graciosos designis de Déu sobre tota aquesta gent.

Els entraren el dinar per un torn. La conversa va tocar la Providència, les ordres segellades, i l'art de no sucumbir a la dissort, a la qual tothom està exposat en aquest món.

—Fa dos anys que sóc aquí —digué el vell— sense altre consol que jo mateix i uns quants llibres; no he estat un sol moment de mal humor.

—Ah!, senyor Gordon —exclamà l'Ingenu—, es veu que vós no esteu enamorat de la vostra padrina. Si coneguéssiu com jo la senyoreta de Saint-Yves, estaríeu desesperat. —Dient això no va poder aguantar-se les llàgrimes i aleshores va sentir-se menys oprimit—. Però —digué—, com és que les llàgrimes alleugen? Em sembla que haurien de fer un efecte contrari.

—Fill meu, tot és físic en nosaltres —va dir el bon vell—, tota secreció fa bé al cos, i tot el que l'alleuja, alleuja l'ànima: som les màquines de la Providència.

L'Ingenu, que, com hem dit diverses vegades, era un minyó naturalment eixerit, va fer profundes reflexions a base d'aquesta idea, el germen de la qual semblava trobar en ell mateix. Després va preguntar al seu company per què tenia la màquina, feia dos anys, tancada amb pany i clau.

—Per la gràcia eficaç —respongué Gordon— passo per jansenista; he conegut Arnauld i Nicole; els jesuïtes van perseguir-nos. Nosaltres creiem que el papa no és més que un bisbe com un altre; i per això el pare de la Chaise ha obtingut del rei, penitent seu, l'ordre de prendre'm, sense cap formalitat de justícia, el bé més preciós dels homes, la llibertat.

—Vet ací una cosa estranya —digué l'Ingenu—: tots els dissortats que he trobat ho són només a causa del papa. Pel que fa a la vostra gràcia eficaç, us confesso que no hi entenc res; però considero un favor molt gran que Déu m'hagi fet trobar en la meva dissort un home com vós que m'omple el cor d'un consol de què m'hauria cregut incapaç.

Cada dia la conversa es feia més interessant i instructiva. Les ànimes dels dos captius se sentien ensems lligades. El vell sabia molt i el jove volia aprendre molt. Al cap d'un mes estudiava la geometria; la devorava. Gordon va fer-li llegir la física de Rohault, que estava encara de moda, i ell fou prou eixerit per a no trobar-hi més que incertituds.

De seguida va llegir el primer volum de la *Recerca de la veritat.* Aquesta nova claror va il·luminar-lo:

—La imaginació i els sentits ens enganyen així! —s'exclamà—. Els objectes no ens formen les idees i no ens les podem donar nosaltres mateixos!

Quan va haver llegit el segon volum, no en va quedar tan content, i va concloure que era més fàcil d'enderrocar que de bastir.

El seu confrare, meravellat que un jove ignorant fes aquella observació, que escau només als esperits exercitats, va fer molt de cabal del seu talent i encara va afeccionar-se-li més.

—Em sembla que el vostre Malebranche —li va dir un dia l'Ingenu— ha escrit la meitat del seu llibre amb la raó i l'altra amb la imaginació i els prejudicis.

Alguns dies després, Gordon va preguntar-li:

—Què penseu, doncs, de l'ànima, de la manera com rebem les idees, de la voluntat, de la gràcia, del franc arbitri?

—No res —contestà l'Ingenu—; si en pensava quelcom seria que estem sota el poder de l'Ésser etern, com els astres i els elements; que ho fa tot en nosaltres, que som les rodetes de la màquina immensa de la qual ell és l'ànima; que actua amb fins particulars. Només això em sembla intel·ligible; tota la resta és per a mi un abisme de tenebres.

—Però, fill meu, això seria fer Déu autor del pecat.

—Però, pare meu, la vostra gràcia eficaç faria Déu autor del pecat de la mateixa manera; perquè és ben cert que tots aquells als quals aquesta gràcia fos refusada pecarien, ¿i el que ens lliura al mal no és també autor del mal?

Aquest ingenuïtat apurava molt el bon home; s'adonava que feia esforços inútils per sortir del fangueig, i amuntegava tantes de paraules que semblaven tenir sentit i no en tenien (pel sistema de la premoció física) que l'Ingenu en tenia pietat. Aquella qüestió anava lligada evidentment a l'origen del bé i del mal; i aleshores calia que el vell Gordon passés revista a la capsa de Pandora, a l'ou d'Orosmada foradat per Ariman, a l'enemistat entre Tifó i Osiris i finalment al pecat original; i ambdós corrien en aquella nit profunda sense trobar-se mai. Però, al capdavall, la novel·la de l'ànima feia decantar llur esguard de la contemplació de llur pròpia misèria, i, com un encís misteriós, la multitud de calamitats escampades per l'univers feia minvar la sensació de llurs penes; no gosaven plànyer-se quan tot sofria.

Però, en el repòs de la nit, la imatge de la bella Saint-Yves esborrava en l'esperit del seu amant totes les idees de metafísica i de moral. Es despertava amb els ulls plens de llàgrimes; i el vell jansenista oblidava la seva gràcia eficaç, i l'abat de Saint-Cyran, i Jansènius, per consolar un minyó que ell creia en pecat mortal.

Després de les lectures i els raonaments, parlaven encara de llurs aventures; i després d'haver-ne parlat inútilment, llegien ensems o separats. La intel·ligència del minyó s'enfortia. Hauria anat sobretot molt enllà en matemàtiques, sense les distraccions que li procurava la senyoreta de Saint-Yves.

Va llegir històries; l'entristiren. El món va semblar-li massa dolent i dissortat. En efecte, la història no és més que la pintura dels crims i les desgràcies. La multitud d'homes innocents i pacíficis desapareix sempre en aquells vastos escenaris. Els personatges no són més que ambiciosos perversos. Sembla que la història no plau sinó com la tragèdia, que llangueix si no és animada per les passions, els crims i els grans infortunis. Cal armar Clio amb un punyal, com Melpòmene.

Encara que la història de França sigui plena d'horrors, com totes les altres, va semblar-li tanmateix tan repulsiva en els començaments, tan eixuta a la meitat, tan petita, en fi, àdhuc en els temps d'Enric IV, tan desproveïda sempre de grans monuments, tan aliena a les belles descobertes que han il·lustrat altres nacions, que es veia obligat a lluitar contra l'avorriment per llegir tots aquells detalls de calamitats obscures entaforades en un racó del món.

Gordon pensava com ell. Tots dos reien compassivament quan es tractava dels sobirans de Fesenzac, de Fesenzaguet i d'Astarac. Aquell estudi només era bo per a llurs hereus, si en tenien. Els bons segles de la república romana van fer-lo indiferent per un quant temps a la resta de la terra. L'espectacle de Roma victoriosa i legisladora de les nacions ocupava la seva ànima entera. S'acalorava contemplant aquell poble que fou governat durant set-cents anys per l'entusiasme de la llibertat i la glòria.

Així passaven els dies, les setmanes, els mesos; i s'hauria cregut feliç en el sojorn del desesper, si no hagués estimat.

El seu bon natural s'entendria encara a base del prior de Nostra Dona de la Muntanya i de la sensible Kerkabon.

—Què pensaran —repetia sovint— quan veuran que no tenen notícies meves? Em tindran per ingrat.

Aquesta idea el turmentava; planyia els qui l'amaven molt més del que es planyia.

XI. COM L'INGENU ES DESENROTLLA EL TALENT

La lectura engrandeix l'ànima, i un amic intel·ligent la aconsola. El nostre captiu gaudia aquests dos avantatges, dels quals abans no havia sospitat l'existència.

—Això em tempta a creure en les metamorfosis; perquè he estat canviat de bèstia en home.

Va fer-se una biblioteca triada, amb una part dels seus diners de què li permetien de disposar. El seu amic va encoratjar-lo a apuntar les seves reflexions. Vet ací el que va escriure sobre la història antiga:

«M'imagino que les nacions s'han trobat molt de temps com jo, que han trigat molt a instruir-se, que durant segles no s'han ocupat més que del moment present que corria, molt poc del passat i gens de l'esdevenidor. He recorregut de cinc a sis-centes llegües del Canadà; no hi he trobat un sol monument; ningú no sap què va fer-hi el seu besavi. ¿Fóra aquest l'estat natural de l'home? L'espècie d'aquest continent em sembla superior a la de l'altre. Ha augmentat el seu ésser de fa segles mitjançant les arts i els coneixements. ¿És degut això al fet que té barba i que Déu ha refusat la barba als americans? No ho crec pas; perquè veig que els xinesos gaiebé no tenen barba i que cultiven les arts de fa més de cinc mil anys. En efecte, si tenen més de quatre mil anys d'annals, bé cal que la nació hagi estat aplegada i florent fa més de cinquanta segles.

»Una cosa em colpeix sobretot en aquesta antiga història de la Xina; és que gairebé tot hi és versemblant i natural. L'admiro per tal com no hi ha res de meravellós.

»Per què s'han donat totes les altres nacions uns orígens fabulosos? Els antics cronistes de la història de França, que no són pas massa antics, fan venir els francesos d'un tal Francus, fill d'Hèctor; els romans es deien eixits d'un frigi, encara que en llur llenguatge no hi hagués un sol mot que tingués la més petita relació amb la llengua de Frígia. Els déus havien habitat deu mil anys a Egipte, i els dimonis a Escítia, on havien engendrat els huns. Abans de Tucídides, no veig més que novel·les semblants als Amadís i molt menys divertides. Tot són aparicions, oracles, prodigis, sortilegis, metamorfosis, somnis explicats, que marquen el destí dels imperis més grans i dels Estats més petits. Ací bèsties que parlen, allà bèsties que hom adora, déus transformats en homes, homes transformats en déus. Ah!, si ens calen faules, que siguin almenys l'emblema de la veritat! Amo les faules dels filòsofs, ric amb les dels infants, i odio les dels impostors.»

Es topà un dia amb una història de l'emperador Justinià. Hom hi llegia que uns apedeutes de Constantinoble havien fet, en grec detestable, un edicte contra el capità més gran del segle,[6] perquè aquest heroi havia dit aquestes paraules en la calor de la conversa: «La veritat brilla amb llum pròpia, i hom no il·lumina els esperits amb les flames de les fogueres.» Els apedeutes asseguraren que aquesta proposició era herètica, que feia tuf d'heretgia, i que l'axioma contrari era catòlic, universal i grec: «Hom no il·lumina els esperits més que amb la flama de les fogueres, i la veritat no pot brillar amb llum pròpia.» Aquests linòstols[7] van condemnar així diverses dites del capità i van fer un edicte.

—Com és això? —exclamà l'Ingenu—, edictes fets per aquesta gent!

—No són pas edictes —replicà Gordon—, són contraedictes, dels quals tothom es burlava a Constantinoble i l'emperador més que ningú; era un príncep assenyat que havia sabut reduir els apedeutes linòstols a no poder fer més que bé. Sabia que aquells senyors i molts d'altres pastòfors[8] havien acabat amb llurs contraedictes la paciència als emperadors, predecessors seus, en afers de més gravetat.

—Va fer molt ben fet —digué l'Ingenu—: cal sostenir els pastòfors i contenir-los.

Va apuntar moltes d'altres reflexions que esglaiaren el vell Gordon. «I doncs! —es deia—. He esmerçat cinquanta anys a instruir-me i ara temo de no poder arribar al seny natural

6. La Facultat de Teologia de París havia fet, en mal llatí, una censura del *Belisari* de Marmontel.

7. Que porten llargues vestidures de lli.

8. Vestits amb llargs mantells.

d'aquest infant gairebé salvatge! Tremolo pensant que no he fet més que enfortir treballosament uns quants prejudicis; ell no escolta més que la simple natura.»

El bon home tenia alguns d'aquests llibrets de crítica, d'aquests quaderns periòdics on uns quants homes incapaços de produir res denigren les produccions dels altres, on els Visé insulten els Racine, i els Faydit els Fénelon. L'Ingenu va resseguir-ne uns quants.

—Els comparo —deia— a certs mosquits que ponen els ous a la gropa dels cavalls més bells: això no els priva de córrer.

Els dos filòsofs amb prou feines es dignaren de passar els ulls per aquells excrements de la literatura.

Llegiren aviat plegats els elements de l'astronomia; l'Ingenu va fer-se portar esferes: aquell gran espectacle l'encisava.

—Que és trist —deia— de no començar a conèixer el cel fins que us han pres el dret de contemplar-lo!... Júpiter i Saturn roden per l'espai immens; milions de sols il·luminen bilions de mons; i en aquest racó de terra on hom m'ha llençat hi ha éssers que em priven, a mi, que sóc un ésser vivent i pensador, de tots aquests mons que podria atènyer amb la vista i del món on Déu m'ha fet néixer! La llum feta per a tot l'univers és perduda per a mi. No me l'amagaven pas en l'horitzó septentrional on he passat la infantesa i la joventut. Sense vós, caríssim Gordon, em trobaria en el no-res.

XII. EL QUE L'INGENU PENSA DE LES OBRES TEATRALS

El jove Ingenu semblava un d'aquests arbres vigorosos que, havent nascut en un sòl poc propici, estenen en poc temps les arrels i les branques quan són trasplantats a un terreny favorable; i era ben extraordinari que una presó fos un terreny així.

Entre els llibres que ocupaven els lleures dels dos captius, hi havia poesies, traduccions de tragèdies gregues, algunes peces del teatre francès. Els versos que parlaven d'amor portaren ensems, a l'ànima de l'Ingenu, el plaer i el dolor: tots li parlaven de la bella Saint-Yves. La faula dels *Dos coloms* va nafrar-li el cor: ell estava ben lluny de poder tornar al seu colomar.

Molière va encisar-lo: li feia conèixer els costums de París i del gènere humà.

—A quina de les seves comèdies doneu la preferència?

—Al *Tartuf*, sense pensar-m'hi gaire.

—Penso com vós —digué Gordon—: el qui m'ha tancat aquí dins és un tartuf... i potser són tartufs els qui han fet la vostra desgràcia.

—Com trobeu aquestes tragèdies gregues?

—Bones per a grecs —digué l'Ingenu. Però quan va llegir la *Ifigènia* moderna, *Fedra*, *Andròmaca*, *Atalia*, va trobar-se en un èxtasi, sospirà, plorà; va saber-se-les de cor sense proposar-se d'aprendre-les.

—Llegiu *Rodoguna* —va dir-li Gordon—. Diuen que és l'obra mestra del teatre; les altres peces que us han plagut tant són poca cosa en comparança

El minyó, a la primera pàgina, s'exclamà:

—Això no és del mateix autor.

—En què ho coneixeu?

—No ho sé pas; però aquests versos no se m'avenen a l'orella ni al cor.

—Oh!, els versos no importen —replicà Gordon.

L'Ingenu respongué:

—Doncs per què en fan?

Després de llegir molt atentament aquella obra, sense altre propòsit que de trobar-hi plaer, mirava el seu amic amb els ulls eixuts i sorpresos, i no sabia què dir; a la fi, forçat a explicar les seves impressions, va fer aquesta resposta:

—No he entès gaire el començament, el mig m'ha revoltat, la darrera escena m'ha commogut molt, tot i que em sembla poc versemblant: no m'he interessat per ningú; i no en recordo ni vint versos, i això que em queden a la memòria tots els que m'agraden.

—Aquesta obra té fama, tanmateix, d'ésser la millor que tenim.

—Si és així —replicà l'Ingenu—, deu passar-li com a tanta gent que no mereixen la posició que ocupen. Al capdavall, això és una qüestió de gust: potser el meu no està encara format; puc enganyar-me; però ja sabeu que estic avesat a dir el que penso, o, millor, el que sento. Sospito que sovint la il·lusió, la moda, el caprici intervenen en els judicis dels homes. He parlat segons natura; pot ésser que, en mi, la naturalesa sigui molt imperfecta; però també pot ésser que sigui de vegades poc consultada per la major part dels homes.

Aleshores recità versos d'*Ifigènia*, de què anava ple; i encara que no declamava bé, va posar en el que deia tanta de veritat i d'unció, que va fer plorar el vell jansenista. Després va llegir *Cinna*; no va plorar gens, però va admirar.

XIII. LA BELLA SAINT-YVES VA A VERSALLES

Mentre el nostre infortunat s'instruïa més que no es consolava; mentre el seu talent, durant tant de temps reprimit, es desplegava amb tanta de rapidesa i de força; mentre la natura, que es perfeccionava en ell, el venjava dels ultratges de la fortuna, què esdevenia al prior i a la seva germana excel·lent, i a la bella reclusa Saint-Yves?... El primer mes van estar intranquils, i el tercer l'angoixa va apoderar-se d'ells: les conjectures falses, els rumors sense fonament van alarmar-los... Al cap de sis mesos van creure'l mort. En fi, el senyor i la senyoreta de Kerkabon s'assabentaren, per una carta vella que un guàrdia del rei havia escrit a Bretanya, de com un jove semblant a l'Ingenu havia arribat un vespre a Versalles, però que hom se n'havia apoderat a la nit, i que, d'ençà d'aleshores, ningú no n'havia sabut res més.

—Ai las! —digué la senyoreta de Kerkabon—, el nostre nebot deu haver fet alguna ximpleria i es deu haver ficat en algun embolic. És jove, és baix-bretó, no pot saber com cal comportar-se a la cort. Germà meu, no he vist mai París ni Versalles: vet ací una bona ocasió; potser retrobarem el nostre pobre nebot: és el fill del nostre germà; tenim el deure de socórrer-lo... Qui sap si no podrem fer-ne, al capdavall, un sots-diaca, quan se li haurà calmat l'abrivada de la joventut? Tenia molta de disposició per a les ciències. ¿Us recordeu com raonava sobre l'Antic i el Nou Testament? Som responsables de la seva ànima; nosaltres l'hem fet batejar; la seva estimada amant Saint-Yves es passa els dies i les nits en un plor. Us ho dic de debò, cal que ens en anem a París. Si s'ha amagat en una d'aquestes cases alegres, de què hom m'ha fet tantes de contalles, nosaltres l'en traurem.

El prior va commoure's tot amb les dites de la seva germana. Va anar a trobar el bisbe de Saint-Malo, que havia batejat l'huró, i va demanar-li protecció i consells. El prelat va aprovar el viatge; va donar al prior cartes de recomanació adreçades al pare de la Chaise, confessor del rei, que fruïa de la primera dignitat del reialme, a l'arquebisbe de París, Harlay, i al bisbe de Meaux, Bossuet.

En fi, germà i germana emprengueren la marxa. Però quan foren a París es trobaren com perduts en un vast laberint, sense fil i sense sortida. Llur fortuna era mediocre, i els calien cada dia vehicles per a sortir en descoberta... i no descobrien res.

El prior va visitar el reverend pare de la Chaise; estava amb la senyoreta du Trone, i no podia donar audiència a priors. Va anar a la porta de l'arquebisbe; el prelat conferenciava amb la bella senyoreta de Lesdiguières sobre afers de l'Església. Va córrer a la casa de camp del bisbe de Meaux; aquest examinava, amb la senyoreta de Mauléon, l'amor mística de la senyora Guyon. Tanmateix, va arribar a fer-se sentir per aquells dos prelats; tots dos declararen que no podien embolicar-se en afers del seu nebot, vist que aquest no era sots-diaca.

En fi, va veure el jesuïta; aquest va rebre'l amb els braços oberts, va dir-li efusivament que l'havia tingut sempre en gran estima, tot i que no l'havia conegut mai; va jurar-li que la bona societat havia estat sempre afeccionada als baix-bretons.

—Però —digué— el vostre nebot, ¿no és pas hugonot, per desgràcia?

—És clar que no, reverend pare.

—Ni jansenista?

—Puc assegurar a la Vostra Reverència que amb prou feines és cristià: ara deu fer onze mesos que vam batejar-lo.

—Molt bé!, molt bé!... Ja ens captindrem bé d'ell. ¿És important, el vostre benefici?

—Oh!, poca cosa...; i el meu nebot ens costa car.

—Hi ha cap jansenista per la rodalia? Aneu amb compte, estimat senyor prior, són més perillosos que els hugonots i els ateus.

—No n'hi ha cap, reverend pare: hom no sap res del jansenisme a Nostra Dona de la Muntanya.

—Millor!... Aneu, no us puc negar res.

Va acomiadar afectuosament el prior, i no hi va pensar més.

El temps s'escolava... El prior i la seva germana excel·lent es desesperaven.

Mentrestant el maleït batlle volia apressar el casament del beneit del seu fill amb la bella Saint-Yves, que hom havia fet sortir expressament del convent. Ella continuava amant el seu fillol tant com detestava el marit que volien donar-li. L'afront d'haver estat tancada al convent augmentava la seva passió; l'ordre de maridar-se amb el fill del batlle la curullava. Les penes, les emocions i l'horror li trastornaven l'ànima. L'amor, ja se sap, d'una joveneta és més enginyós i ardit que l'amistat d'un prior vell i d'una tia de quaranta-cinc anys fets. A més, al convent, la noia havia acabat de formar-se el caràcter amb les novel·les que havia llegit d'amagat.

La bella Saint-Yves es recordava de la carta que un guàrdia de corps havia escrit a Baix Bretanya, i de la qual hom havia parlat per la província. Va decidir d'anar-se a informar personalment a Versalles, de tirar-se als peus dels ministres, si el seu marit era presoner, com deien, i d'obtenir justícia per a ell. Quelcom l'advertia misteriosament que a la cort no refusen res a una noia bonica; però ella no sabia pas el que costava...

Després de prendre aquella resolució, la noia es conhorta, es tranquil·litza, ja no rebutja el neci pretendent; fa bona cara al detestable sogre, afalaga el germà, omple la casa d'alegria; després, el dia fixat per a la cerimònia, marxa secretament, a les quatre del matí, amb els seus presents de noces i tot el que ha pogut aplegar. Havia fet tan bé els seus càlculs, que ja era a més de deu llegües quan hom va entrar a la seva cambra, prop de migdia. La sorpresa i la consternació foren grans. El batlle preguntaire va fer aquell dia més preguntes que en tota la setmana; el marit restà més ximple que mai. L'abat de Saint-Yves, furiós, prengué el partit d'empaitar la seva germana; el batlle i el seu fill van voler acompanyar-lo: d'aquesta manera el fat va portar a París gairebé tot aquell cantó de la Baixa Bretanya.

La bella Saint-Yves sospitava prou que la seguirien. Muntava a cavall; s'informava destrament pels correus de si havien vist un abat gras, un batlle enorme i un jove ximple que corrien pel camí de París. El tercer dia va assabentar-se que no eren lluny i trencà per una altra ruta, i va tenir prou sort i habilitat per arribar a Versalles, mentre hom la cercava inútilment per París.

Però com es comportaria a Versalles?... Jove, bella, sense consell ni suport, inconeguda, exposada a tot, com gosaria cercar un guàrdia del rei? Va pensar que s'adreçaria a un jesuïta de classe baixa: n'hi havia per a tots els estaments. De la mateixa manera com Déu —deien— ha donat aliments diferents a les diverses menes d'animals, havia dat al rei el seu confessor, que tots els cercadors de beneficis anomenaven «cap de l'Església gal·licana»; després venien els confessors de les princeses; els ministres no en tenien pas: no eren tan ximples. Hi havia els jesuïtes del comú, i sobretot els jesuïtes de les cambreres, per les quals hom sabia els secrets de les mestresses: i aquest no era pas un treball de poca importància. La bella Saint-Yves va adreçar-se a un d'aquests darrers, que es deia el pare Tot-a-tots. Va confessar-se-li, va explicar-li les seves aventures, el seu estat, el seu perill, i el conjurà que li cerqués estada al costat d'una bona devota que la posés a recer de temptacions.

El pare Tot-a-tots va menar-la a la casa de la muller d'un oficial que era una de les seves penitents de confiança. De seguida, la bella Saint-Yves va maldar per guanyar-se la confiança i l'amistat d'aquella dona; va informar-se sobre el guàrdia de corps, i va fer-li demanar una entrevista. Per ell va saber que el seu amant havia estat arrestat després de parlar amb un primer delegat; la noia va anar a trobar de seguida aquell delegat: la vista d'una dona bella va amollir-lo; perquè cal convenir que Déu no ha creat les dones més que per amansir els homes.

El plumífer, entendrit, va confessar-li-ho tot.

—El vostre amant és a la Bastilla des de fa un any, i, si no fos per vós, hi romandria potser tota la vida. —La dolça Saint-Yves va desmaiar-se. Quan va haver recobrat els sentits, el plumífer va dir-li—: Jo no tinc influència per al bé; tot el meu poder es limita a fer mal de tant en tant... Creieu-me, aneu a veure el senyor de Saint-Pouange, que fa el bé i el mal, i és cosí i favorit de monsenyor de Louvois: aquest ministre té dues ànimes; el senyor de Saint-Pouange és l'una; la senyora Dufresnoy és l'altra; però actualment no és a Versalles: l'únic que podeu fer és d'ablanir el protector que us indico.

La bella Saint-Yves, dividida entre un bri d'alegria i una dolor extrema, entre alguna esperança i moltes tristes temences, perseguida pel seu germà, adorant el seu amant, eixugant-se les llàgrimes, tremolosa, afeblida i encoratjant-se, va anar a corre-cuita a la casa del senyor de Saint-Pouange.

XIV. PROGRESSOS DEL TALENT DE L'INGENU

L'Ingenu feia ràpids progressos en les ciències i sobretot en la ciència de l'home. La causa del ràpid desenvolupament de la seva intel·ligència radicava gairebé tant en la seva educació salvatge com en el tremp de la seva ànima; perquè, com que no havia après res en la infantesa, no havia adquirit prejudicis; el seu enteniment, no torçat per l'error, havia conservat tota la dretura. Ell veia les coses tal com són, mentre que les idees que hom ens procura en la infantesa ens les fan veure com no són, tota la vida.

—Els vostres perseguidors són abominables —deia al seu amic Gordon—. Us planyo perquè us oprimeixen, però us planyo també perquè sou jansenista. Tota secta em sembla l'aplegament de l'error. Digueu-me si hi ha sectes en geometria.

—No, fill meu —va dir-li Gordon sospirant—, tots els homes estan d'acord sobre la veritat, quan està demostrada; però estan massa dividits respecte a les veritats obscures.

—Digueu respecte a les falsedats obscures. Si hi hagués hagut una sola veritat amagada al pilot d'arguments que hom regira de fa tants de segles, hom l'hauria descoberta, i l'univers s'hauria avingut almenys sobre aquell punt. Si aquesta veritat fos necessària com el sol ho és a la terra, seria brillant com el sol. És una absurditat, un insult contra el gènere humà, un atemptat contra l'Ésser infinit i suprem, de dir: «Hi ha una veritat essencial a l'home, i Déu l'ha amagada.»

Tot el que deia aquell jove ignorant, instruït per la naturalesa, feia una impressió profunda en l'esperit del vell savi malaurat.

—¿Si fos veritat —exclamava— que m'he fet desgraciat per una quimera?... Estic força més segur de la meva dissort que de la gràcia eficaç... He esmerçat la vida a raonar sobre la llibertat de Déu i del gènere humà; però he perdut la meva: ni sant Agustí ni sant Pròsper no em trauran de l'abisme on sóc.

L'Ingenu, abandonant-se al seu natural, va dir-li a la fi:

—Voleu que us parli amb tota franquesa? Els qui es fan perseguir per aquestes vanes disputes d'escola em semblen gent de poc seny; els perseguidors em semblen uns monstres.

Els dos captius estaven molt ben avinguts sobre la injustícia de llur captiveri.

—Jo sóc cent vegades més de plànyer que vós —deia l'Ingenu—; he nascut lliure com l'aire; tenia dues vides: la llibertat i l'objecte de la meva amor...; me les han preses... Aquí estem presoners sense saber-ne el motiu ni poder-lo preguntar... He viscut huró durant vint anys: diuen que són bàrbars perquè es vengen de llurs enemics; però mai no han oprimit llurs amics... Tot d'una de posar el peu a França, he vessat la meva sang per ella: potser vaig salvar una província; i, per recompensa, m'enterren en aquesta tomba de vius, on m'hauria mort de ràbia si no hagués estat per vós... ¿És que no hi ha lleis en aquest país?... Hom hi condemna els homes sense escoltar-los! Això no passa pas a Anglaterra... Ah!, no era pas contra els anglesos que m'havia de batre!...

Així, la filosofia naixent no podia domtar la natura ultratjada en el primer dels seus drets, i deixava el pas lliure a una còlera justa.

El seu company no va pas contradir-lo. L'absència fa créixer sempre l'amor insatisfet i la filosofia no el disminueix. Parlava tan sovint de la seva estimada Saint-Yves com de moral i metafísica. Com més s'afinaven els seus sentiments, més enamorat estava. Va llegir algunes novel·les noves; va trobar-ne poques que li descrivissin la situació de la seva ànima. Sentia que el seu cor anava sempre més enllà del que llegia.

—Ah! —deia—, tots aquests autors no tenen més que talent i art.

En fi, el bon capellà jansenista esdevenia insensiblement el confident de les seves amors. Fins aleshores no havia conegut l'amor sinó com un pecat de què hom s'acusa en confessió: va aprendre a conèixer-lo com un sentiment tan noble com delicat, que tant pot elevar l'ànima com ablanir-la, i àdhuc produir virtuts de vegades. Com un darrer prodigi, un huró convertia un jansenista.

XV. LA BELLA SAINT-YVES FA RESISTÈNCIA A UNES PROPOSICIONS DELICADES

La bella Saint-Yves, més entendrida encara que el seu amant, va anar, doncs, a casa del senyor de Saint-Pouange, acompanyada de l'amiga amb qui s'estatjava, totes dues ben amagades sota llurs còfies. La primera cosa que veié a la porta fou l'abat de Saint-Yves, son germà, que sortia. La noia va esporuguir-se'n; però l'amiga devota va tranquil·litzar-la.

—Precisament perquè han parlat contra vós, cal que cuiteu a explicar-vos. Podeu estar segura que en aquest país els acusadors tenen sempre raó si hom no s'apressa a confondre'ls. Altrament, o m'enganyo molt, o la vostra presència farà més efecte que les paraules del vostre germà.

Per poc que l'encoratgin, una amant apassionada esdevé intrèpida. La Saint-Yves es presentà a l'audiència. La seva joventut, els seus encisos, els seus ulls dolços humitejats de llàgrimes atragueren totes les mirades. Tots els cortesans dels sots-ministre oblidaren un moment l'ídol del poder per contemplar el de la bellesa. Saint-Pouange va fer-la entrar en un gabinet; ella va parlar amb emoció i amb gràcia. Saint-Pouange es va commoure. La noia tremolava; ell va tranquil·litzar-la.

—Torneu aquest vespre —li digué—, els vostres afers mereixen que hom hi pensi i en parli sense presses; ara hi ha massa gent per aquí; enllestim massa ràpidament les audiències: cal que us parli llargament de tot el que us pertoca.

Després de fer l'elogi de la seva bellesa i dels seus sentiments, va recomanar-li que tornés a les set del vespre.

Ella no hi mancà pas; l'amiga devota va acompanyar-la altra vegada, però va esperar-se al saló, llegint el *Pedagog cristià,*[9] mentre el Saint-Pouange i la bella Saint-Yves eren al gabinet de darrera.

—¿Voleu creure —li digué ell de primer— que el vostre germà ha vingut a demanar-me una ordre segellada contra vós? Més aviat en despatxaria una per trametre'l a Baixa Bretanya.

—Ai las! Deveu ésser ben pròdigs d'aquesta mena d'ordres, puix que vénen a sol·licitar-ne del fons del reialme com si fossin pensions. No tinc cap intenció de demanar-vos-en contra el meu germà. Tinc molts motius per a plànyer-me d'ell, però respecto la llibertat dels homes; demano la de l'home amb qui vull maridar-me, un home al qual el rei deu la conservació d'una província, que pot servir-lo útilment i que és fill d'un oficial mort al seu servei. De què l'acusen? Com han pogut tractar-lo tan cruelment sense escoltar-lo?

Aleshores el sots-ministre va mostrar-li la carta del jesuïta espia i la del batlle pèrfid.

—Senyor! Pot haver-hi monstres semblants a la terra? ¿I així volen forçar-me a prendre per marit el fill ridícul d'un home ridícul i dolent? A base de semblants parers hom decideix aquí la sort dels ciutadans!

La noia va agenollar-se; va demanar sanglotant la llibertat del brau minyó que l'adorava. En aquell estat els seus atractius sorgien més vivament que mai. Estava tan bella, que el Saint-Pouange, perdent tota vergonya, va insinuar-li que reeixiria si començava per dar-li les primícies del que reservava per al seu amant. La Saint-Yves, aterrida i confusa, va fènyer llarga estona que no l'entenia; calgué parlar més clarament. Una paraula amollada amb cautela va fer-ne sortir una altra de més forta, seguida d'una altra de més expressiva. Hom oferí no solament la revocació de l'ordre segellada, sinó recompenses, diners, honors; i com més hom prometia, més creixia el desig de no ésser rebutjat.

La Saint-Yves plorava, sufocada, mig tombada damunt un sofà. El Saint-Pouange se li havia tirat als peus. No estava desproveït d'atractius, i potser no hauria esverat un cor menys previngut; però la Saint-Yves adorava el seu amant, i pensava que era un crim horrible de trair-lo per fer-li servei. Saint-Pouange repetia els precs i les prometences: en fi, va perdre el cap de manera que declarà que aquell era l'únic mitjà de treure de la presó l'home per qui ella prenia un interès tan dolç i violent. Aquell estrany col·loqui es prolongava. La devota de l'avantcambra, llegint el *Pedagog cristià,* pensava:

9. Del pare Outreman.

«Senyor!, què poden fer allí dins des de fa dues hores? Monsenyor de Saint-Pouange no ha dat mai una audiència tan llarga; de segur que deu haver-li-ho refusat tot, a aquesta pobra noia, puix que ella el prega encara.»

La seva companya va sortir finalment del gabinet de darrera, astorada, sense poder dir res, reflexionant profundament sobre el caràcter dels grans i dels semigrans que sacrifiquen tan lleugerament la llibertat dels homes i l'honor de les dones.

No va dir paraula durant tot el camí. En arribar a casa de l'amiga, va esclatar, va contar-li-ho tot. La devota va senyar-se amplament.

—Tot-a-tots, el nostre director; té molta d'influència sobre el senyor de Saint-Pouange, és el confessor de diverses cambreres de la casa; és un home piadós i conciliador, que dirigeix també dames de qualitat: lliureu-vos a ell; així ho faig jo i sempre m'ha anat bé. A nosaltres, les pobres dones, ens cal ésser dirigides per un home.

—Bé, doncs!, amiga meva, demà aniré a trobar el pare Tot-a-tots.

XVI. CONSULTA UN JESUÏTA

Quan la bella i afligida Saint-Yves va trobar-se sola amb el seu bon confessor, va confiar-li que un home poderós i voluptuós li proposava de fer sortir de la presó l'home amb qui ella havia de casar-se legítimament, i que demanava un preu molt elevat per aquell servei; que ella sentia una repugnància horrible envers una tal infidelitat i que, si no es tractés més que de la seva vida, la sacrificaria abans que sucumbir.

—Quin abominable pecador! —li digué el pare Tot-a-tots—. Hauríeu de dir-me el nom d'aquest home tan vil; de segur que és algun jansenista; el denunciaré a Sa Reverència el pare de la Chaise, que el farà tancar a la presó, on és ara aquest bon home amb qui heu de casar-vos.

La pobre noia, torbada i vacil·lant, va anomenar finalment Saint-Pouange.

—Monsenyor de Saint-Pouange! —exclamà el jesuïta—. Ah!, filla meva, això és una altra cosa; és cosí del més gran ministre que mai hàgim tingut, home de bé, protector de la bona causa, bon cristià; no pot haver tingut un tal pensament; no deveu haver-ho entès bé.

—Ah!, reverend pare; massa bé, ho he entès! Faci el que faci, estic perduda; només puc triar entre la dissort i la vergonya; cal que el meu amant resti enterrat en vida o que jo em faci indigna de viure. No puc deixar-lo morir ni puc salvar-lo.

El pare Tot-a-tots provà de calmar-la amb aquestes dolces paraules:

—Primerament, filla meva, no digueu mai això del «meu amant»; hi trobo un regust mundà que podria ofendre Déu: digueu «el meu marit»; perquè, per bé que no ho és encara, vós us el mireu com a tal; i això és molt com cal.

»Segonament, encara que sigui el vostre espòs en idea, en

esperança, no ho és pas efectivament; per tant, no cometríeu un adulteri, pecat enorme que cal sempre evitar tant com es pugui.

»Tercerament, les accions no tenen malícia de culpa quan la intenció és pura, i no hi ha res més pur que de salvar el marit.

»Quartament, teniu exemples en la santa antiguitat que poden servir meravellosament per a la vostra conducta. Sant Agustí explica que sota el proconsolat de Septimi Acindinus, l'any 340 de la nostra salvació, un pobre home que no podia pagar a Cèsar el que a Cèsar pertanyia, fou condemnat a mort com és de justícia, malgrat la màxima que diu: "On no hi ha res, el rei perd els drets". Es tractava d'una lliura d'or; el condemnat tenia una muller, dotada per Déu de bellesa i de seny. Un vell ric va prometre de donar una lliura d'or, i més i tot, a la dama, a condició que cometria amb ella el pecat immund. La dama no cregué de fer mal salvant el marit. Sant Agustí aprova força la seva resignació generosa. És veritat que el vell ric va enganyar-la, i tal vegada el marit va ésser penjat com si res; però ella havia fet tot el que podia per salvar-li la vida.

»Podeu estar segura, filla meva, que quan un jesuïta us cita sant Agustí, és que aquest sant té raó del tot. No us aconsello res; teniu seny; cal suposar que sereu útil al vostre marit. Monsenyor de Saint-Pouange és un home honrat, no us enganyarà pas; això és tot el que puc dir-vos; pregaré a Déu per vós, i espero que tot s'esdevindrà a major glòria seva.

La bella Saint-Yves va tornar-se'n a casa de la seva amiga, no menys esglaiada del parlament del jesuïta que de les proposicions del sots-ministre. Sentia temptacions d'alliberar-se, amb la mort, de l'horror de deixar en una captivitat esgarrifosa l'amant que adorava i de la vergonya de salvar-lo a costa del que tenia de més preciós i que no havia de pertànyer sinó a aquell amant malaurat.

XVII. SUCUMBEIX PER VIRTUT

La bella Saint-Yves demanava a l'amiga que la matés; però aquella dona, no menys indulgent que el jesuïta, va parlar-li més clarament encara:

—Ai las! —digué—, les coses no es fan pas altrament en aquesta cort tan amable, tan galant, tan famosa. Tant els llocs mesquins com els importants no són donats sovint sinó al preu que exigeixen de vós. Escolteu, m'heu inspirat amistat i confiança; us confessaré que si hagués estat tan dificultosa com vós, el meu marit no gaudiria la petita posició que el fa viure; ell ho sap, i, lluny d'enutjar-se'n, veu en mi una benefactora i es considera obra meva. ¿Penseu que tots els qui han governat les províncies o manat els exèrcits han degut els honors i la fortuna a llurs serveis sols? N'hi ha que han de donar-ne gràcies a llurs senyores mullers. Les dignitats de la guerra han estat sol·licitades per l'amor, i el lloc adjudicat al marit de la més bella. Vós us trobeu en una situació molt més interessant; es tracta de tornar el vostre amant a la llum i de casar-vos-hi: és un deure sagrat que teniu d'acomplir. Hom no ha blasmat pas les belles i grans dames de qui us parlo; hom us lloarà; diran que només heu flaquejat per excés de virtut.

—Ah!, quina virtut! —exclamà la bella Saint-Yves—, quin laberint d'iniquitats!, quin país!; i com aprenc a conèixer els homes! Un pare de la Chaise i un batlle ridícul fan tancar el meu amant a la presó, la meva família em persegueix, i en la meva dissort no m'allarguen la mà més que per deshonrar-me. Un jesuïta ha perdut un bell minyó, un altre jesuïta em vol perdre; estic voltada de paranys i a punt de caure-hi. Caldrà que em mati o que parli al rei; em tiraré als seus peus quan passi per davant meu anant a missa o al teatre.

 —No us hi deixaran pas acostar —va dir-li l'amiga—, i si

parlàveu, per dissort, monsenyor de Louvois i el reverend pare de la Chaise podrien fer-vos enterrar en un convent per tota la vida.

Mentre aquella bona dona augmentava així la perplexitat d'aquella ànima desesperada, i li enfonsava el punyal al cor, va arribar un exprés del senyor de Saint-Pouange amb una carta i unes belles arracades. La Saint-Yves va rebutjar-ho tot, plorant; però l'amiga va encarregar-se'n.

Quan el missatger fou fora, la confident va llegir la carta on hom convidava les dues amigues a un sopar per a aquell vespre. La Saint-Yves va jurar que no hi aniria. La devota volia que es provés les arracades, però la noia no va consentir-ho; va resistir durant tot el dia. A la fi, no pensant més que en el seu amant, vençuda, arrossegada, sense saber on la duien, va deixar-se menar al sopar fatal. Res no havia pogut decidir-la a posar-se les arracades; la confident, que les havia dutes, va posar-les-hi a despit d'ella abans que s'asseguessin a taula. La Saint-Yves estava tan confusa i torbada que es deixava turmentar; i el patró en treia un averany molt favorable. Cap a la fi de l'àpat, la confident va retirar-se discretament. L'home mostrà aleshores la revocació de l'ordre segellada, la concessió d'una gratificació considerable, d'una companyia, i no escatimà pas les prometences.

—Ah! —va dir-li la Saint-Yves—. Com us estimaria si no volguéssiu que us estimés tant!

En fi, després d'una llarga resistència, després dels sanglots, els crits i les llàgrimes, afeblida per la lluita, astorada, defallent, li calgué rendir-se. Com a darrer recurs, va prometre's de no pensar més que en l'Ingenu mentre l'home cruel gaudiria implacablement de la necessitat en què ella es trobava.

XVIII. ALLIBERA EL SEU AMANT I UN JANSENISTA

A punta de dia, la Saint-Yves volava vers París, amb l'ordre del ministre. És difícil de descriure el que passava al seu cor durant aquell viatge. Que hom s'imagini una ànima virtuosa i noble, humiliada pel seu oprobi, embriagada de tendresa, turmentada pels remordiments d'haver traït l'amant, amarada del plaer d'alliberar-lo! Les amargors, les lluites, el reeiximent es dividien els seus pensaments. Ja no era la noia senzilla, d'idees encongides per una educació provinciana. L'amor i la dissort havien acabat de formar-li el caràcter. El sentiment havia fet tants de progressos en ella com n'havia fet la raó en l'esperit del seu amant malaurat. Les noies aprenen a sentir més fàcilment que els homes a pensar. La seva aventura era més instructiva que quatre anys de convent.

Duia un vestit d'una simplicitat extrema. Mirava amb horror l'abillament amb què s'havia presentat al seu funest benefactor; havia deixat les arracades de diamants a la seva companya sense ni tan sols mirar-les. Encisada i confusa, idolatrant l'Ingenu i odiant-se, va arribar finalment a la porta

de l'horrible castell, palau de la venjança,
que ensems conté sovint el crim i la innocència.[10]

Quan hagué de baixar de la carrossa, les forces li falliren; van ajudar-la; va entrar amb el cor palpitant, els ulls humits, el front consternat. Van presentar-la al governador; ella vol parlar i la veu li falleix; ensenya l'ordre articulant a penes unes quantes paraules. El governador estimava el presoner; l'alliberament va complaure'l. El seu cor no estava endurit

10. *Henríada*, cant IV, versos 456-457.

com el d'alguns honorables escarcellers, confrares seus, que no pensen més que en la retribució corresponent a la guarda dels captius, funden llurs rendes en llurs víctimes i viuen de la dissort dels altres, i així tenen secretament una esgarrifosa alegria a base de les llàgrimes dels infortunats.

Va fer venir el presoner a les seves estances. Els dos amants es veuen, i tots dos es desmaien. La bella Saint-Yves romangué llarga estona esmortida; l'altre va retrobar aviat el seu coratge.

—Segons sembla —digué el governador—, aquesta dama és la vostra muller, no m'havíeu pas dit que fóssiu casat. M'escriuen que deveu la vostra llibertat a la seva actuació generosa.

—Ah!, no sóc digna d'ésser muller seva —digué la bella Saint-Yves amb veu tremolosa; i va defallir altra vegada.

Quan va haver recobrat els sentits, va mostrar, tremolant encara, l'ofici que parlava de gratificacions i la prometença escrita d'una companyia. L'Ingenu, tan esbalaït com commogut, es despertava d'un somni per entrar en un altre.

—Per què m'han tancat aquí? Com heu pogut treure-me'n? On són els monstres que m'hi han portat? Sou una divinitat que ha davallat del cel per socórrer-me.

La bella Saint-Yves abaixava els ulls, mirava el seu amant, enrogia, i decantava tot d'una els seus ulls plens de llàgrimes. Va dir-li finalment tot el que sabia, totes les proves per què havia passat, llevat d'allò que hauria volgut oblidar per sempre i que un home més avesat que l'Ingenu al món i als costums de la cort hauria endevinat fàcilment.

—¿És possible que un miserable com aquell batlle hagi pogut privar-me de la llibertat? Veig que amb els homes passa com amb els animals més vils; tots poden noure. Però, ¿és possible que un frare, un jesuïta confessor del rei, hagi contribuït al meu infortuni tant com el batlle, sense que pugui imaginar-me amb quin pretext m'ha perseguit el detestable murri? ¿M'ha fet passar potser per jansenista? I com us heu recordat de mi? Jo no ho mereixia, aleshores no era més que un salvatge. Com heu pogut tota sola, sense consell, sense ajut, emprendre el viatge a Versalles? Vós heu aparegut, i se m'han obert les portes de la presó! La bellesa i la virtut tenen, doncs, una força invencible, que fa caure les portes de ferro i ablaneix els cors de pedra!

Sentit la paraula «virtut», la bella Saint-Yves no pogué retenir un sanglot. No sabia fins a quin punt era virtuosa en el crim que es reprotxava.

El seu amant va continuar de la següent manera:

—Àngel que heu trencat els meus lligams, si heu tingut (i no ho comprenc encara) prou influència perquè em fessin justícia, feu que en facin també a l'home que m'ha ensenyat a pensar, com vós m'heu ensenyat a estimar. La dissort ens ha unit; l'estimo com un pare, no puc viure sense vós ni sense ell.

—Què dieu? Que demani al mateix home que...?

—Sí, vull deure-us-ho tot, i no vull deure res a ningú més: escriviu a aquest home poderós, acabeu la bona obra que heu començat, acompliu un altre prodigi.

Ella sentia que havia de fer tot el que el seu amant exigia: volia escriure, la seva mà no obeïa. Començà tres vegades la carta, l'esquinçà tres vegades; va escriure a la fi, i els dos amants sortiren després d'abraçar el vell màrtir de la gràcia eficaç.

La feliç i desconsolada Saint-Yves sabia la casa on s'estatjava el seu germà; va anar-hi; el seu amant llogà una estança a la mateixa casa.

Tot seguit d'arribar-hi, la Saint-Yves va rebre del seu protector l'ordre d'alliberament del vell Gordon i la demanda d'una entrevista per a l'endemà. Així havia de pagar amb la deshonra cada obra generosa que feia. Mirava amb execració aquell costum de vendre la dissort i la felicitat dels homes. Va donar l'ordre d'alliberament al seu amant, i refusà l'entrevista amb un benefactor que no hauria pogut veure sense morir-se de dolor i de vergonya. L'Ingenu només s'hauria separat d'ella per portar la llibertat a un amic; va córrer-hi. Va acomplir aquell deure reflexionant sobre els estranys esdeveniments d'aquest món, i admirant la virtut coratjosa d'una joveneta a la qual dos malaurats devien més que la vida.

XIX. L'INGENU, LA BELLA SAINT-YVES I LLURS PARENTS, REUNITS

La generosa i respectable infidel estava amb el seu germà, l'abat de Saint-Yves, el bon prior de la Muntanya i la dama de Kerkabon. Tots estaven esbalaïts per un igual, però llur situació i llurs sentiments eren ben diferents. L'abat de Saint-Yves plorava els seus torts als peus de la seva germana, que el perdonava. El prior i la seva dolça germana ploraven també, però d'alegria; el batlle vil i el seu fill insuportable no torbaven aquella escena emocionant. Havien marxat al primer rumor de l'alliberament de llur enemic; anaven a amagar a llur província la niciesa i la por.

Els quatre personatges, agitats per cent impulsos diversos, esperaven que el minyó tornés amb l'amic que havia d'alliberar. L'abat de Saint-Yves no gosava alçar els ulls davant la seva germana. L'excel·lent Kerkabon deia:

—Tornaré a veure el meu nebot estimat!

—El tornareu a veure —digué l'encisera Saint-Yves—, però no és el mateix; el posat, el to, les idees, l'esperit, tot ha canviat en ell. Ara és tan respectable com abans era ingenu i senzill. Serà l'honor i el consol de la vostra família...; pogués ésser jo també la felicitat de la meva!

—Vós tampoc sou la mateixa —digué el prior—. Què us ha passat que hagi produït en vós un canvi tan gran?

Durant aquesta conversa, va arribar l'Ingenu, portant el seu jansenista agafat de la mà. L'escena esdevingué aleshores més nova i més interessant. Va començar amb les tendres abraçades de l'oncle i de la tia. L'abat de Saint-Yves s'agenollava gairebé davant l'Ingenu, que ja no era ingenu. Els dos amants es deien llurs sentiments amb els ulls. Hom veia la satisfacció, l'agraïment, al rostre de l'un; la torbació en els ulls amorosos i tristos de l'altra. Hom s'estranyava que la noia portés aquella tristor a tanta d'alegria.

El vell Gordon va fer-se estimar en pocs moments de tota la família. Havia patit ensems amb el jove presoner, i això era un gran mèrit. Devia la seva llibertat als dos amants, i això el reconciliava amb l'amor; l'aspror de les seves antigues opinions deixava el seu cor; s'havia transformat en un home, com l'huró. Cadascun va contar les seves aventures abans de sopar. Els dos abats i la tia escoltaven com els infants les històries de fantasmes i com els homes els desastres que els interessen.

—Ai las! —digué Gordon—; hi ha potser més de cinc-centes persones virtuoses en presons semblants a aquella de què la senyoreta de Saint-Yves ens ha tret: llur dissort és desconeguda. Hi ha moltes mans per a colpejar els malaurats i rarament se'n troba una d'amiga.

Aquesta observació tan veritable feia créixer el seu agraïment: tot palesava el triomf de la bella Saint-Yves; hom admirava la grandesa i la fermesa de la seva ànima. L'admiració es barrejava amb el respecte que hom sent involuntàriament per una persona que hom creu que té influència a la cort. Però l'abat de Saint-Yves deia de vegades:

—Com s'ho ha fet, la meva germana, per tenir-hi tan aviat influència?

Anaven a asseure's a taula a bona hora; compareix l'amiga de Versalles sense saber res del que havia passat; ve en una carrossa de sis cavalls, i hom veu prou a qui pertanyen. Entra amb l'aire imponent d'una persona de la cort que té grans afers entre mans, i mena a una banda la bella Saint-Yves.

—Per què us feu esperar tant? Seguiu-me; vet ací els diamants que us heu deixat.

No va parlar prou baix perquè l'Ingenu deixés de sentir-la; veié els diamants; el germà estava perplex; l'oncle i la tia no sentiren més que la sorpresa de la gent que no ha vist mai una tal magnificència. El minyó, que havia madurat molt amb un any de reflexions, va fer-ne a desgrat seu, i semblà que es torbava un moment. La seva amant va adonar-se'n; un pal·lidesa mortal va escampar-se pel seu bell rostre, una esgarrifança va resseguir-li el cos; amb prou feines es podia tenir.

—M'heu perdut! —digué a l'amiga fatal—. Em doneu la mort!

Aquestes paraules punyiren el cor de l'Ingenu; però el minyó havia après a dominar-se; va fer veure que no les sentia, per no atribolar l'amada davant el seu germà, però empal·lidí com ella.

 La Saint-Yves, astorada per l'alteració que remarcava al

rostre del seu amant, va arrossegar aquella dona fora de la cambra a un petit corredor; va tirar els diamants a terra davant ella:

—Ja sabeu que no és pas això el que m'ha seduït; i el qui els ha donat no em veurà mai més. —L'amiga els collia i la Saint-Yves afegia—: Que se'ls torni a quedar o que us els doni; aneu-vos en, no m'avergonyiu més.

L'ambaixadora se'n va tornar a la fi, sense poder comprendre aquells remordiments.

La bella Saint-Yves sentia una gran opressió, una alteració en tot el cos, que l'ofegava, i es veié obligada a ficar-se al llit; però per no alarmar ningú no va dir res del que patia; i, amb el sol pretext d'estar cansada, va demanar permís per a reposar; però això va ésser després d'haver tranquil·litzat els altres amb paraules reconfortants i falagueres, i d'haver adreçat al seu amant unes mirades que li aflamaven l'ànima.

El sopar, no animat per ella, començà tristament, però amb aquella tristor interessant, propícia a les converses atraients i útils, que són ben superiors a l'alegria frívola, tan recercada, que no és usualment altra cosa que soroll importú.

Gordon va contar en poques paraules la història del jansenisme i del molinisme, i de les persecucions amb què un partit aclaparava l'altre. L'Ingenu va fer-ne la crítica, i va plànyer els homes que, no contents de tantes discòrdies provocades per llurs interessos, encara es cerquen altres mals per interessos quimèrics i per absurditats inintel·ligibles. Gordon explicava, l'altre jutjava; els comensals escoltaven amb emoció i una nova claror els il·luminava. Hom va parlar de la llarga durada de la dissort i de la brevetat de la vida. Hom observà que cada professió portava el seu perill i el seu vici i que, del príncep al darrer captaire, tot sembla acusar la natura. Com és que hi ha tants d'homes que, per tan pocs diners, es converteixen en els opressors, els satèl·lits, els botxins dels altres homes? Amb quina indiferència inhumana signa un home altament situat la destrucció d'una família, i amb quina alegria salvatge uns mercenaris l'executen!

—En la meva joventut —digué Gordon— he vist un parent del mariscal de Marillac, el qual, perseguit a la seva província per causa d'aquell il·lustre infeliç, s'amagava a París sota un nom suposat. Era un vell de setanta-dos anys. La seva muller, que estava amb ell, era aproximadament de la mateixa edat. Tenien un fill llibertí que, a l'edat de catorze anys, havia fugit de la casa paterna; soldat, desertor, havia passat per tots els graus de la disbauxa i la misèria; finalment, amb el nom canviat, havia entrat a la guàrdia del cardenal de Richelieu (perquè aquest sacerdot, com Mazzarino, tenia la seva guàrdia); havia obtingut el bastó d'exempt en aquella companyia de satèl·lits. Aquest aventurer fou encarregat d'arrestar el vell i la seva muller, i va acomplir l'encàrrec amb tota la duresa d'un home que vol plaure al seu amo. Mentre els menava, va sentir com les dues víctimes es planyien de la llarga sèrie de desgràcies per què havien passat d'ençà de llur naixença. El pare i la mare tenien per una de les més grans desgràcies l'esgarriament i la pèrdua de llur fill. Ell va reconèixer-los; però no per això va deixar d'empresonar-los; i els va dir que Sa Eminència havia d'ésser servida abans que tot. Sa Eminència recompensà el seu zel.

»He vist com un espia del pare de la Chaise traïa el seu propi germà, amb l'esperança d'obtenir un petit benefici que no va aconseguir; i he vist com es moria, no de remordiment, sinó de pena d'haver estat enganyat pel jesuïta.

»He fet de confessor durant molt de temps, i això m'ha permès de saber les interioritats de les famílies; no n'he trobat gaires que no fossin plenes d'amargor, mentre que per fora, cobertes amb la disfressa de la felicitat, semblaven plenes d'alegria; i he vist sempre que les penes més grans són fruit de la nostra cobejança sense fre.

—El que és jo —digué l'Ingenu— penso que una ànima noble, agraïda i assenyada pot viure feliçment; i confio que gaudiré una felicitat completa amb la bella i generosa Saint-Yves; perquè tinc la pretensió —afegí, adreçant al seu germà un somrís amical— que no em rebutjareu com l'any passat, i que m'ho emprendré d'una manera més decent.

L'abat va desfer-se en excuses sobre les coses passades i en protestes d'amistat eterna.

L'oncle Kerkabon digué que aquell seria el dia millor de la seva vida. La tia excel·lent, plorant d'alegria, exclamava:

—Ja us havia dit que no seríeu mai sots-diaca! Aquest sagrament val més que l'altre; tant de bo que Déu hagués volgut que jo en fos honorada! Però us faré de mare.

Aleshores tothom es feia la competència lloant la dolça Saint-Yves.

El seu amant tenia el cor massa ple del que ella havia fet per ell, l'amava massa perquè l'afer dels diamants hagués fet en el seu cor una impressió dominant. Però les paraules que havia sentit: «Em doneu la mort», l'esglaiaven encara i corrompien la seva alegria, mentre els elogis a la seva bella estimada augmentaven encara el seu amor. En fi, ja no parlaven d'ella; parlaven de la felicitat que aquells dos amants mereixien; combinaven les coses per viure tots junts a París;

feien projectes de fortuna i engrandiment; es lliuraven a totes les esperances que el raig més minso de benaurança fa néixer tan fàcilment. Però l'Ingenu, al fons del cor, sentia quelcom que rebutjava aquelles il·lusions. Tornava a llegir els documents signats per Saint-Pouange i per Louvois; hom li descrivia aquells dos homes tal com eren o com hom creia que eren. Cadascú parlava dels ministres i del ministeri amb aquella llibertat de taula, tinguda a França per la llibertat més preciosa que hom pugui assaborir en aquest món.

—Si fos rei de França —digué l'Ingenu—, vet ací el ministre de la guerra que triaria: voldria un home de la nissaga més alta, per la raó que ha de dar ordres a la noblesa. Exigiria que fos oficial i hagués passat per tots els graus, que fos almenys tinent general de l'exèrcit i digne d'ésser mariscal de França; perquè, ¿no és necessari que hagi servit personalment per a millor conèixer els detalls del servei?; i els oficials, ¿no obeiran més de gust les ordres d'un militar, que haurà mostrat com ells el seu coratge, que les d'un home de gabinet que no pot fer més que endevinar les operacions de campanya, per talent que tingui? No em sabria greu que el meu ministre fos generós, encara que això creés de tant en tant dificultats al reial tresorer. M'agradaria que tingués facilitat de treball i que es distingís pel seu tarannà alegre, d'home superior a la feina, que tant plau a la nació i que fa menys penosos els deures.

Desitjava que el ministre tingués aquest caràcter, perquè havia remarcat sempre que aquell bon humor és incompatible amb la crueltat.

Potser a monsenyor de Louvois no li haurien agradat els desigs de l'Ingenu; monsenyor tenia una altra mena de mèrit.

Però, mentre eren a taula, la malaltia d'aquella joveneta dissortada prenia un caràcter funest; se li encenia la sang, se li havia declarat una febre terrible; la noia sofria sense plànyer-se per no torbar l'alegria dels comensals.

El seu germà, sabent que no dormia, va anar a l'espona del llit; va meravellar-se de l'estat en què la trobava. Tothom hi corregué; l'amant es presentava darrera el germà. Era, sens dubte, el que estava més alarmat i commogut de tots; però havia après a ajuntar la discreció a tots els bells dons que la natura li havia prodigat, i el sentit amatent de les conveniències s'havia despertat en el seu esperit.

Hom féu venir de seguida el metge de la rodalia. Era un dels que visiten els malalts a corre-cuita, que confonen la malaltia que acaben de veure amb la que veuen, que practiquen orbament una ciència que ni la maduresa d'un discerniment segur pot netejar d'incertitud i perills. Va empitjorar la malaltia amb la seva precipitació a receptar un remei que aleshores estava de moda. La moda fins en la medicina! Aquesta mania era massa comuna a París.

La trista Saint-Yves contribuïa encara més que el seu metge a fer perillosa la seva malaltia. L'ànima li matava el cos. La multitud de pensaments que la turmentaven li duien a les venes un verí més perillós que el de la febre més alta.

XX. LA BELLA SAINT-YVES MOR, I EL QUE EN RESULTA

Van cridar un altre metge; aquest, en lloc d'ajudar la naturalesa i de deixar-la actuar en un cos jove en què tots els òrgans tendien a reviure, no s'ocupà més que de contradir el seu confrare. La malaltia esdevingué mortal en dos dies. El cervell, seu de l'enteniment segons creuen, fou atacat tan violentament com el cor, que és, segons diuen, la seu de les passions.

Quina mecànica incomprensible ha sotmès els òrgans al sentiment i al pensament? Com pot una sola idea dolorosa alterar el curs de la sang? I de quina manera porta la sang les seves irregularitats a l'enteniment humà? Quin és aquest fluid inconegut, d'existència certa, que, més ràpid, més actiu que la llum, s'esmuny pels canals de la vida, produeix les sensacions, la memòria, la tristesa o la joia, la raó o el vertigen, porta al record el que hom voldria oblidar, i fa d'un animal pensador un objecte d'admiració o de llàstima?

Això era el que deia el bon Gordon; i aquelles reflexions tan naturals, que els homes fan poques vegades, no disminuïen la seva emoció; perquè ell no era un d'aquests pobres filòsofs que s'esforcen a ésser insensibles. Es commovia per la dissort d'aquella noia, com un pare que veu morir lentament una filla estimada. L'abat de Saint-Yves es desesperava, el prior i la seva germana ploraven desconsoladament. Però, qui podria descriure l'estat del seu amant? Cap llengua no té expressions adequades a aquell excés de dolor; les llengües són massa imperfectes.

La tia, gairebé esmortida, sostenia el cap de la moribunda en els seus braços defallents; el seu germà estava agenollat als peus del llit; el seu amant li prenia la mà i sanglotava; li deia que era la seva benefactora, la seva esperança, la seva vida, la meitat d'ell mateix, la seva amant, la seva esposa. En sentir la paraula «esposa», ella sospirà, el mirà amb una tendresa inexpressable, i de sobte va fer un crit d'horror; després, en un d'aquells intervals en què l'abaltiment dels sentits i la suspensió de les sofrences deixen a l'ànima la llibertat i la força, la noia exclamà:

—Jo, la vostra esposa! Amor meu, aquest nom, aquesta felicitat, aquest premi, ja no eren per a mi; em moro i m'ho mereixo. Oh déu del meu cor! Us he sacrificat als dimonis infernals! Ja és fet, i en porto la pena; viviu feliç.

Aquelles paraules amoroses i terribles no podien ésser compreses; però esglaiaren i commogueren tots els cors; ella tingué el valor d'explicar-se. Cada paraula va fer estremir els assistents, d'estranyesa, de dolor i de pietat. Tots s'aplegaven per detestar l'home poderós que no havia volgut reparar més que amb un crim una horrible injustícia, i que havia forçat la innocència més respectable a ésser còmplice seva.

—Vós, culpable? —li digué el seu amant—; no, no ho sou pas; el crim no pot ésser més que en el cor, i el vostre pertany a la virtut i a mi.

Ho confirmava amb paraules que semblaven tornar a la vida la bella Saint-Yves. Se sentia consolada i s'admirava d'ésser amada encara. El vell Gordon l'hauria condemnada quan no era més que jansenista; però havia esdevingut assenyat, i l'estimava i plorava.

Enmig de tantes de llàgrimes i temences, mentre el perill en què es trobava aquella joveneta omplia tots els cors d'inquietud, mentre tot era consternat, hom anuncia l'arribada d'un correu de la cort. Un correu! I de qui?, i per què? Venia de la part del confessor del rei per al prior de la Muntanya; no era pas el pare de la Chaise qui escrivia, sinó el germà Vadbled, cambrer seu, home molt important en aquell temps, que trametia als arquebisbes les voluntats del reverend pare, concedia audiències, prometia beneficis i de vegades feia despatxar ordres segellades. Escrivia a l'abat de la Muntanya «que Sa Reverència estava informada de les aventures del seu nebot, que l'empresonament havia estat un malentès, que aquestes petites molèsties s'esdevenien sovint, que no calia amoïnar-s'hi, i en fi, que convenia que el prior se li presentés amb el seu nebot l'endemà, que devia portar amb ell l'anomenat Gordon, que ell, el germà Vadbled, els duria a presència de Sa Reverència i de monsenyor de Louvois, el qual els diria un mot en la seva avantcambra».

Afegia que la història de l'Ingenu i el seu combat contra els anglesos havien estats contats al rei, i que segurament el rei es dignaria a adonar-se d'ell en passar per la galeria i que fins i tot potser li faria un senyal amb el cap. La lletra acabava expressant l'esperança que totes les dames de la cort s'apressarien a invitar l'Ingenu a presenciar llur agençament, que moltes d'elles li dirien: «Bon dia, senyor Ingenu»; i que hom en parlaria segurament al sopar del rei. La carta era així signada: «El vostre afectuós Vadbled, germà jesuïta.»

El prior va llegir la carta en veu alta; el seu nebot, furiós, contenint un moment la seva còlera, no va dir res al correu; va girar-se vers el seu company d'infortunis, i li va preguntar què en pensava. Gordon va contestar-li:

—Tracten els homes com a simis!, els bastonegen i els fan ballar.

L'Ingenu, reprenent el seu caràcter, que es manifestà sempre en els grans impulsos de l'ànima, esquinçà la carta i en tirà els trossos al rostre del correu:

—Aquesta és la meva resposta.

El seu oncle, aterrit, cregué que un llamp i vint ordres segellades li queien damunt. Va anar tot d'una a escriure per excusar com pogués el que ell prenia per eixelebrament d'un jove i era de fet l'acció d'una ànima elevada.

Però tots els cors tenien preocupacions més doloroses. La bella i dissortada Saint-Yves sentia ja que la seva fi s'acostava; estava assossegada, però amb la calma esgarrifosa de la naturalesa defallent que ja no té forces per a lluitar.

—Oh estimat amant meu! —digué amb veu apagada—, la mort em castiga per la meva feblesa; però en morir tinc el consol de veure-us lliure. Us he adorat quan us traïa, i us adoro en dir-vos adéu per sempre.

No feia gala d'una vana fermesa; no concebia la glòria miserable de fer dir a uns quants veïns: «Ha mort coratjosament.» Qui pot perdre a vint anys l'amant, la vida i el que hom anomena «honor», sense sentir-ne una dolor punyent? Sentia tota l'angoixa de l'estat en què es trobava, i ho feia entendre amb aquells mots i esguards de morent que parlen d'una manera tan clara. En fi, plorava com els altres quan tenia forces per a plorar.

Que d'altres lloïn les morts fastuoses dels qui entren en la destrucció amb insensibilitat: això fan tots els animals. Nosaltres no ens morim, com ells, amb indiferència, sinó quan l'edat o les malalties ens han fet semblants a ells embalbint-nos els òrgans. Tothom qui té una gran pèrdua la lamenta d'una manera extremada; si ofega la seva pena, és que porta la vanitat fins a la mort.

Quan va arribar el moment fatal, tots els qui hi eren ploraven i es lamentaven. L'Ingenu va perdre els sentits. Les ànimes fortes senten més violentament que les altres, quan s'entendreixen. El bon Gordon ho sabia prou per a témer que no es donés la mort quan es retornaria. Van amagar totes les armes; el minyó dissortat va adonar-se'n; digué als seus parents i a Gordon, sens plors ni gemecs, serenament:

—¿Creieu que hi ha algú al món que tingui el dret i el poder de privar-me de posar fi a la meva vida?

Gordon va guardar-se prou de dir-li tots aquells llocs comuns fastijosos, amb els quals hom vol provar que no és permès d'emprar la nostra llibertat per a cessar d'ésser quan hom està fastiguejat de la vida, que hom no ha de sortir de la casa quan no hi pot romandre, que l'home és a la terra com un soldat al seu lloc: com si a l'Ésser dels éssers li importés que l'aplec d'unes quantes partícules de matèria fos en un lloc o en un altre; raons impotents que una desesperança ferma i raonada menysprea i a les quals Cató va respondre amb una punyalada.

El silenci consirós i terrible de l'Ingenu, els seus ulls ombrívols, el tremolor dels seus llavis, els estremiments del seu cos omplien l'ànima de tots els qui el miraven amb la barreja de compassió i esglai que lliga totes les potències de l'ànima, que exclou els parlaments i no pot manifestar-se més que amb paraules trencades. La mestressa i la família hi havien corregut; s'inquietaven d'aquell desesper, no el perdien de vista, observaven tots els seus moviments. El cos fred de la bella Saint-Yves havia estat transportat a una sala baixa, lluny dels ulls del seu amant, que semblaven cercar-la encara, per bé que eren orbs per a totes les coses.

Al mig de l'espectacle de mort, mentre el cos està exposat a la porta de la casa, i dos capellans, vora la pila d'aigua beneita, reciten pregàries distretament, i els vianants ociosos tiren damunt el taüt unes quantes gotes d'aigua beneita mentre d'altres segueixen, indiferents, llur camí, i els parents ploren i un amant està a punt d'arrencar-se la vida, el Saint-Pouange compareix amb l'amiga de Versalles.

El seu caprici passatger, no satisfet sinó una vegada, s'havia convertit en amor. El refús dels seus presents l'havia ferit. El pare de la Chaise no hauria pensat mai a anar a aquella casa; però Saint-Pouange, que tenia contínuament davant els ulls la imatge de la bella Saint-Yves, frisós de sadollar una passió que amb un sol gaudi li havia enfonsat al cor el fibló del desig, no vacil·là a comparèixer per cercar la noia que potser no hauria volgut reveure una tercera vegada, si hi hagués anat ella.

Davalla de la carrossa i el primer objecte que veu és un taüt; n'aparta els ulls amb la repugnància de l'home criat entre plaers, que pensa que hom ha d'evitar-li tot espectacle que el porti a la contemplació de la misèria humana. Vol pujar. La dona de Versalles pregunta, per tafaneria, qui van a enterrar; algú diu el nom de la senyoreta de Saint-Yves. En sentir aquest nom, la dona empal·lideix i fa un esgarip; Saint-Pouange es gira, la sorpresa i la dolor li envaeixen l'ànima. Gordon era allí, amb els ulls plens de llàgrimes. Interromp les seves tristes pregàries per explicar a l'home de la cort tota aquella horrible catàstrofe. Li parla amb l'autoritat que donen la dolor i la virtut. Saint-Pouange no era dolent de naixença; el torrent dels afers i dels divertiments havia arrossegat la seva ànima, que no es reconeixia encara. Era lluny de la vellesa, que endureix usualment el cor dels ministres; escoltava Gordon amb els ulls baixos, i s'eixugava les llàgrimes que s'estranyava de trobar-s'hi; va saber què era el penediment.

—Vull veure de totes passades —digué— aquest home extraordinari del qual m'heu parlat; em commou gairebé tant com aquesta víctima innocent, la mort de la qual he causat.

Gordon va seguir-lo fins a la cambra on el prior, la Kerkabon, l'abat de Saint-Yves i alguns veïns miraven de retornar el minyó defallent.

—Jo he causat la vostra dissort —va dir-li el sots-ministre—; esmerçaré la vida a reparar-la.

La primera idea de l'Ingenu fou de matar-lo i de matar-se després. Res no era més avinent; però estava desarmat i vigilat de prop. Saint-Pouange va rebre en silenci un refús acompanyat dels retrets, del menyspreu i de l'horror que havia merescut i que hom va prodigar-li.

El temps ho assuauja tot. Monsenyor de Louvois aconseguí, finalment, de fer de l'Ingenu un oficial excel·lent, que aparegué amb un altre nom a París i a l'exèrcit, amb l'aprovació de totes les persones honrades, i que fou ensems un guerrer i un filòsof intrèpid.

No parlava mai d'aquesta aventura sense gemegar; i tanmateix trobava conhort a parlar-ne. Estimà la memòria de la dolça Saint-Yves fins al darrer moment de la vida. L'abat de Saint-Yves i el prior obtingueren cadascun un bon benefici; la Kerkabon s'estimà més de veure el seu nebot militar que sotsdiaca. La devota de Versalles es quedà amb les arracades de diamants i va rebre encara un bell present. El pare Tot-a-tots va rebre xocolata, cafè i sucre candi, llimones confitades i les

Meditacions del reverend pare Croiset i la *Flor dels sants*[11] relligades en pell. El bon Gordon va viure amb l'Ingenu fins a la mort en l'amistat més íntima; també va tenir el seu benefici i oblidà per sempre la gràcia eficaç i el concurs concomitant. Prengué per divisa: «La dissort serveix d'alguna cosa.» Quantes de persones com cal han pogut dir: «La dissort no serveix de res!»

11. Del jesuïta Ribadeneyra.

SUMARI

LES MILLORS OBRES DE LA LITERATURA UNIVERSAL

Una col·lecció que recull les obres mestres dels més grans escriptors des de l'Edat Mitjana fins a 1900, ofertes en acurades traduccions catalanes.

1. ALEXANDR S. PUIXKIN, **Novel·les i contes.** Traducció de Rudolf J. Slaby.
2. MOLIÈRE, **Comèdies burlesques.** Traducció de Josep Carner.
3. ALESSANDRO MANZONI, **Els promesos.** Traducció de Maria Antònia Salvà, revisada per Francesc Vallverdú.
4. NOVALIS/HEINRICH VON KLEIST, **Novel·les i narracions romàntiques.** Traduccions de Joan Maragall, Ernest Martínez Ferrando i Manuel Carbonell.
5. JONATHAN SWIFT, **Viatges de Gulliver.** Traducció de J. Farran i Mayoral.
6. VICTOR HUGO, **Nostra Senyora de París.** Traducció de R. Folch i Capdevila.
7. IVAN S. TURGUÉNEV, **Niuada de gentilhomes.** Traducció d'Olga Savarin i Enric Palau.
8. STENDHAL, **La cartoixa de Parma.** Traducció de Pere Gimferrer.
9. ÉMILE ZOLA, **Nana.** Traducció de Miquel Martí i Pol.
10. ERASME DE ROTTERDAM, **Elogi de la Follia.** Traducció de Jaume Medina.
11. DANIEL DEFOE, **Moll Flanders.** Traducció de Miquel Desclot.
12. VOLTAIRE, **Contes filosòfics.** Traduccions de Carles Soldevila, C. A. Jordana i Pere Gimferrer.

Seguirán:

HONORÉ DE BALZAC, **Les il·lusions perdudes.** Traducció de Jaume Fuster.

Antologia dels trobadors, a cura de Lola Badia. Traducció d'Alfred Badia.

CHARLES DICKENS, **Temps difícils.** Traducció de Ramon Folch i Camarasa.

WILLIAM THACKERAY, **Fira de vanitat.** Traducció de Jordi Arbonès.